# L'ÉLOGE DU BONHEUR

ARAHON

# L'éloge du bonheur
# Tome I

Éditions Bénévent

*La première de couverture est tirée*
*d'une huile sur toile (97x130) de René GOURLAOUEN.*
*Les trois images titrées produites en fin d'ouvrage*
*sont des huiles (environ 70x70) de Jacques Louis DIARD.*

Éditions Bénévent, 2010

Envois de manuscrits :
Éditions Bénévent – B.P. 4049 – 06301 Nice Cedex 4

***À tous ceux que je connais***

***À tous ceux qui pensent me connaître***

***Puis ma foi, à tous les autres aussi***

*Que cette œuvre soit produite*
*Pour une Paix durable entre les peuples*
*Que chaque enfant puisse être élevé dans la dignité*

**VOLUME PREMIER**

**LUNDI**

*« On se plaint quelquefois de l'écrivain qui dit : – Moi.*
*Parle-nous de nous, lui crie-t-on.*

*Hélas ! Quand je vous parle de moi je vous parle de vous.*
*Comment ne le sens-tu pas ?*

*Ha ! Insensé, qui crois que je ne suis pas toi ! »*

d'après Victor Hugo

## Le premier pas

Je venais de proposer une première mouture de ma prose à un éditeur qui, à juste titre peut-être, d'une première lecture insinuait quelques longueurs. Mince alors !

– Puis, Monsieur, vos dialogues sont écrits à la française ; ça ne se fait plus ! Aujourd'hui c'est le style à l'américaine qui prime, qui séduit.

– Haa !

Pourtant ma sœur qui m'avait dit craindre mes lyriques fantasmagories, avait pour une fois réussi à me lire et qui plus est me complimenta. Alors là !

Alors là je fis la part des choses et si le trajet doit en réalité durer plusieurs heures pour nous mener jusqu'à la capitale – c'est d'une balade ferroviaire que je vous y conduirai – moi je ne vous retiendrai qu'une heure et demie tout au plus ; tout en brodant quelque peu, pour enjouer l'éditeur je suis allé à l'important.

Comme en amour j'ai dû user de tact et doux prémices présageant merveilleux ébats, il m'aura fallu imaginer une love story pour vous retenir quasiment à huis clos. Par moments les discussions sont vives, du tac au tac, alors lucide je t'en préviens, il te faudra t'accrocher comme le sont wagons à une locomotive pour suivre l'élan qu'impriment les personnages invités ici à faire connaissance, à se découvrir.

Ils sont moi, je suis eux ! Ils sont sympas, elles sont belles, sans doute intelligentes, désirables donc, et j'espère qu'ils te plairont comme je les aime. Ils sont un peu devenus ma réalité quotidienne.

C'est plus par jeu – la Vie ne serait peut-être elle-même qu'un jeu de piste – que pour toute autre raison, si j'ai choisi une façon plutôt surprenante de les nommer ; à toi de la décrypter. C'est facile !

Maintenant il était bien naturel que j'exprime le souhait qu'ils devinssent inséparables, alors fais-en tes amis comme il m'arriva de faire ami amie avec une femme qui, dans un train aussi, à mon côté prit place et instinctivement me proposa de partager une friandise. C'est véridique !

En cette ensoleillée fin d'après-midi elle parla volontiers et nous nous trouvâmes quelques points communs. Le temps passa bien vite.

Quand elle s'est levée, arrivée à destination, elle m'avoua voyager sur cette ligne depuis des années et c'était là, incroyablement, la toute première fois qu'elle adressait la parole à quelqu'un dans ces circonstances ; elle se confia même.

Qu'avais-je donc bien pu lui faire ?

Cette fois, dans mon récit c'est de bon matin que je t'invite à me rejoindre sur le quai de la gare, quand les brumes rôdant encore laissent présager radieux Soleil devoir bientôt percer. Alors avant que le chef de gare ne siffle le signal de départ, que puis-je bien encore ajouter pour te convaincre de parcourir mon idéal qu'à ton tour tu te fasses porte-parole d'une idéologie développée dans ces textes, idéologie vieille comme le monde, et me fasses alors la meilleure publicité possible ?

Ha oui ! J'ai noté en *italique* un bon nombre de séquences oniriques ; elles me sont vitales.

Puis j'ai adjoint un lexique en fin d'ouvrage pour t'aider dans la compréhension des mots qui m'ont semblé difficiles d'abord, et que je n'aie pas expliqués in texto.

Et oh, ho ça c'est important ! Quand le Vieil Homme fera son entrée, vois en lui le vieux sage que nous pouvons soupçonner en celui dont je propose une citation au tout début de chaque volume. Citation accompagnée de l'« Oudjat », incontournable talisman égyptien auquel nous pouvons associer l'adage : Ouvrir l'œil et le bon !

Maintenant, dans ma présentation à la française, du fréquent usage des initiales V.H cherche à donner au verbe l'intensité encore soupçonnable produite en son temps par ce patriarche. Imagine-le serein, plein de vie, toujours fou d'amour. On ne se refait pas !

Tout juste, si cela fut possible, prit-il encore du grade, du galon ! Aussi s'il a ici le rôle du candide, de l'ingénu, c'est pour nous assurer de tenir le cap, la trajectoire voulue.

Alors dans l'instant, puisqu'il arrive, vas-y va, grimpe dans ce train. Saisis donc ta chance, profite ; cette fois c'est moi qui offre le billet !

## POUR UN BRUN DE CAUSETTE ; J'FILE !

Ça y est, déjà le train file à vive allure. Quelques courtes minutes ont suffi à son conducteur pour le lancer ; la technologie m'a toujours épaté. On est même capable d'aller sur la Lune ! Pas en train ! De toute façon on n'a pas besoin d'y aller, et d'ailleurs il est dit que ceux qui s'y rendraient en rapporteraient le désert.

Pour ce fameux premier faux pas donc, nous étions une flopée devant le petit écran : l'évènement se produisit je fêtais tout juste mon cinquième anniversaire.

Aujourd'hui je me rends à la capitale ; j'y passerai pour peut-être la vingtième fois. Plus jeune, j'avais eu goût à y séjourner pour voir les amis y bossant, pour prendre des nouvelles de la famille, du côté de mon père, y faire courses utiles. Mon Père n'est plus depuis huit ans déjà. Il est parti, Papa, rejoindre les ancêtres !

J'étais alors aux antipodes, depuis cinq mois. C'est pour cela que je n'étais pas présent pour ses obsèques. Lui et moi étions bien fiers que je me sois destiné à de nouvelles aventures. Si aventurier je suis ; ce dont je doute.

À la capitale, j'étais allé plusieurs fois jusqu'au Bureau des Longitudes, organe astronomique du Ministère de l'Éducation Nationale. À plusieurs reprises nous fûmes en contact ; il y a un mois et demi de cela encore. J'y ai déjà porté des bonbons à l'une de mes correspondantes, des Qual… Des bonbons de qualité. Elle en avait été touchée.

J'avais consulté à la Bibliothèque Nationale, l'ancienne. Je ne vous dirai pas quels ouvrages.

– Si !

Un livre en anglais sur les méthodes traditionnelles de construction de maisons japonaises et un ouvrage en italien de la main – copie – d'un des plus grands, si ce n'est le plus grand, génie civil et artistique d'une époque. Rien compris !

Heureusement je m'intéressais à d'autres titres aussi et je dois avoir quelque part une photo d'ouvrages ésotériques sous vitrines. C'est un semblant de diplôme !

À la nouvelle Bibliothèque, une fois, avec mon fils ; c'était en Deux milles.

Nous avions profité de ce séjour pour aller visiter un musée de figures de cire, le musée Grévin, et comme à l'accoutumée ne pouvant m'empêcher de faire le pitre, je m'étais assis sur un banc dans une galerie. Immobile.

Les visiteurs passant à proximité se demandaient alors si c'était là du lard ou du cochon, si c'était là un canular ou s'ils se trouvaient devant l'effigie d'un illustre inconnu. J'écoutais.

Mon fils jouant à l'innocent badaud suivait les parfois verbales réactions, et j'attendis d'avoir réuni quelques curieux interloqués pour les surprendre, comme ranimé par enchantement. Nous en avions ri et notre assistance aussi.

Hébergés au domicile d'un ami artiste peintre, une exposition philatélique de premier ordre avait été le prétexte à cette escapade, la première ensemble ailleurs qu'au pays de nos enfances.

Cette fois c'est juste en transit que j'y passerai. J'y vais pour prendre l'avion afin de rejoindre le pays de mes rêves. Enfin, enfin j'ai réussi à prendre sur moi de réunir le pécule qui me suffira à m'installer à l'autre bout du monde, sur mon île de prédilection.

J'en avais gros sur la patate de laisser derrière moi quelques êtres chers : mon Fils surtout, la Famille, puis de nombreux Amis. De ceux-là quelques-uns viendraient peut-être un jour me rendre visite, m'y rejoindre.

Je devrais, moi, dans un premier temps me réacclimater à cette terre d'accueil, y faire mes preuves comme l'on dit. Alors ceux qui vraiment avaient compris mon engouement à vouloir quitter la terre natale pour cet Éden viendraient peut-être y vivre et y donner la vie.

Chacun se doit de montrer patte blanche là-bas et comme l'exprime le proverbe : Qui m'aime me suive ! J'étais ému.

Après avoir tendu un bras en guise d'adieux, j'avais, la larme à l'œil, longé le couloir du wagon pour atteindre le compartiment où une place m'était réservée. J'avais en mémoire le numéro y correspondant, aussi j'avais soigneusement rangé mon billet dans la poche intérieure de mon blouson. Il était composté.

Il était tôt, il faisait beau. Cela me faisait du bien de ressentir le Soleil entamer son ascension. J'avais besoin de chaleur en ce matin lors duquel je savais quelle amertume pouvait embuer le cœur de mes proches retournant à leur train-train. Qui plus est, je les quittais pour, à coup sûr, plusieurs années.

Mon Fils pourrait selon son gré venir rapidement me rejoindre : de son métier il saurait avoir du travail aux quatre coins du globe.

Ce n'était pas la première fois que je m'expatriais de la sorte. Cette fois j'avais l'impression de jouer mon va-tout. Une fois encore je quittais tout !

Je poussai la porte entrebâillée du compartiment, prêt à offrir mon :

– Bonjour, à qui serait déjà installé sur la banquette orange caramel de ce train corail. Personne ne m'attendait.

J'allais en toute dilettante, profiter de ce début de trajet. J'avais prévu de la lecture pour passer le temps.

Je posai ma valise rouge et noire, cadeau d'une Amie que je retrouverais avec émotion, ainsi que mon deuxième paquetage, une autre petite valise.

Cette Amie était prévenue de mon imminente arrivée. Je lui offrirai la miniature d'un carrosse tiré par un cheval. C'était un deal : Chose promise, chose due.

Cette petite femme, courte comme ils disent en ce pays-là, m'avait hébergé et réellement évité la mouise quand à une époque, travaillant ou pas, j'avais eu besoin d'un toit. Je lui devais bien pareil présent.

Pour d'une expression tenter un brin d'humour : Peut-être est-ce parce qu'elle s'était pliée en quatre pour moi qu'elle était restée d'aussi petite taille ?

Elle est haute comme trois pommes !

C'est gentil d'avoir esquissé un sourire.

Tiens, d'ailleurs ne serait-elle point Reine des lutins ? !

Non ! J'avais connu plusieurs membres de sa famille, tous de bonne constitution et j'avais hâte de retrouver ce petit monde.

Elle est originaire d'une tribu de laquelle, il y a un bail de cela, j'avais fait la connaissance du fils de la sœur du Chef. Alors stagiaire il était venu en métropole suivre une formation. En ce temps-là nous étions animateurs auprès d'enfants.

En tout début de soirée, avant de nous séparer nous allions régulièrement prendre l'apéritif dans un bistrot, près de la gare. Chic type qui, depuis, avec quelques amis a au moins enregistré un compact-disc. Je ne l'ai revu qu'en une occasion, lors du jour de la foire annuelle du village organisée cette fois en leur tribu.

J'ai hâte de me refondre dans ce genre d'ambiance.

Afin d'éviter de m'encombrer j'avais demandé à mes proches de m'expédier, quand j'aurai une nouvelle adresse, quelques colis par voie maritime.

Quand on part pour changer de vie, il y a malgré tout toujours quelques reliques auxquelles on tient et qui sont à choyer ou qui seraient à offrir. J'en avais déjà disséminé à qui cela pourrait servir et faisait plaisir. Il est toujours bon de joindre l'utile à l'agréable !

Aussi simplement flanqué de mes deux modestes valises, je voyageais léger.

J'y avais entre autre glissé une fine couverture coton de laquelle je me parais quand lors de plus ou moins fraîches soirées je me prêtais à l'observation de la voûte céleste : la meilleure école qui soit !

Et qui me l'avait donné, ce tissu pouvant faire office de couvre-lit ?

Oui, à nouveau cette même et généreuse Amie ô combien bien intentionnée : la petite femme au cœur gros… Comme ça !

Voyait-elle toujours la jeunette avec laquelle j'avais entretenu une idylle ?

Bah ! Une de perdue, dix de retrouver ; je vous expliquerai ce proverbe.

Pourquoi dix ? Pourquoi ne pas l'expliquer ici et maintenant ?

Puisque la suite déjà s'inscrit !

Le paysage défilait, je retournai dans le couloir au Soleil pour, une dernière fois avant longtemps sûrement, contempler cette verdure, ces toitures entr'aperçues peut-être une centaine de fois, ou plus. Dans ma jeunesse – eh oui ! le temps passe – j'avais été en sport études ; j'ai beaucoup joué au hand-ball.

Puis par la suite en écoles ou maisons de quartier, comme plus avant noté, un an durant j'eus job à parfaire l'éducation de lardons dans cette même ville dont nous approchions. J'avais souvent fait ces premiers kilomètres qui aujourd'hui me conduisaient au-delà du passé. Alors une fois encore je pensais aux amis de ces temps révolus et pourtant bien présents en ma mémoire, aux amours trop courtes qui s'étaient envolées, que je ne sus élever.

Je saluais les arbres et la végétation enracinés en ce pays qui m'avait vu grandir et je leur demandais de transmettre à tous le témoignage de ma profonde et sincère amitié. J'avais eu joyeuse adolescence et souhaitais que tous reçoivent ma gratitude.

Puis je pensais à tous ces petiots venus au monde depuis cette époque ; à tous je souhaite du bon temps. Je demandais aux ancêtres une fois encore de prendre soin de ce monde, de ces vivants auxquels j'avais la conviction de devoir un jour m'adresser. L'avenir nous le dirait.

De l'amertume, oui j'en ressentais. Heureusement, sachant ce qui m'attendait je gardais le moral au beau fixe.

Le train avançait et les roues sur le rail donnaient la cadence :

Teufftou    Teufftou    Teufftou

Nous roulions en direction de l'orient !

Quand je rouvris l'œil je constatai qu'une jeune personne s'était installée dans le compartiment. Je ne l'avais pas entendue prendre place ; j'avais piqué un petit roupillon. Elle était assise près de la fenêtre, absorbée dans une lecture. Elle faisait dos à la marche du convoi.

Après qu'elle se fût rendu compte de mon réveil, au bout de quelques courtes minutes de silence, accompagné d'un hochement de tête je lui avais lancé furtif :

– « Bonjour », qu'enfin je plaçais.

Elle tenait un fascicule, et l'ayant à peine interrompue dans sa lecture, gaillardement, abruptement je l'accostai : « Cela vous plaît-il ?

« Oh ! Je viens juste de le commencer – dit-elle – ça se lit bien. Aussi comme j'ai entendu dire que le jeu en vaut la chandelle, je m'accroche. C'est une histoire qui débute dans un train. Un homme part en voyage pour une destination qu'il n'a pas encore dévoilée.

Je me risquai : « Sous les cocotiers sans doute !

Elle surenchérit : « C'est marrant, cette histoire est analogue à la nôtre. Je viens de lire que l'auteur s'identifiant d'un Moi, vient de poser une question à une jeune femme.

– « Tiens donc à une jeune femme, et comment se prénomme-t-elle ?

« KT'L !

« KT'L, c'est joli » ?

J'avais compris !

« Oui, il vient tout juste de lui demander si sa lecture lui plaît. Elle, elle est montée à la station précédente. On sait qu'elle est dans le milieu de l'édition et puisqu'elle vient tout juste d'en consommer les premières pages, elle n'est en mesure pour l'instant d'en donner un avis objectif. Pourtant elle le devra car elle fait partie d'un comité de lecture qui bientôt en session extraordinaire sera réuni pour décider de la marche à suivre ; pour, c'était probable, éditer ce récit.

Dès qu'au bureau on a reçu un exemplaire de ce manuscrit on y a tout de suite cru – s'étonna-t-elle d'ajouter – alors si cela ne vous dérange pas je m'y replonge.

« Je vous en prie, bon bain, euh ! Bonne lecture. Il vous faudra me le raconter que je sache si nous y trouvons mêmes attraits. Moi je l'ai trouvé génial » !

En tout cas elle était absorbée, concentrée car elle ne relevait la perche inconsciemment tendue. Sciemment tendue !

Une fois réinstallée dans sa lecture, j'avais scruté son visage sur lequel je percevais ses réelles émotions. Je lisais sur elle l'impression que mes pages insufflaient.

Je m'étais prêté à ce petit jeu par intermittence et ma foi elle semblait détendue, presque souriante. Elle prenait des notes et j'avais bien l'intention de pousser ma curiosité, quand elle ferait une pause, à lui en demander le contenu.

Il fait plaisir de savoir à qui l'on confie son avenir. Le mien était entre ses mains, comme en d'autres sûrement. Elle ne le savait pas !

J'avais dans un premier temps pensé intituler cet ouvrage "Le Marchand de Bonheur", et bigre de bougre, ce titre avait déjà été choisi et imprimé.

C'était aussi celui d'une fort jolie chanson :
« Je suis un vagabond, le marchand de bonheur,
Je n'ai que des chansons à mettre dans les cœurs… »

Et ma foi j'aurais bien aimé être ce marchand de bonheur n'ayant que de l'utile et du beau à partager. Sur l'instant j'avais le vague à l'âme !

J'allai me dégourdir les jambes.

N'ayant fait cas tout à l'heure en cherchant mon siège, du panonceau affiché à l'entrée de la cabine je sus qu'il nous était promis de la compagnie jusqu'au terminus.

Je pensais au temps que j'aurais pour aller jusqu'à l'aéroport. Sûrement prendrais-je une navette dès ma sortie de la gare ; je n'aurais pas à me presser. Ensuite, ensuite après quelques escales et environ vingt-quatre heures d'avion j'arriverais en mon havre, sur l'île du Bonheur. Oh ! Pas au nord de l'hexagone que je quittais : je me préparais à faire cap au sud pour changer d'hémisphère.

Étrangement je me souviens que lors de ma deuxième téléportation, dès les premières minutes le commandant de bord avait pointé le bout de son appareil sur les îles britanniques, puis sur celles du Grand Nord, avant de survoler les Rocheuses pour une escale sur la Côte Ouest des States, côté Est de l'Océan Pacifique. J'en avais été désappointé.

J'ai déjà fait le tour du monde !

J'allais au-devant de mon idéal, et si un éditeur s'était décidé à s'occuper de l'édition de mes péripéties j'en aurais été très heureux. C'était du passé, me disais-je. Comment avais-je pu imaginer mon œuvre pouvoir devenir réalité ? !

Mon espoir pouvait-il être relancé ?

Il me semblait ressentir la liberté !

Elle ouvre la porte du compartiment, et la lumière sur ses longs cheveux blonds lui confère une magistrale aura. Elle est pétillante. Flash, photos !

Puis inclinant légèrement la tête vers le bas, sur son côté – droit ou gauche tu choisis – elle s'adresse à une gamine : « C'est ici » !

Valises aux mains je la sens chargée, aussi je me lève pour l'alléger de ses bagages et toujours prêt à lancer une petite vanne je lui lance :
« Bonjour, alors on se promène ! ?
Je peux vous aider ?

« Oui. Merci !

Je salue la demoiselle : « Bonjour Mam'selle » !

La Petite, timidement : « Bonjour ».

Ayant accompli ma B.A je me rassois et me surprends à penser la connaître
Pas la petite, la grande !

Le fait que notre lectrice soit assise côté vitre a facilité le mouvement des charges. Elle a comme ignoré nos nouvelles co-voyageuses. Elle est toute à sa lecture et je ne lui en veux pas !

Ça y est, j'y suis : elle est actrice et je sais qui elle est. Dire la connaître est un peu prétentieux. Disons que j'ai vu quelques-uns de ses films. Elle est de renommée mondiale et je me demande bien quel peut être son train de vie.
Oui c'est sûr, c'est elle ! Elle est encore plus belle en vrai. Pas de nom ! Je préserverai son anonymat.
Bon, dorénavant je pourrai dire l'avoir côtoyée. Si jeune et déjà pareille gloire, ce n'est pas Dieu possible. Elle a dû coucher !
Non ! Elle a du talent !
Elle a sûrement couché puisqu'elle trimballe une petite. Ce n'est peut-être pas sa fille ? Purée, elle me fait de l'effet !
Respire, oui, respire. Souris-lui, j'ch'ais pas moi, fais quelque chose. Ho la la ! J'ai chaud d'un coup moi !

Elle ôte le gilet de la fillette, le pose sur les valises bien arrimées, puis installe la toute jeune demoiselle sur la banquette, presque face à moi, à côté de la jeune femme brune rousse auburn, ma foi mignonne, qui subrepticement me glisse un regard. Cette accompagnatrice de la première heure s'est bien rendu compte de qui vient de nous rejoindre.

J'aime bien le côté intimiste de cette façon de circuler. Je suis en bonne compagnie.

La bien nommée… Chut ! me frôle, s'installe sur mon côté droit tandis que la toute jeunette tire de son sac à bretelles un livre de poche puis l'ayant ouvert, se met à remuer des lèvres. Elle a de longs cheveux bruns. Notre muse en est-elle la mère ? Pas facile à dire.

Elle, de son sac à main sortira un baladeur, y introduira un CD puis oreillettes en place fermera les yeux. Je crois qu'elle écoutait du Grégorien ou quelque chose du genre. Tout ce temps, une petite demi-heure peut-être, dans un silence quasi-religieux, chacun à son occupation restera sage comme une image.

Moi je rêvasse ! Je n'ose intervenir et profiter de ce moment exceptionnel. La morosité m'envahit une fois de plus. Eh oui ! Je pars à nouveau seul pour l'aventure alors qu'elles sont si belles.

Oh ! Je m'en veux de n'avoir su garder une femme, aussi pour me réconcilier avec moi-même je me dis qu'il y en a bien une faite pour moi et qu'elle m'aimera. Oui, elle m'aimera comme je saurai l'aimer.

J'apprendrai ! Oui, nous nous aimerons.

Je m'étirai, effleurai la belle blonde et, je ne sais pourquoi, je la vis dans mes bras.

La petite vient de grignoter une friandise et respectueusement s'est levée pour déposer l'emballage dans la corbeille prévue à cette intention, puis elle s'est évanouie dans le couloir. Avec beaucoup de tendresse sur le visage, celle qui, maintenant je sais, est sa mère l'a observée s'éclipser.

Tout à l'heure elle m'avait parlé de dolmens qu'elle avait vus sur l'île où avec Mam elles avaient séjourné. Ce matin elles avaient pris le bateau pour rejoindre le continent. Elles ont vu le Soleil se lever sur l'Océan.

Ses rais maintenant illuminent avec générosité.

Quelques minutes avant un nouvel arrêt en gare, tout à l'heure tandis que notre Star était à écouter ce que je saurai être le texte d'un rôle futur, et quel rôle – elle l'avait sur fond de musique – elle aura eu un rictus ému quand je me serai approché, puis assis auprès de la gamine. Nous avions feuilleté, puis lu ensemble quelques pages d'un recueil que j'avais reconnu être de la plume d'un ami. Lui avait su frapper à la bonne porte.

Je l'avais suivi un temps dans ses créations, puis il s'était porté sur l'édition pour enfants, ma foi avec succès.

À voyager sur ses lignes qu'ici je redécouvrais, je me rendais à l'évidence de son talent. Ce guide relatif à la région de Bretagne où je suis né était sa première parution et je n'en étais pas peu fier : il l'avait composé à la maison, sous le toit de mes aïeux.

Une fois édité, à l'époque il me l'expédia sous d'autres latitudes.

Au fil des facéties proposées aux néovoyageurs, selon les anecdotes et bonnes adresses récoltées ici et là, la fillette était toute guillerette. Sa bonne humeur communicatrice nous faisait tous sourire.

C'était d'ailleurs, moi m'exilant à nouveau, ce frère que j'avais pensé mandater pour suivre l'évolution en imprimerie, puis la diffusion de l'unique production littéraire qui serait de mon fait, au cas où… À vrai dire l'œuvre que notre compagne de voyage découvrait. Elle n'en démordait plus et je pensais même lui proposer de la dédicacer en avant-première.

Avec cet ami, à une époque nous avions envisagé de coéditer un livre narrant nos aventures partagées quand, plus jeunes, dans la vingtaine, nous fîmes par le biais d'amis une rencontre devant s'avérer capitale : celle d'avec une femme, voyante de surcroît ! Nous pensions déjà possible que l'ouvrage, dont le titre approprié semblait devoir être « Deux en Un », puisse voir le jour en toute bonne librairie. Je me souviens qu'alors elle insistait pour que nous y fassions mention de potions à base de plantes.

Note qu'ainsi, lecteur, la feuille par laquelle je fais part de mes idées invite aussi à se soigner de baumes, de posologies à base de végétaux : Échange de bon procédé !

Le végétal met en évidence mon talent comme j'informe de sa nature réparatrice et purificatrice : je l'implique dans la grande ronde des êtres vivants !

Tiens, en guise d'exemple : Combien de fois ai-je bien pu cueillir et mâchouiller, lors d'une promenade sur les prés, de ces petites feuilles un tantinet acides communément appelées oseille. Je ne les compte pas ! Il arriva même que j'en pose sur la table pour accompagner l'apéritif et orner cakes ou quiches.

Ce frère qui très certainement reconnaîtra ma plume, avait rêvé le Christ me venir en aide ; et une formule plutôt indienne, dont nous ne sûmes pénétrer le sens, avait conclu cette séquence onirique ; nous l'avions transcrite : 'Inshràïnlàyà'.

Je la propose à votre analyse pour recevoir un jour une plausible explication à ce message. Oui ! Ici ou là je serai de quelque façon joignable.

« Waouh ! La clairvoyance de l'auteur est impressionnante quand il argumente sur la portée de son œuvre ; c'est monumental » ! lâchait d'un coup la jeune femme n'ayant pas bougé d'une once depuis qu'elle s'était installée, calée sur le siège.

Elle me regardait.

Moi : « C'est subtil, n'est-ce pas ?

« Qu'êtes-vous en train de lire » ? L'accostait notre actrice.

KT'L : « Le premier tome d'un ouvrage intitulé : L'Éloge du Bonheur.

R'HL, elle s'appelle R'HL : « Une biographie d'acteur peut-être ?

KT'L : « Non, non ce ne sont pas Les loges, c'est L'éloge : L'Éloge du Bonheur. Au début c'est l'histoire d'un homme un peu dépité qui part pour une terre lointaine et merveilleuse qu'il nomme son Paradis Terrestre. Cela commence dans un train. L'homme en question y fait la connaissance de plusieurs personnes. C'est un peu notre histoire.

R'HL : « Tiens ! C'est surprenant, il vient de m'être proposé un rôle dans un scénario quelque peu semblable. Quel titre dîtes-vous ?

KT'L : « L'Éloge du Bonheur.

R'HL : « Ha oui ! Ce doit être cela. Nous avons même écourté nos vacances pour aller voir de quoi il s'agit en vérité. Oh ! Je n'y aurai qu'une courte apparition, m'a dit mon agent. Cela semblait urgent ! J'y ai une phrase clé… »

Moi : « … Et en fait l'auteur du texte dont vous faites la connaissance à ce moment est assis là près de vous. Face à lui, ou presque, une jeune femme vient d'interpeller son assistance et l'une et l'autre ignoraient jusqu'alors qui donc était ce jeune et fringant jeune homme – Ô Jouvence Jouvence. Jeune homme qui, soit dit en passant devrait bientôt défrayer les chroniques. La jeune femme rousse a bien perçu dans sa lecture la dimension du futur numéro un des ventes qu'elle soupçonne comme déjà proposé puis retenu pour nombreux prix.

Elles ne pouvaient se douter à quel interlocuteur elles avaient à faire.

R'HL : « Là vous êtes peut-être un peu gonflé. Comment vont les chevilles ? Peut-on supposer à ce moment de la suite que donneront le gouvernement, puis ultérieurement les instances intergouvernementales aux propositions de l'auteur ?

Moi : « À mon avis, oui ; c'est de l'anticipation ! Je ne me suis pas adressé qu'aux seuls gouvernements. Ma force réside dans le fait d'avoir fait appel au peuple dont je suis issu. J'ai mis chacun devant ses propres responsabilités. J'y propose à tous le code dont clairement je prône l'usage. C'est vrai qu'au niveau de la garantie de réussite c'est léger. Je veux dire par-là qu'apporter la preuve du bien-fondé de mon exposé était improbable : je pense quand même avoir maîtrisé mon sujet.
Au moins j'y ai engagé ma vie ! Là, ça ne rigole plus !

KT'L : « De quoi s'agit-il ? Je ne suis pas sûre d'avoir tout suivi.

Moi : « D'un nouveau calendrier à instaurer prestement !

J'avais dû tout comprendre avant de rédiger ces textes, sinon comment aurais-je su les combiner ainsi ? L'intuition ? La divine inspiration » ?

– Il y a de cela !

R'HL : « C'est un jeu dangereux !

Moi : « Oui ! Comme pour vous quand il vous est proposé un rôle ! Il doit être joué et tenu sans aller jusqu'au dédoublement. C'est vrai qu'être auteur et acteur à la fois était risqué, j'ai eu le choix de mes partenaires, cela m'a aidé à surmonter mes doutes. C'est vrai qu'j'ai eu la trouille au début. En plus je venais de retrouver un p'tit bout de cœur et ça vibrait fort.

Heureusement que l'on peut faire dire à ses personnages tout ce que l'on veut, et puis c'était plus un devoir qu'un exutoire. Je le faisais comme remplissant une mission. J'étais, je suis homme d'honneur !

D'ailleurs je dois proposer un rôle à la jeune femme assise devant moi.

« Oui, n'y aurait-il pas un rôle pour moi dans ce film » ? harangue inopinément la jeune femme piquant alors un fard en se rendant compte de la fougue avec laquelle elle intervenait auprès de l'actrice aux récompenses nombreuses.

R'HL, me fixant : « Alors vous !

Moi : « Moi » ! ? !

Je crois que j'avais fait fi d'une quelconque timidité !

## Il y a corail et corail

Une fois encore le train s'arrête.

C'est l'avant-avant-dernière station avant le terminus. Encore un peu plus de deux heures de trajet.

Bigre de bougre ! Que se passe-t-il ?

On dirait qu'elles se sont passé le mot. Je décide de partir et voilà qu'elles se présentent toutes à mon chevet.

Celle-ci est black. Elle est grande, presque autant que moi.

Quelle coiffure ! Avec tous ses cheveux relevés, elle est magnifique !

Puis ce sourire !

Moi : « Bonjour !

Elle nous dévisage : « Bonjour » !

Elle s'installe.

Les roues tournent à nouveau.

Moi : « Vous n'êtes pas originaire d'ici ?

La Beauté Black, MA : « Vous êtes perspicace. Je suis tout de même française ».

J'ai failli la dénommer : BB, pour Black Beauty !

Moi : « Il y a des indices qui ne trompent pas ! Vous n'êtes pas une peau bleue.

M.A : « Une peau bleue ?

Moi : « Oui, on dit de certains peuples de l'ouest africain qu'ils ont la peau presque bleue tellement ils ont pris le Soleil, d'où l'expression : Peau bleue.

R'HL : « Je crois qu'une variété de requins est aussi ainsi nommée.

Moi : « C'est sûr, et des gens de noblesse, on dit qu'ils sont de sang bleu !

Je vous soupçonne venir du Pacifique ? !

M.A : « En effet ! Je suis surprise.

Moi : « Je ne voudrais pas me mouiller en vous disant que je pars pour votre pays. Vous êtes de Mandawé n'est-ce pas ?

M.A : « Vous êtes étonnant !

Moi : « Je n'ai pas beaucoup de mérite, la ressemblance avec une amie est flagrante. Elle est originaire de la Chaîne, d'une tribu en pleine montagne où j'avais eu l'audace d'aller fêter mes trente-huit ans.

M.A : « L'audace ?

Moi : « Oui, cette jeune femme était remontée dans sa tribu pour avec ses enfants partager son temps lors des vacances scolaires, et j'avais moi-même profité d'un week-end prolongé pour une escapade en brousse. J'avais pensé l'y retrouver.

Je l'avais connue dans le quartier où je résidais, où je bossais aussi. Elle, elle était venue vivre à la ville pour échapper un peu à son homme et faisait quelques heures de ménage de-ci de-là. Alors de me rendre en tribu avait pu être perçu comme une provocation. Loin de moi l'id…

M.A : « … Taratata !

R'HL : « A d'autres, pas à nous !
N'est-ce pas ? !

Moi : « Bon, oui, j'avais éprouvé un petit quelque chose pour elle.
Je crois qu'elle aurait aimé venir voir la tour Eiffel. Dans le squat où elle vivait, une affiche figurant cet édifice était accrochée, encadrée ! J'avais logé là aussi, parfois.

De là on dominait la passe de l'immense baie par laquelle les cargos venaient décharger leurs conteneurs, par laquelle les pétroliers venaient ravitailler les îliens en carburants.

Le soir, tandis qu'en contrebas le quartier entrait dans la pénombre du fait de la montagne, il faisait toujours beau là-haut.
Plusieurs fois nous nous baignâmes à proximité de… »

Ma gorge se nouait petit à petit.

R'HL : « … Ha ! Je crois que l'on a touché un point sensible !

M.A : « J'ai hâte d'y retourner moi aussi ; on s'y reverra sans doute. À moins que je trouve mon Prince charmant par ici ? !
Vous êtes chanceux de partir là-bas » ! Ajouta-t-elle, indéniablement nous supposant ma phanie et moi liés de sentiments partagés.

Moi : « Je crois que ça se mérite.

R'HL : « Nous concernant la petite et moi, rien n'est prévu en ce sens. Nous n'avons fait connaissance de Monsieur qu'aujourd'hui. Tout à l'heure !

M.A : « C'est drôle, je vous vois pourtant ensemble. Tu verras – adressa-t-elle à notre muse – tu t'y plairas et puis le climat c'est autre chose qu'ici ; il y fait bien meilleur !
Et toi t'es d'où ? Avec ta chevelure blonde et tes yeux en amandes, t'es difficile à cerner !

R'HL : « Petite, mon père parlait souvent d'un pays imaginaire…

La Petite : « … Papi disait que Maman est née à la source du fleuve Amour.

M.A : « On pourrait supposer avoir eu les mêmes ancêtres alors, les vôtres à une époque venant ici et les miens faisant cap au sud-est, vers les îles noires.

La Petite : « Les Îles Noires ?

M.A : « Oui, la Mélanésie ! C'est ce que cela veut dire.
Mes aïeux étaient peut-être originaires d'un peuple d'un peu plus au sud quand même ».

J'avais ôté de mon cou un petit foulard rouge que je tendais en posant dessus un billet, et dis : « C'est pour toi !

M.A : « Ce n'est pas la peine.

Moi : « J'insiste : c'est pour notre chance aux uns et aux autres. Si j'en avais eu, je t'aurais donné un peu de tabac en plus, comme cela se fait. Maintenant je suis plutôt fier je dois l'avouer, d'essayer d'arrêter de fumer.

KT'L me tendant un paquet de cigarettes : « J'en ai d'autres.

L'ajoutant à ma coutume, je reprenais : « Pour que ton séjour sur ces terres te soit favorable et que t'y trouves ce pour quoi tu y es venue. Que ce soit pour les études, une qualification professionnelle ou même un emploi, je te souhaite abondance et bonheur !

M.A : « C'est très gentil. À toi aussi beaucoup de bonheur. Je te souhaite un voyage à la mesure de ce que tu espères vivre.
Je ne sais pas pourquoi je vous vois partir ensemble. Il n'y aurait pas anguille sous roche » ? !

Malicieux sourires en coin avaient dû à ce moment trahir sur nos visages quelque complicité naissante !

Moi : « Ha ! Une anguille pêchée en rivière, ça c'est bon ça !

Ho ! Une anecdote : Le lendemain de mon arrivée dans ton pays, la première fois que j'y suis allé, j'ai pris le bus pour me rendre en tribu sur la côte Est.

J'achète mon billet, tu sais à l'ancienne gare routière, de là où partent les lignes pour aller en brousse. Je monte dans le bus, et comme il n'y avait plus beaucoup de places disponibles, je m'installe sur un siège sur lequel un sac et un vêtement sont posés.

Il restait quelques minutes avant le départ et par la fenêtre je vois qu'une demoiselle parlant à deux amies me toise à moitié, du fait que je me suis assis à côté de là où elle poserait ses fesses, sur la même banquette.

J'avais l'impression d'entendre : – Achlebleba ! Qu'est-ce qu'il veut, qu'est-ce qu'il a… Enfin quelque chose du genre de ce que l'on pourrait lire dans une bulle de BD.

Ben figure-toi qu'au bout de cent cinquante bornes la jeunette s'est assoupie, sa tête reposant sur mon épaule.

R'HL : « C'est attendrissant !

Moi : « Ouais, là je crois que j'avais gagné mon premier combat.

M.A : « Oh ! On est un peu comme ça nous les femmes ; on a bon cœur tout de même !

Moi : « Oui, ça je le sais.

Je me souviens que tout au long du trajet j'avais été étonné de voir tant de jardins si bien entretenus.

M.A : « Nous sommes de vrais terriens tu sais.

Moi : « Les jardiniers sont les médecins de la terre !

Au réveil de la jeune femme nous avons parlé et moi de lui dire, quand le car approchait de ma destination, que nous longions le bord de mer, lequel se trouvait à quelques courtes centaines de mètres. Qu'un peu plus loin le rivage dessinait une immense baie. Ce qu'elle ignorait.

Les semaines qui devaient suivre, tous les jours en fin d'après-midi j'aurai pris le temps d'aller m'y baigner. J'en vivrais alors à même pas deux cents mètres.

À l'époque, à la demande d'un vieil homme de la tribu, j'avais fabriqué un petit colombier tout en bambou dans lequel il élèverait des pigeons voyageurs. Je l'avais fait un peu sur le modèle de la volière à tourterelles que mon grand-père avait fabriquée dans son jardin.

Plus tard, bien plus tard, lors de mon deuxième séjour sur ces terres, assis sur le sable en compagnie d'amis à scruter les vaguelettes, lors d'une sieste, espérant apercevoir le signe d'une présence particulière dans la baie, nous aurions la chance d'y apercevoir un dugong venu brouter là quelques algues.

J'aurais aimé que nous allions à sa rencontre.

M.A : « Les hommes des clans de la mer en attrapent encore pour quelques cérémonies bien particulières : quand un Grand Chef décède, par exemple !

Moi : « J'ai eu le privilège de goûter à un ragoût de tortue ; c'est vachement bon dis donc !

C'est vrai qu'il existe de grands reptiles dans vos forêts ? J'ai connu un frère qui soutenait mordicus en avoir vu.

M.A : « Si cela t'arrivait, évite de croiser son regard : c'est tabou, comme pour vous de croiser celui d'une salamandre.

Moi : « Dans ce cas, la seule façon que pour l'instant j'ai trouvé pour parer pareil sortilège est, en la fixant régulièrement, de laisser se consumer une bougie d'une seule traite ! Bougie que l'on ne devra pas laisser s'éteindre d'elle-même bien sûr !

M.A : « Certains font plusieurs mètres tu sais.

R'HL : « Des sauriens gros comme les dragons de Komodo ?
Je ne suis pas sûre de vouloir être du voyage.

Moi : « J'ai une amie qui m'a rapporté que sa grand-mère connaissait une falaise sous laquelle vivait une immense pieuvre qu'elle avait déjà aperçue.

M.A : « C'est pour cela que nous insistons sur la coutume, sur le fait qu'un visiteur doit se présenter. Alors il est prévenu des dangers, des lieux tabous !

La Petite : « Moi, je préfère les vaches marines !
Quand est-ce que l'on arrive Maman ?

R'HL : « Dans deux petites heures, ma chérie ».

Je pensais : Ma Chérie : Qu'est-ce que cela sonne bien !

M.A : « Tu as sans doute dû goûter aux crabes de cocotiers ? !

Moi : « Même pas ! J'ai bien traversé des cocoteraies où ils vivent en abondance, j'en ai vu ; je n'y ai pas encore goûté.

M.A : « Comme leur nom l'indique, ils se nourrissent de noix de coco qu'ils ouvrent avec leurs impressionnantes pinces. Hum ! Ça c'est rudement bon.

Moi : « C'est ça aussi !

M.A : « Ho ! Tu as gardé quelques-unes de nos expressions !

Moi : « C'est ça aussi, oui !
Ici, ce sont les crabes araignées et les tourteaux que nous ramassons. C'est ce que l'on sert aux touristes sur les plateaux de fruits de mer, avec

des huîtres, des palourdes, des bigorneaux, des langoustines. Ou les mousses que l'on trouve par un, deux, trois mètres de fonds, ou un peu plus selon l'aptitude des plongeurs à l'apnée. Le vrai nom de l'araignée de mer, ce que peu de gens savent, c'est maïa.

R'HL : « Oh ! J'adore ça !

La Petite : « Comme les Mayas ?

Moi : « Oui, ça se prononce de la même façon.
Je ferai sûrement un peu de plongée là-bas.
J'ai connu des indigènes, noirs, bien blacks, des amis qui portaient des noms de famille d'origine bretonne, c'était surprenant ; ils n'avaient pas le type négroïde ou tout du moins le faciès de tes congénères. Peut-être les accompagnerai-je quelques jours en montagne. Certains d'entre eux aiment s'y retirer de temps à autre. Ce doit être palpitant !
Tu te rends compte, je suis déjà allé deux fois sur ton île et je n'en ai même pas fait tout le tour.

M.A : « On est plusieurs dans ce cas !
C'est vrai qu'il y a des endroits magnifiques à découvrir là-bas, des grottes, les lagons couleur turquoise. C'est le paradis pour ceux qui ont le temps de s'y promener, d'y vivre avec quelques billets devant eux.

Moi : « Mon rêve serait de naviguer sur une embarcation traditionnelle à voile, sortir de temps en temps avec le Soleil et une petite brise.

M.A : « Comme celle des Kunyiés ? !

Moi : « Oui.

R'HL : « Qui sont vos Kunyiés ?

M.A : « Les habitants de l'Île des Pins.
C'est une île à proximité de la Grande Terre et qu'une Reine locale a faite Française devant l'Éternel !

Moi : « Je ne sais pas si tout le monde voit ça d'un bon œil.

J'ai entendu quelques jeunes filles dire qu'enfants elles attrapaient les sauterelles avec un petit bout de branche pliée à l'aide duquel d'abord elles attrapaient une toile d'araignée faisant alors office de filet.

M.A : « Je l'ai moi-même fait. Après on les faisait griller : c'est excellent !

La Petite : « Beurk !

R'HL : « Eh bien !

M.A : « Tu trouveras des copines qui te feront goûter à cela. Ensuite tu pourras dire si tu aimes ou non.

Puis il y a toutes ces foires au fil de l'année. Il y a beaucoup de gens à rencontrer là-bas.

Moi : « Cette fois j'y vais en y ayant déjà quelques amis. Une année j'avais fêté Noël et Nouvel An avec les gens d'une même tribu. On avait dansé et chanté toute la nuit et au petit jour ils avaient tué un cochon dont j'ai gardé un bout de peau. On avait même tiré un petit feu d'artifice la veille au soir !

Tu sais, il commençait sérieusement à me manquer de crapahuter à flanc de coteaux, le sabre d'abattis à la main. J'ai fait plusieurs petits potagers là-bas tu sais, avec l'indispensable barre à mine. J'aime mettre les pieds dans la terre, poser, enfouir les petites graines. Ce contact me manquait plus que tout… Et marcher, courir sur des pelouses bien grasses, quel plaisir !

M.A : « Je te comprends. Ha ! Les odeurs, les fleurs, il est beau mon pays. Bientôt les flamboyants vont flamboyer !

R'HL : « C'est le cas de le dire.

M.A : « Il en existe des rouges, jaunes, et bleus.

La petite : « Les trois couleurs primaires !

M.A me demande : « Tu le savais ?

Moi : « Oui ! Oui, quand j'ai vu les bleus mauves j'en avais même été surpris.

Tu sais, j'ai encore en mémoire l'odeur de la terre chaude après une bonne pluie, l'odeur de l'évaporation après la pluie d'orage. Heummh !

Je crois qu'il n'y a qu'là-bas que j'ai eu plaisir à me lever tôt, au p'tit jour.

R'HL : « Qu'est-ce qui vous appelle à la Capitale ?

M.A : « Ho ! Je n'y vais pas, je descends à la prochaine station, je vais retrouver la famille et des amis. Et vous ?

R'HL : « J'ai reçu un appel de mon agent, je vais le voir pour un nouveau rôle.

M.A : « Je le savais, Oh ! Je suis contente. Je pourrai avoir un autographe. Je vous avais reconnue… Je n'étais pas tout à fait sûre…

La Petite : « … Moi aussi je signe les autographes » !

R'HL sortit une photo de son sac. Elle la signa.

Moi : « Moi ce sera pour bientôt ; si quelqu'un veut bien m'éditer un jour.

À M.A : Tu sais, je trouve extraordinaire ce qu'il se passe au Pays, cet engouement à rendre accessible les sentiers qu'empruntaient autrefois les vieux pour se rendre aux champs, ou gravir les collines, les franchir et traverser la montagne.

M.A : « J'ai entendu dire que même les tarodières vont être réalimentées !

Moi : « J'ai hâte de voir ça. C'est impressionnant de réaliser l'ardeur que les anciens avaient dû déployer pour entasser toutes ces pierres et former ces paliers. Ce leur serait bien bel hommage en effet !

R'HL : « C'est comme les talus ici le long des routes.

Moi : « C'est surtout dans le style de ce que l'on peut voir dans les Andes !

M.A : « Ils étaient ingénieux pour avoir pensé à irriguer les terrasses avec des troncs creux de cocotiers !

« Quand tu goûteras aux taros tu comprendras – lançai-je à R'HL.
Oh pardon ! Je m'avance peut-être un peu ? !

M.A : « Il en existe plusieurs variétés, mon préféré c'est celui de montagne. Tu verras… Puis les mangues et les papayes, hum ! Ça me manque un peu.
Tu vas te régaler mignonne. Tu m'en laisseras pour mon retour, dis ? !

La Petite : « Promis !

M.A : « Ce n'est pas toi qui résidais à Tao ?

Moi : « Chut ! J'aimerais que l'endroit soit tenu secret ! Là où je veux vivre, le calme est d'actualité ! On y doit entendre l'Onde !
Oui, c'est moi ! Comment tu le sais ?

R'HL : « Y entendre l'Onde ?

Moi : « Oui, il m'arrivait d'entendre une voix parlant au nom de l'humanité, ou s'adressant à l'humanité, Dieu peut-être. Là j'exagère sans doute !

R'HL : « Oui je crois, oui.

M.A : « Celle d'un Ange peut-être ?

Moi : « Parfois j'entendais la voix des vieux ou des vieilles, d'enfants ou de travailleurs. Une fois j'ai entendu un politicien me menacer : – Si tu continues…

Le rêve aussi m'a beaucoup éclairé sur le caractère de certains.

Selon notre propre pensée et nos questionnements profonds l'Onde nous répond. Quand les hommes sont satisfaits d'une mesure ils disent :

– Merci beaucoup !

Les femmes expriment leur approbation d'un : – Bravo !

Un matin j'ai reçu le pardon de ma mère et les encouragements de l'un de mes frères. À dix-huit mille kilomètres, ça surprend ! L'Onde est pure !

R'HL : « Tu affabules là ? !

Moi : « J'en ai parlé à une doctoresse qui a bien tenté de m'expliquer là une création de l'esprit. J'ai trop souvent entendu, en effleurant quelqu'un, le contenu de sa pensée à mon égard, son dédain ou son fraternel conseil. Le rationalisme occidental est trop puéril et la nature, notre propre nature bien subtile !

Qui encore croit aux legs perçus au travers de la Mythologie Grecque quand elle rapporte l'existence de l'Hamadryade, l'âme de l'arbre, quand elle fait allusion aux Oréades, aux Naïades.

Peu avant que je prenne la décision de revenir ici, passant à proximité d'une cascade j'avais entendu : – C'est dommage que tu ne restes pas parmi nous !

Je suis sûr qu'en ces endroits vivent des êtres de nature à considérer comme semi-divine, et il ne devrait donc étonner personne de savoir que je désire rejoindre ce Monde !

M.A : « J'ai entendu parler de toi, radio cocotier fonctionne bien tu sais !

Moi : « En bien j'espère ? J'ai hâte de réécouter «Djido » !

M.A : « Monsieur a quelques talents cachés !

Je crois même t'avoir vu en photo. Je connais quelqu'un que tu connais !

Moi : « Je crois savoir qui. J'vous raconte une autre anecdote et tu me diras si c'est bien lui :

Un matin, arrivant le premier au camping de la tribu où j'avais été accueilli et où nous devions préparer une réception en l'honneur des gens âgés de la commune, je suis allé me balader un peu en attendant que les amis, que les frères arrivent à leur tour.

Je me souviens d'ailleurs qu'en ce qui concerne le repas, c'est au dernier moment que nous prévîmes le menu. En effet, la veille de ces festivités, dans l'après-midi nous étions plusieurs au bord de mer, quand l'un d'entre nous remarqua les aigles planant haut au-dessus de la baie. Les ancêtres nous envoyaient un signal.

L'homme qui m'hébergeait, issu d'un clan de pêcheurs, en déduisit la probable présence de poissons, et nous faillîmes dans l'instant aller poser les sennes.

Était-ce la flemme de quelques-uns ? Nous ne bougeâmes point ! Même quand nous aperçûmes le banc en surface. O je n'irai blâmer mon hôte d'alors ; c'est un homme courageux qui mérite qu'une main lui soit tendue.

Il y avait des centaines de poissons, une sorte de mulet je crois, du bon poisson. Des milliers peut-être ? En tout cas il y en avait de quoi assurer grassement le repas du lendemain.

Ce n'est qu'en soirée que quelques-uns se décidèrent à aller tenter de recueillir la manne là où ils la supposaient, dans quelques décimètres d'eau. Nous fîmes chou blanc, on s'y était pris un peu trop tard et c'est du poulet que l'on avait servi au menu !

M.A : « Il y a une boutique sur une île qui s'appelle ainsi.

Moi : « Oui je sais, quand j'ai bossé aux glaces j'étais délégué aux expéditions et j'ai adressé de nombreux colis au magasin "Trop tard", colis à garder bien au frais.

R'HL : « C'était une façon de rattraper le temps perdu !

Moi : « Oui, peut-être. Sans doute cette échoppe est-elle ouverte à toute heure ? !

Ha, j'aurai voulu transformer notre flemme en flegme ce jour, car si nous avions été plus dégourdis, les aigles auraient pu conduire le banc dans nos filets. Passons !

N'empêche que j'aurais bien voulu que nous sussions aller cueillir cette providence

Je reviens à mon histoire au camping : Quand je revins de cette brève promenade, la sœur de l'Ami qui me recevait sous son toit discutait avec un homme et m'approchant d'eux, je sentis bien qu'ils parlaient de moi.

– Tu ne me reconnais pas, me dit-il ?

J'avais beau chercher, je ne voyais pas !

Lui m'avait reconnu, et à son dire je sus que quelques jours auparavant il venait d'à nouveau regarder en famille les photos prises lors d'une soirée dansante que nous avions partagée en métropole, pas très loin d'ici. Nous y sommes passés tout à l'heure.

J'y avais été convié par l'ami avec lequel à l'époque nous bossions avec les enfants.

Incroyable donc, nous avions passé un bout de soirée ensemble, on s'était bien amusés, et il me reconnaissait presque dix années après ! Ce dont je me souvenais de lui, c'est qu'il n'avait qu'une seule hâte à cette époque : rentrer au pays retrouver femme et enfants !

R'HL : « Incroyable en effet ; le monde est p'tit !

Moi : « Maintenant maire du village, il avait quelque notoriété et il eut le tact de me convier à un congrès politique à tendance indépendantiste.

Lors des délibérations, ce jour, les partis présents exprimèrent leurs incontournables valeurs, et puisqu'il fallait élire un président à la tête de cette alliance, c'est jusque tard dans la soirée que se poursuivirent les arguties : sans succès cette fois !

M.A : « Ce n'est pas à lui que je pensais !

Moi : « T'es d'où alors ?

M.A : « Je suis celle qui avait posé sa tête…

Moi : « … Nonn ?

M.A : « Non, ce n'est pas vrai. Je dis cela au cas où tu te déciderais à mettre noir sur blanc ta biographie ; cela éviterait au serpent de se mordre la queue.

Moi : « C'est en cours. La femme que j'avais convoitée, celle de la montagne tu sais, me sollicita pour que j'écrive une histoire, que soit accessible à tous le témoignage de mon passage, parmi vous, et plus que mon passage puisque c'est d'une mission dont il me semble être investi. Je m'y suis engagé !

M.A : « C'est ma cousine !

Moi : « Ta cousine ? C'n'est pas vrai.

M.A : « Si !

Moi : « Incroyable ! Elle s'était bien gardée de me dire qu'elle a une cousine aussi belle. C'est pour cela que tu lui ressembles à ce point alors. Alors t'es ma cousine, car je crois que nous en vînmes elle et moi à nous considérer comme frère et sœur.

Je me souviens d'une fin d'après-midi lors de laquelle nous avions joué au ballon. À courir d'un bord et de l'autre, à se faire des passes nous apprenions à communiquer ! Notre ballon était un pamplemousse que par la suite nous avions partagé. Tu peux être sûr que nous nous étions appliqués !

Nos amis, plus loin, eux, festoyaient. Nous, nous nous étions reconnus comme enfants conscients de l'existence des ancêtres. Nous ressentions le besoin de penser, libres, d'agir libres ! Nous savions je crois qu'un jour aux portes du bonheur nous devrions nous défaire de quelques artifices ! Nous nous connaissions bien et, c'est con, nous nous aimâmes d'un amour impossible.

Même si j'ai sûrement tâté du ballon en tribu, là il n'avait pas été question de jouer au football. Il y a eu un gars de mon village Champion du Monde !

M.A : « Nous aussi nous l'avons notre Champion !

Moi : « C'est vrai, il jouait dans la même équipe.

J'aimais bien aller rejoindre ta cousine au campement du bord de mer et de la pointe rocheuse lancer la ligne à l'eau. C'était un lieu spécial car pour atteindre ce site nous passions sur de la roche submersible en forme de pavés irréguliers de trente à cinquante centimètres de côté, originaux des cercles y figurant. Plusieurs cercles de plus en plus petits ou de plus en plus grands sur chacun. Assurément un lieu tellurique !

Nous y faisions nos petites fritures que nous accompagnions de manioc, nous y buvions le thé.

Quand j'ai eu un appartement elle y est quelquefois venue faire du ménage. C'était un prétexte à nos rencontres.

Je lui ai donné mon pull arc-en-ciel que j'avais fait tricoter dix-neuf ans auparavant.

Je suis content de t'avoir rencontrée. Vous êtes trop géniaux !

Tu sais, je viens de passer quelques années ici sans voir un seul de tes congénères.

Ha si ! La femme, le beauf et la belle-sœur d'un ami, des gens de la famille qui m'avait accueilli à bras ouverts et reçu comme l'un des leurs à Choley. Ils sont venus passer quelques semaines par là.

Je crois que je me suis senti plus proche des gens de ton peuple que des bretons dont je suis. Je ne sais pas l'expliquer !

C'est peut-être dû à ma Maman black venue du fond des âges ?!

M.A : « Sans doute.

R'HL : « La femme dont tu parles dans tes textes ?

Moi : « Oui, la femme que je considère être spirituellement ma Mère.
Peut-être aussi pour la façon dont ils ont défendu leur territoire. Celui qui respecte la nature mérite le respect. De plus vous êtes intelligents : j'ai beaucoup appris à votre contact !

M.A : « Merci pour le compliment ! Tu l'aimes n'est-ce pas ?

Moi : « Qui ?

M.A : « Ma cousine.

Moi : « J'aime votre Pays. Ta cousine, elle, m'a demandé de prier pour elle. Je pense beaucoup aux amis que j'ai là-bas.

M.A : « C'est bien.
Bon, je crois que j'arrive à destination ; je vais me préparer.
Tu me parleras de ta Maman black une autre fois.

R'HL : « À bientôt alors ? !

M.A : « Oui, ici ou ailleurs, parce que l'on n'échappe pas à son destin !
L'important est de garder la foi : je prierai pour vous moi aussi » !

Elle s'est levée, croisant le regard de la roussette qui n'avait bronché, prise dans sa lecture et à laquelle je ne saurais en vouloir d'avoir été absente de la conversation !

Moi : « Dans mon livre j'écrirai que tu es vraiment belle, très belle même !

M.A : « J'ai hâte de le lire.
Bien, je dois y aller. Je vous souhaite bon voyage et je compte sur vous pour donner mon bonjour au pays et… À ma cousine.

Moi : « J'ai hâte de la revoir, je l'embrasserai pour toi, promis.

R'HL : « Oui, sur la joue !

Moi : « Toi, dis aux tiens que tu viens de rencontrer un frère qui rentre à la maison.

M.A : « En tout cas merci pour ta sollicitude et sois tranquille, ta réputation est faite au Pays. Surtout, partout où tu passeras pense à faire le geste coutumier.

Moi : « Pour sûr, plutôt deux fois qu'une » !

Au bout du couloir où je l'accompagnais portant ses légers bagages à main, nous avons encore échangé quelques jacasseries – elle travaille dans les cosmétiques – quelques doux sourires, et je ne vous cacherai pas que l'idée d'insidieusement vous fausser compagnie m'a effleuré.

Oh ! Tout juste quelques secondes !

Et alors ?

## Le vieil homme à la canne

Le train redémarrait.

Nous ne nous souciions plus de la petite quand un homme d'âge certain, distinct se présente sous l'embrasure de la porte.

Le robuste vieil homme de son feutre se découvrant : « Pardon, il y a là une demoiselle qui cherche sa cabine, c'est bien ici » ?

Jaillissant promptement de derrière l'individu de forte stature, La Petite : « Coucou !

R'HL : « Oui, merci Monsieur. Viens ma chérie.

« Je vais me joindre à vous – dit-il – ma place est réservée.
Je vous en prie, la conversation semblait animée ».

Il avait ôté son chapeau quand il nous avait apostrophés et il se défit de son manteau qu'il posa soigneusement plié sur le porte-bagages. À côté, il y en avait largement la place, il aligna sa valisette et un petit attaché-case. Il savait voyager ou avait plusieurs lieux de villégiature : l'un et l'autre pouvaient être vrais !

Pour un homme de son âge, il aurait pu avoir de la bedaine. Lui non, il avait une ligne de jeune homme ; il n'était pas au sénat, lui !

– Enlève ça !
– Non !
– Enlève ça !

– Pourquoi ?
– Il était au sénat !
– Ho, ça me donne une idée. On dit bien : Qui a été sera !
– Incroyable, il faut toujours qu'il ait le dernier mot !

« Je vois – dit l'Illustre – le Vieil Homme impressionne toujours !
Vous ne m'êtes pas inconnue Madame ; vous êtes l'héroïne de nombreux films n'est-ce pas ?

R'HL : « En effet Monsieur.
Nous étions à parler de changements que pourrait engendrer la parution d'un fabuleux ouvrage.

VH : « Non, ne me dites pas que vous aussi… C'est impressionnant ! J'en ai eu vent moi-même et pour tout vous dire, je le garde au chaud – il tournait son regard sur son porte-documents – là-haut !

R'HL : « Nous sommes tous dans la confidence ici ».

Notre amie la rousse lui montra, agrémenté d'un haussement de sourcils avec mimiques, presque gênée, le titre du fascicule qu'elle tenait, un doigt entre deux pages.

Se tournant vers moi, la même, la blonde : « Peut-être devrions-nous nous abstenir de trop en dire ?

Moi : « Oh ! Bientôt tout le monde sera au courant, alors au point où nous en sommes.

VH : « Comme ça jeune homme, vous êtes aussi dans le secret !
Si ce n'est indiscret, par quel miracle ?

Moi : « Les miracles n'existent pas !
Maintenant si j'osais, je pourrais dire être tombé dedans quand j'étais jeune, et comme je n'ai rien à cacher, je puis bien vous avouer en être l'auteur.

VH : « C'est extraordinaire » !

Du ton qu'il utilisait, nous ne sûmes cacher notre émotion et je sentis autour de mes yeux les pattes d'oie se creuser un peu plus.

Sa parole résonnant à nouveau : « Je crois que nous vivons là une époque formidable. Faites-moi confiance, je n'ai jamais rien lu de pareil. Le style est enjoué et l'enjeu comme plus personne ne l'espérait.

Pardon Madame, je ne sais si l'adaptation au cinéma pourra être à la hauteur de l'événement littéraire et social même » !

La belle blonde sortait quelques bonbons de son sac – quels trésors dans ces sacs – nous en proposait puis en en déballant un pour la petite :

« Je devrais y avoir un rôle » !

Nous la gratifiâmes pour son geste, et la félicitâmes. La fillette lui fit un gros bisou.

VH : « Ha ! Quelle chance, quel honneur ! Vous voilà promue pour donner la réplique au vieux grand-père qui, s'égosillant à n'en plus finir, manque de lasser son auditoire. Qui donc pourra entrer dans mon personnage ?

Peut-être vous-même jeune homme ? Avec un peu de barbe.

Moi : « Je n'ai pas vraiment d'expérience sur scène et encore moins devant la caméra. J'ai tout juste fait de la figuration au sein d'une compagnie de danse. On y jouait presque la scène ! Ça s'appelait…

KT'L : « ... "Au pied du mur", ou quelque chose comme ça. J'vous ai vu ! Je savais que je vous avais déjà vu quelque part !

Moi : « Oui, effectivement, la chorégraphie s'intitulait "Les pieds au mur". Nous l'avions jouée dans plusieurs patelins du coin ! Ma participation y était bien modeste. Je ne sais plus si nous l'avions produite au Triskell…

KT'L : « … C'est à l'Auditorium que je vous ai vu, à Quimper !

Moi : « C'est vrai que nous nous y sommes produits, c'était mon tout début sur les planches. C'est aussi un endroit où j'ai eu la chance de profiter d'une démonstration de kalarippayatt.

VH : « Un art martial du sud de l'Inde, n'est-ce pas ?

Moi : « Oui et je ne sais à qui je dois d'avoir eu le privilège d'accompagner les protagonistes de ce show à la table d'un modeste restaurant. Nous nous contentâmes d'une salade composée. De véritables guerriers ces gens-là !

VH : « Nous n'en doutons pas un instant !

M'adressant au Vieil Homme : « Mais si je joue votre rôle, qui donc jouera le mien ? Non ! Les femmes préfèrent les hommes sans barbe, c'est bien connu !

VH : « Je n'en suis pas si sûr – dit-il en se la caressant.

Moi : « De toute façon il me faudrait ne plus me raser durant un sacré bout de temps pour l'avoir aussi longue que vous. Puis j'ai prévu de partir poursuivre ma vie ailleurs, sur une île du pacifique. Ici c'est trop dur, on ne vit plus ici ! Ici, c'était vivre pour payer.

VH : « Aaah ! Le lascar ! Il voudrait se dérober pour… Suivre sa vie ailleurs. Ne suis pas ta vie mon garçon : fais-la ! Allons bon, tu peux me croire, tes cocotiers et tes vahinés peuvent bien attendre quelques mois. Je crois que tu as encore à faire ici. Ne refuse pas un rôle qui ressemble à ton destin. À l'autre bout de la Terre ne dit-on point : Si tu ne manges pas ce qu'il y a à notre table, c'est que tu ne nous aimes pas.

Ici c'est pareil ! Accepte de bon cœur la proposition de notre bonne fée ici présente : prends ce rôle à bras-le-corps, débride-toi !

R'HL : « Je vois que l'on aime à penser pour autrui. Je ne suis même pas sûre d'obtenir ce contrat, et Monsieur, vous voilà déjà à enrôler n'importe qui.

Moi : « Merci, je vous suis très reconnaissant pour le : N'importe qui. Je pensais que nous passions un moment suffisamment agréable, pour ne pas dire exceptionnel ! Je crois que je vais aller prendre une collation au wagon bar.

Ça ne vous tente pas » ? Lançai-je à KT'L.

KT'L : « Avant je voudrais que l'on règle la question du rôle de chacun. Qui pourra me dire ce que je fais là ? Je suis invitée, certes, à quelle fin ?

Moi : « J'ai pensé à vous surtout pour incarner la résurrection de la fille du Grand Démiurge ici présent. J'ai pensé vous attribuer le rôle d'une dame blanche : rousse, comme l'on peut imaginer quelques déesses celtiques. Cela devrait faire effet » !

Après avoir fait mine d'être pris d'une petite toux convulsive, VH :

« Enfin… Il veut dire par-là qu'il voudrait vous voir jouer le rôle de la fille du grand dramaturge des Misérables. Elle avait péri noyée avec son tout récent époux, et notre jeune ami ayant ressenti cette douleur en son propre tréfonds a imaginé un passage en lequel elle sortirait d'un fleuve, puis marcherait sur l'eau pour rejoindre la berge.

Sorte d'exorcisme.

KT'L : « J'accepte ! Ce livre me botte ! J'arriverai bien à me libérer pour le tournage !

Ooh ! J'vous quitte plus, moi !

R'HL : « Concernant le concubin, je veux dire son mari ?

Moi : « Je ne sais pas encore. S'il y a à faire en ce sens nous le ferons, nous improviserons si nécessaire. Je voudrais que cette séquence puisse faire penser à l'image d'Excalibur qu'une main porte hors d'eau du lac des légendes. Aujourd'hui vient le temps des réponses et l'onde est enfin libérée. Aussi j'invoque les esprits qu'ils acceptent de ramener mon Enfant à la vie, qu'ils redonnent à la Terre une Princesse de la plus haute lignée et qu'à me transmettre l'Épée, la Justice soit !

VH doucement aux femmes : « Laissons-le dire, c'est une transe. C'est une lecture dont il est seul dépositaire. Son rôle est de rapporter la Lumière. Il est le seul à avoir vu !!!

KT'L : « Vu qui, vu quoi ?

VH : « Vu qui ! Chuttt !

Moi : « Je crois en la vie des ancêtres, des esprits, aussi je les sollicite afin qu'ils guident ceux qui leur sont fidèles pour que la vie sur Terre, conforme aux lois naturelles perdure ! Acceptons les dogmes qui nous tinrent vivants jusqu'au présent et faisons-en la synthèse. Notre système solaire entre dans une configuration spatiale spéciale et les portes du temps vont nous être nouvellement dévoilées ! Chacun va les franchir à mesure de son éveil. Demande le bonheur et il s'offrira !
Souhaite qu'il dure quelques longs millénaires !

R'HL : « Ha, c'est donc ça ! Ça y est, j'y suis : tout ce qui est écrit est vrai ou le deviendrait !

VH : « Le deviendra ! Chut » !

La porte était close, son rideau baissé. Je recouvrais mes esprits !

Moi : « Bon, on va la prendre cette collation ? !

La Petite : « Oh oui ! Mam, j'ai soif et puis j'ai un petit creux. Là !

VH : « Allons vite remplir ces petits ventres affamés : je vous invite !

R'HL : « C'est bien aimable à vous, cher Ami.

KT'L, quelque peu ironique : « Je vous en prie, c'est tout naturel » !

J'ai relevé le rideau et comme nous allions en direction de l'Est, le compartiment étant au Nord du fait de notre trajectoire, d'un coup, à nouveau le Grand Flamboyant éclaira notre box. Nous sentions sa chaleur. Dans le couloir il faisait vraiment bon.

Nous prîmes soin de prendre de nos affaires ce que nous avions de plus précieux. Nous nous disions qu'il était vraiment dommage de ne pouvoir faire confiance à personne : mieux vaut prendre ses précautions.

Ne fais confiance à personne !

Nos paletots sur le bras, le vieux emportant son exemplaire du roman bien au chaud dans son attaché-case, nous remontions le convoi.

L'homme était ravi de notre rencontre. Qui ne le serait ? Nous formions là une belle équipée, une synergie. J'ouvrais la marche !

Moi : « Bon, alors, c'était comment ? Bien ? Quelqu'un me raconterait » ? !

VH : « Ho ! tu étais tel un enfant trépignant qui vociférerait ses rancœurs. Comment t'est venue l'idée de cette œuvre ?

Moi : « Le Génie !

VH : « Tu n'as pas peur du ridicule ?

Moi : « Même pas peur ! Et toc !

En fait, disons-le, d'un rêve : « *Je suis dans le compartiment d'un wagon*

*Et avec entre autre une Actrice française, une Star nous parlons.*

*Alors quand au fil de la conversation j'ai dit : – Pour un brin de causette,*

*Elle m'a répondu : – C'est la réplique exacte » !*

Un peu plus puisqu'au fil de mon histoire je lui fis écouter un CD et j'utilisai ces deux lettres pour la désigner.

VH : « Ça y est, j'y suis, je commence à comprendre, je crois savoir qui se cache derrière cette actrice » !

Tiens, j'y pense ; si ça se trouve le train n'avançait même pas !

Teufftou Teufftou Teufftou

Ha si, tiens !

## Devant une collation

Moi : « *J'ai été commandité pour assassiner une jeune femme : j'ai accepté d'accomplir ce forfait. Je devais m'exécuter tandis qu'en compagnie d'amis ou faux amis elle ferait un footing dans un parc. Je me suis posté dans une vieille masure. Je guette.*

*Ça y est, ils arrivent, j'ai mon poignard en main. Ils approchent, je la distingue. Je suis prêt à bondir, ils sont à ma hauteur... Je flanche : je ne pouvais commettre pareil crime !*

*Peut-être l'ai-je reconnue ? Tout est flou ! Ils s'éloignent.*

*À distance je suis la petite troupe continuant de trotter comme si de rien n'était. Ils font une pause et là, ce pourquoi je m'étais retenu tout à l'heure quelqu'un le commet. Dans le dos ! Elle s'écroule sur le sol, encore consciente. Je suis à côté d'elle, et là de nos bras tendus nos mains se joignent, et de l'énergie qui circule je sens avoir moi une fois déjà été trucidé de la sorte !*

*Puis dans la séquence suivante nous sommes quelques convives attablés en plein air, l'humeur est joyeuse. Quelles places nous occupons, je ne sais plus très bien ? ! En tout cas je me souviens qu'Elle est à mon côté, en forme, resplendissante. Sa longue chevelure brune brille de sa bonne santé !*

Était-ce un crime que d'épargner une vie ? De croire qu'il vaut mieux voir les gens debout, vivants !

VH : « Certains n'ont parfois pas eu le choix pour sauver leur peau et ils en sont pour la plupart marqués à vie.

Il y a beaucoup à dire de ce rêve, ne t'inquiète pas, l'issue en est favorable. Nombreuses notions y sont incluses et tout d'abord, si je puis faire une réflexion quelque peu désobligeante, laisse-moi te dire combien je hais la littérature complice de malversations en ce bas monde. Oui, il devrait être considéré comme crime le simple fait de noter et donc de diffuser des abominations. Penser, lire, créer : même combat !

Il s'agitait : « Oh oui ! Nous pourrions en vouloir à quelques auteurs, et surtout à quelques éditeurs de laisser paraître nombre d'insanités. Ha oui ! J'aurais voulu vous savoir tous garde-fous, garants du verbe utilisé bon à propos !

Il en est de même, Madame – apostropha-t-il R'HL – concernant la pellicule et quelques cinéastes.

Mais pardon, je m'égare ; j'ai manqué blasphémer. Pardon Seigneur » !

Il se ravisait !

Moi : « Comprends pourquoi je ne souhaite plus rester par ici.

T'as vu, j'ai relevé, j'ai ranimé mon mannequin, cette femme !

VH : « Oui, en tout cas je suis grandement persuadé que tu as encore un petit quelque chose à faire parmi nous. Tes paroles de tout à l'heure dans la cabine ne peuvent être anodines » !

Nos trois amies s'étaient installées le long d'une tablette, et je leur avais porté chocolat, café et thé vanille auxquels s'ajoutait un paquet de crêpes de froment, les douces. Certains disent la galette salée.

Patientant au comptoir que je sois servi, je me rendis compte en regardant l'étal qu'un homonyme commercialisait là des lunettes hygiéniques personnelles pliables de voyage à poser sur le trône. Il en était le concepteur et je le soupçonnais chanceux d'avoir pareille vitrine.

La petite dessinait de plusieurs couleurs. Elles, les grandes, papotaient, tranquilles ! Avec le vieux, que nous soyons bien installés, c'est à côté d'elles, autour d'une petite table ronde que nous nous assîmes. Comme notre star attitrée, nous aussi buvions du thé, boisson dite de l'éveil.

À nos côtés d'autres passagers nous imitaient… Ou nous les imitions.

Midi approchait à petit pas et lors d'un voyage la p'tite pause de fin de matinée permet de trouver le temps moins long. Pour nous, elle était comme nous réconciliant à un lointain passé, comme nous soudant. Nous avions une fois encore la preuve qu'imprévues rencontres sont des plus subtiles et fertiles.

M'adressant aux femmes : « Tout va bien ?

Elles, en cœur : « Oui, impeccable » !

D'une même voix répondant la même phrase, elles se mirent à rire. La petite pour n'être en reste se mit à ricaner.

Comme le Soleil nous baignait de ses rayons, nous baignions dans la joie.

VH : « Pour revenir à ton rêve mon ami, il me fait avant tout penser à ce que tu nous as laissé entendre tout à l'heure. Sans le savoir, tu as parlé de la Dame Blanche, de Ta Dame Blanche. Je pense que chacun d'entre nous porte sa croix comme l'on dit, et que ces deux êtres, ta Dame Blanche et la Demoiselle qui semble-t-il t'a mis du baume au cœur, ne sont en fait qu'une seule et même âme.

Tu l'aimes, n'est-ce pas ?

Moi : « Oui, c'est possible. Je ne sais pas ; j'en aime tellement.

VH : « Elle est belle n'est-ce pas ? Moi aussi je l'ai vue.

N'y vois surtout aucune allusion à un amour qui pourrait devenir charnel. Tu dois cette fois protéger cette femme. C'est ta fille, et tu dois lui venir en aide. C'est notre fille !

Tu vois, je crois que le fait de communier avec quelqu'un, même en rêve indique l'appartenance à une même famille. La bouche est symboliquement l'organe sexuel de la partie haute du corps. Manger ensemble c'est comme faire l'amour ensemble, avec de la distance : c'est engager l'avenir. À table, par le verbe dit, nous créons. Nous, pros, créons !

Ne pleure pas, tu vas la sauver cette fois ; nous sommes tous avec toi.

Tu avais bien fait de refuser l'acte odieux auquel tu t'étais laissé tenter. Tu te serais donné la mort sinon. En fait ce rêve est à rapporter au passé, à une vie antérieure. Il signifie qu'un groupe de gens dont tu faisais partie s'était mis d'accord pour mettre fin à une forme de vie représentée par la jeune femme. Puis quand tu l'as vu courir, arriver jusqu'à toi, tu t'es rendu compte que sa façon d'être ne te dérangeait en rien ; alors tu l'as laissé vivre. Tu as même cherché à la comprendre, à comprendre ce qui pouvait vous rattacher, vous unir quand tu lui as tendu une main. Alors tu as ressenti qu'elle assassinée c'est en fait à toi que l'on avait voulu porter atteinte : c'est une partie de toi qui venait d'être blessée.

Fort heureusement la troisième partie du songe est claire. Il semble qu'après ces tourments toute ta famille soit rassemblée. Ceux hier tombés, sont à nouveaux présents !

L'arcane vingt du tarot imagerait cette séquence, ces retrouvailles : La résurrection !

Moi : « J'avais eu mal, tu sais ? !

VH : « Oui, je sais ce que tu as ressenti. Moi aussi j'ai eu mal dans le dos, pendant longtemps. Heureusement ça y est, notre douleur s'est estompée. C'est lors de ton deuxième voyage aux antipodes que tu as vaincu ces adversaires de l'ombre. Tu t'es redressé là-bas. Ton livre est explicite !

Tu dois beaucoup aux frères de ce pays où tu t'es régénéré et je comprends ton désir de prières pour sublimer la quiétude de l'âme. Tu y retourneras. Sois patient !

Tu te souviens, ton fils était encore dans le ventre de sa mère que tu le voyais déjà grand. Tu te souviens ?

Moi : « Oui.

VH : « Eh bien ! Pour sa sœur de lumière j'ai la vague impression qu'il va en être de même. Il va falloir l'éduquer aux bonnes manières avant, comme dans mon rêve, de la mener au bal.

Moi : « Attends ! De qui tu me parles? Je ne la connais pas, je n'ai pas de fille. Je n'ai même pas de femme !

VH : « Haa ! Tu ne les connais pas ! Eh bien tu ne devrais pas tarder à les rencontrer : je crois même que c'est déjà fait » !

Il me faisait un petit signe du regard. Discrètement, très discrètement il semblait vouloir me faire remarquer quelque chose se trouvant sans doute proche de nos compagnes de voyage.

VH : « Tu ne les vois pas ?

R'HL à nous : « Qui veut une crêpe ?

VH à moi : « Accepte !

Moi : « Oh ! Merci, bien volontiers ! T'en veux une, le vieux ? Il ne te dérange pas que je te nomme ainsi, dis-moi ? C'est familier je le sais mais…

VH : « … Merci Madame, cela comblera ce petit creux, là » !

S'étant levée et proche du vieil homme à ce moment, lui appuyant sur le ventre,
La Petite : « Là ?

VH : « Oui mignonne, là !
Hum ! Les bonnes crêpes bretonnes ».

Bons Dieux c'est vrai qu'elle est belle ! Et ce sourire ! Moi ça me prend à l'intérieur, je souris à mon âme. Je n'ose pas y croire. Nos regards se croisent, nous nous sourions, le courant passe ! Nous savons ne pouvoir rester à nous regarder dans le blanc des yeux. Les siens sont gris bleu ! Aie, aie, aie ! Ça y est, c'est foutu, je ne pourrai pas prendre l'avion aujourd'hui. Elle doit venir avec moi !

VH, discrètement : « Elles doivent partir avec toi !

Moi : « Pardon » !

Notre petite assistance sourit toute émue de l'effluve de pareille grâce, et l'homme fit signe à nos amies, s'excusant de m'enlever à ces pensées emplies d'espoir et de tendresse.

VH : « Les voilà tiennes maintenant ! Ton contrat c'est...
Les deux à la fois !

Moi : « À la fois ?

VH : « Oui, à la fois ! La mère et la fille !
Oh ! Pas dans le même lit, rassure-toi !

Moi : « J'ai cru comprendre que...

VH : « ... Oui, j'entends !

Moi : « Tu vois aussi peut-être ?

VH : « Moi pas. Toi oui, tu devrais voir ! Bientôt !
Tu l'as demandé et c'est inscrit sur ton cahier des charges ! D'ailleurs la première visite sera d'importance ?

Moi : « Et qui ?

VH : « Doucement mon ami, laisse l'organigramme du temps se mettre en place.

R'HL : « Nous ne devrions pas tarder à arriver au prochain arrêt, peut-être devrions-nous rejoindre nos places » ?

Sa voix, sa prestance... J'en suis tout feu, tout flamme !

VH : « Eh bien allons-y !

Moi : « Je passe devant.

VH : « Holà mon gaillard, les vieux d'abord. Occupe-toi donc de ces dames !

KT'L : « Oui, un peu de bonnes manières, mon garçon. Faites preuve d'éducation, de galanterie.

R'HL : « Oui, si vous ne le faites pas pour de vrai, faites au moins semblant de nous faire la cour.

Moi : « Mesdames, selon votre bon désir je me ferai votre chevalier servant, voire même votre confident ; il vous suffit de mander.
Après vous, je vous en prie.

VH : « C'est mieux, voilà ce que j'appelle avoir du tact » !

Après un arrêt au "pipi-room", nous eûmes tout juste le temps de rejoindre notre compartiment et de nous y réinstaller que nous entendions le barman du wagon-restaurant lancer la phrase : « Mesdames, Messieurs, nous arrivons en gare de … »

## L'apparition Ou Messires, bientôt la capitale, Nous l'allons délivrer !

Sur le quai il y avait du monde. Nous avions regardé les gens plus ou moins pressés et y étions allés de nos commentaires : – Oh ! Regarde celui-ci... Et celle-là... Il est comme ci... Elle est comme ça.

Bref du bla-bla. Tiens, si je me souviens, il y avait là une cohorte de religieuses.

Nous avions la chance de circuler par une belle journée, l'humeur en est toujours plus enjouée et puis quand on a près de soi une blonde il vaut mieux qu'il fasse Soleil. Les autres jours elles sont d'humeur massacrante. C'est le vieux qui me l'a dit !

Ces jours-là il vaut mieux ne pas rester couché ! Pas besoin d'ouvrir ni rideaux, ni volets. Tout juste tu va chercher le petit-déjeuner ou quelques friandises si elle accepte tes avances coquines, mais surtout, surtout ne reste pas entre ses jambes !

Oui, impérativement quand le temps ne sera pas de la partie, tu devras vaquer à tes occupations de chef. Oui, tu lui diras que tu dois aller faire une course, que tu as un ami à voir. Ne te laisse jamais déborder !

Le vieux était sûrement de bon conseil ! Puis de toute façon c'était bien vrai, on a toujours quelque chose à faire, et si maintenant j'ai appris à prendre le temps de prendre le temps de vivre, c'est là un art en lequel je voudrais dorénavant exceller !

Était-ce une impression ou la réalité, il me semblait n'avoir plus besoin de travailler !

Saurait-elle m'écouter, me lire, traduire ma pensée ? Je crois qu'il ne me fallait plus trop réfléchir !

Elle est là, près de moi ; j'ose à peine y croire !

VH : « Tu rêvasses mon ami.

Moi : « Oui, pardon, j'étais ailleurs » !

Je n'étais pas le seul à m'être laissé emporter, la petite s'était assoupie. Sa tête reposait sur les genoux de la Belle qui lui caressait la chevelure comme la désirant plus soyeuse encore.

R'HL à moi : « Vous serait-il possible de nous parler de ce couple d'amis auquel vous faites allusion dans un de vos rêves et qui tient la part belle du premier volume de votre saga ?

Il semble qu'il soit très important, qu'il ait plus ou moins contribué à orienter votre destin ! Nous nous rencontrons par le biais d'un livre et a priori cette Dame serait à l'origine de ces traces écrites que vous dites nous être adressées à tous. Qui donc est-elle ? Et lui ?

Moi : « Ho ! Vous êtes bien gentille ! Je vous vois venir : nous n'avons pas gardé les vaches ensemble que je sache ! Aussi je ne sais ce que je puis vous dévoiler les concernant qui ne soit d'ordre privé », répondis-je, souriant et narquois, et lecteur, tu peux me croire plus confus encore de ma maladroite ironie !

Aussi j'ai embrayé : « Lui, il est vieux de plus de deux mille ans. Je puis dire le soupçonner avoir été Grand Chef Gaulois et qu'il conduit toujours combat sous couvert du druidisme !

Je me mis sous sa coupe à une époque : grand tort m'en prit.

Pourtant sa femme m'avait mis en garde : c'eut dû être à lui de rallier ma cause, non l'inverse ! Car même si, bien sûr, l'on se doit de tenir compte de l'œuvre de nos prédécesseurs, il me semble vital de laisser une place en soi-même pour l'excitant ou quelque exceptionnel à venir. Si l'unité d'un peuple est perceptible à des coutumes similaires, la diversité individuelle en fait l'originalité, son génie sa puissance, son « Humanitude » ! Mais ce dernier mot pouvait déranger ? !

Pourtant… J'ai ça en tête, alors le dis : Une fois il reçut un courrier d'un confrère des îles anglo-saxonnes qui lui indiquait la façon de réaliser une pyramide miniature. Tu sais, à partir du Nombre d'Or : racine carrée de cinq plus un, sur deux. Elle aurait eu, semble-t-il, le pouvoir de ramener à la vie. Le cas d'un poussin fut alors avancé ! Il est dit que l'on peut aussi y introduire des lames de rasoir et qu'alors celles-là s'affûtent automatiquement !

VH : « Surtout, surtout ne pas les mettre ensemble si l'on veut un jour entendre le poussin piailler puis le voir picorer ».

Nous esquissâmes francs sourires.

Moi : « En fait je considère ces gens comme mes parents. Pas mes parents de corps, mes parents d'esprit. Ignare, ce sont ces gens-là qui les premiers m'ont parlé du monde des esprits, des religions, leur faisant rarement la part belle. Bien que ...

J'avais vingt ans quand je les ai rencontrés avec et par l'intermédiaire d'amis. Je n'en vois plus que peu de cette époque. Soit nous eûmes différends quant à l'interprétation d'histoires – si on entend tous la même chose on n'en recueille pas forcément le même fruit – l'un d'entre nous à l'heure qu'il est n'est déjà plus et certains se sont casés dans d'autres provinces. Quand nous nous retrouvions nous nous considérions comme Frères… J'espérais que nous nous serrions les coudes !

VH : « Tu nous rappellerais la toute première rencontre.

Moi : « Oui, ça c'est possible ! À votre bon cœur messieurs dames.

Ha ! Je fais bien de le dire comme ça, car avant de commencer je voudrais affirmer que si quelque mauvaise langue venait à supposer qu'il pourrait s'agir ici du manifeste d'une quelconque secte, alors elle se gourerait, se mettrait le doigt dans l'œil !

Ici chacun comprendra que ce n'est certainement pas là une blague, ni de bon ni de mauvais goût : le fils de nos amis avait perdu un œil enfant. Souvent et je ne savais trop pourquoi, la Sage femme avait insisté là-dessus. Qui plus est, puisque dit-on tout va par deux, il vous faut savoir que le jour lors duquel j'annonçai à ma mère la naissance à venir de mon fils, elle m'avoua avoir fait plusieurs fois le rêve de la naissance d'un enfant borgne !

Ces signes du destin furent que nous sachions qu'il ne serait pas facile de rassembler un auditoire pour ouïr notre histoire !

KT'L : « C'est vrai ?

Moi : « Oui, c'est vrai ! Dès nos premières rencontres j'avais cette phrase en tête : Tout est simple et complexe à la fois !

R'HL : « Et votre fils, comment va-t-il ?

Moi : « Bien, je vous l'assure ! Merci ! J'avais tout de même eu peur pour lui quand petit, un choc contre une télé lui avait laissé une cicatrice au front. L'autre je ne sais plus ce qui l'avait provoquée. Il en a deux. Moi aussi ! Je n'avais pas voulu être en reste.

Une fois à son sujet je m'étais écrié : – Dans quel état vont-ils me le rendre ?

Je crois que l'enfant borgne que ma mère avait vu, laissait supposer qu'il ne serait pas élevé par ses parents vivant sous un même toit.

VH : « Nous pouvons l'entendre ainsi, c'est juste.

Moi : « Il est bien portant, il a bien grandi. Le fils de mes amis aussi.
Il réussit une brillante carrière commerciale.
S'intéresseront-ils l'un et l'autre à l'histoire de leurs propres parents ?

VH : « Devrions-nous comprendre que les chances sont infimes pour que votre œuvre ait l'impact escompté ?

Moi : « Probably yes.

KT'L : « Bisque ! Je m'voyais déjà…

R'HL : « … En haut de l'affiche !

Moi : « Quelle était votre question ? Ha oui ! La première rencontre ? ! En fait, c'est d'elle dont j'ai fait la connaissance en premier.

Quelques amis avaient fait la rencontre, à la plage lors d'un été, d'un homme qui la connaissait et qui la consultait. Où, depuis quand ? Je ne saurais le dire !

Il les avait accostés leur disant qu'ils avaient très certainement un don et se disait prêt donc à les mener jusqu'à une médium capable de les aiguiller à la découverte d'eux-mêmes !

Quand je la rencontrai pour la toute première fois, c'était en soirée. À l'époque je tenais un bar avec un de mes frangins et je m'étais libéré pour répondre à l'invitation de ses quelques copains !

Ce soir-là la voûte était claire, les étoiles brillaient ! Ha ! Il fallait que l'on me pose la question pour que je me souvienne que la lune devait être resplendissante puisque notre toute nouvelle Amie préconisait l'usage d'un linge blanc pour se rendre compte de la vraie luminosité de l'astre. Elle n'était pas facile à suivre.

KT'L : « Qui ça, la lune ou ton Amie ?

R'HL : « Pourquoi, la lune ne nous serait-elle pas visible dans une configuration qui serait sa réelle position ?

Moi : « Supposons-le. De la même manière une femme peut dire vous aimer sans que cela soit vrai. Tout comme le lecteur de mon livre pourra s'imaginer dans le train avec nous alors qu'il n'y est pas !

VH : « Nous non plus d'ailleurs !
À moins que nous n'ayons entamé le tournage ».

Il mima tenir une caméra.
Nous nous redressâmes.

Moi : « Elle nous invitait à bien faire la distinction entre l'imaginaire et le réel ! Elle disait les étoiles n'être pas « tous » de bonne influence – ce n'est pas une faute j'ai pris sur moi de masculiniser Étoile.

Nour, comme elle aimait dire ses sœurs la nommer, est originaire de la plus grande île de l'océan indien, côté Afrique. Elle est de ceux dont la peau et les ancêtres ont vu la lumière !

Ce soir-là, nous avions été reçus au domicile de celui que je dirai le malheureux, car il finit par déjanter.

KT'L : « Ho ! Le pauvre !

Moi : « Ne dites pas cela. J'ai horreur de cette expression ! Faites-nous riches, la vie n'en sera que plus agréable !

R'HL : « Avait-il atterri par la suite ?

Moi : « Je crois qu'oui ! Je n'en suis pas sûr, je ne l'avais revu qu'une ou deux fois.

Lors du début de soirée, à un moment où nous étions dans la cuisine, je me souviens le voir attraper puis tuer un insecte ; et elle alors de nous dire qu'il venait d'éliminer un de ses ancêtres. Oh ! Bien sûr le rapport est loin d'être évident. Je crois qu'elle savait l'indigent erre à la masse et qu'elle nous mettait en garde contre tout acte d'agression !

Plus après, nous étions assis proches, ou sur un escalier, et le bougre d'une écriture sans cohérence, qu'il qualifiait d'automatique, nous disait percevoir des hordes de mauvais esprits fondant sur nous !

Aussi quant à le rassurer nous nous mîmes à l'abri dans le couloir du premier étage.

Là notre initiatrice avait commencé par allumer une bougie, comme elle le fera lors de quasiment chaque séance que nous partagerons. La flamme symbolise alors la lumière solaire, et sa stabilité la 'paisibilité' du moment. Je crois que nous prîmes là le temps de nous présenter.

Puis elle se mit à raconter tout en préparant un mélange à base d'argile blanche et d'eau bénite qu'elle obtenait d'un prêtre d'un village avoisinant. Elle racontait comme :

– Autrefois on enterrait le défunt au verger, et dans les jours ou semaines suivant la cérémonie on plantait auprès de sa tombe un arbuste lequel, quand il devenait grand, donnait fruits. Facile.

Alors quand on y goûtait, dit-on, on recevait la pensée de l'aïeul ! Là c'est plus subtil !

La pomme coupée dans sa hauteur laisse apparaître la forme d'une vulve, et sur sa tranche l'étoile à cinq branches ! Elle est le fruit de l'harmonie au sein du couple ! En orient c'est le kiwi qui symbolise le couple uni. À ne pas confondre avec l'aptéryx, l'oiseau kiwi.

Comme : – Tous les sept ans l'humain change de tissus, physiquement parlant s'entend.

Aussi à chaque cycle de sept ans correspond un rythme.

De la naissance à sept ans, garçons et filles sont élevés indifféremment et ce au sein de la cellule familiale, du groupe famille, du clan ; l'enfant enregistre les premiers codes de ses proches : la politesse surtout.

Puis de 7 à 14, il est mis au contact d'un autre groupe, plus important, que l'on pourrait dire celui de la tribu : découverte d'autres valeurs ou plutôt façons, et donc confrontations aux premiers mondes ou modes extérieurs.

De 14 ans à vingt et un (lire « vintétin ») on ne boit pas d'vin ! C'est pour la rime !

Je me souviens entendre un vieux d'une tribu dire que ses parents lui avaient interdit la consommation d'alcool et que ce n'est qu'à vingt-trois ans qu'il eut le droit d'y goûter.

Lors de cette période donc, de 14 à 21, l'adolescent est en plein apprentissage et gageons qu'il est gageure de voir filles et garçons semblablement orientés durant le cursus scolaire face à leurs professeurs et ce de statique façon. Là il y a quelqu'un qui devrait revoir sa copie !

Vive le réel apprentissage et donc ceux qui préservent et transmettent le savoir-faire, leurs savoir-vivre. Pour, je prône l'artisanat !

Elle nous déclara les diplômes de peu d'importance et, ma foi, c'est bien connu : il n'y a que le piston qui fonctionne. Maintenant comme dans un moteur il y a nombre pièces mécaniques, elle nous incitait à n'hésiter pas à mettre les mains dans le cambouis.

Si même elle nous disait la Nature, Nour nous voulait débrouillards, actifs, courageux. Je n'ai pas toutes ces qualités !

Ensuite, de, hic ! « vintétin » à vingt-huit ans, l'individu va face au monde faire preuve de ce qu'il sait professionnellement réaliser. Bien élevés, filles et garçons de leur talent trouveront emplois à convenance. Bien sûr, on apprend toujours ! On s'exerce là encore dans la pratique !

Puis vient l'âge de devenir son propre patron, l'âge de vigueur et puissance physique, cycle éminemment favorable pour procréer.

Procréer ? Faire des bébés ! Oui, faites des enfants ; il est favorable de s'entourer d'alliés !

De trente-cinq à quarante-deux ans, là l'homme se doit de laisser une trace à ses semblables.

713 705 par exemple.

Pour moi, c'est cette œuvre, et ça urge. Il y a une astuce !

On dit donc de l'homme que jusqu'à ses quarante-deux ans il ouvre les bras à la vie, puis alors… Alors vient le temps de l'adhésion au club des 'Tamalous' et les récoltes seront selon les semailles… Ou selon les semailles les récoltes sont !

Avec le mélange qu'elle avait préparé, la prêtresse traça une croix à l'intérieur de nos poignets et alors à mi-voix elle s'élança dans une incantation ! C'était une formule de protection !

Peut-être ce soir-là avait-elle fait brûler une résine d'invocation de présence des ancêtres : je ne sais plus. En tout cas par la suite cela lui sera arrivé. Je m'y suis moi aussi mis.

Elle nous rapportait alors de nos défunts aïeux les projets pour nous d'eux envisagés ! Elle les voyait et conversait avec eux comme vous et moi pourrions le faire… Pûmes le vivre.

VH : « Pour l'instant t'es toujours bien de ce monde !

Moi : « Oui, pour l'instant ; je témoigne pour la postérité !

Elle s'adressait souvent à un de ses proches aïeux, un oncle dont j'ai toujours le prénom en tête : le même que celui du Saint honoré en

Belgique comme dans le Nord-Est de la France, et gâté de pain d'épice qu'abondent cadeaux.

Elle l'envoyait de-ci de-là en quête d'infos ou pour inviter un ancêtre sollicité.

Elle parlait quelque-fois de son grand-père et disait de lui déjà de l'autre côté, elle encore toute jeune enfant, qu'il était arrivé, puisqu'ils s'aimaient beaucoup, qu'il lui porte son cartable !

R'HL : « Cela peut-il être vrai ? C'est invraisemblable !

VH : « Tout semble possible ! La physique contemporaine serait en passe de prouver ce que de grands sages soupçonnent ou affirment de longue date !

Moi : « Parfois quand nous étions dans la même pièce et qu'elle racontait une histoire, il arrivait à son mari de nous dire qu'elle racontait des conneries. Lui parlait bien plus volontiers du mouvement des peuples au fil du temps. Ha ! La culture indo-européenne, les Celtes !

En compagnie de membres de groupes druidiques, il nous était arrivé de fêter le Nouvel An Celtique. Les lumignons allumés, les plus savants prenaient alors la parole et invoquaient, sollicitaient les ancêtres que de bonne grâce ils nous apportent tout ce dont nous aurions besoin : Clémence des vents et des pluies, riches récoltes, gras troupeaux et bons enfants, femme aimante.

La lumière, le Dieu rapporteur de la Lumière était, lui, plus pertinemment évoqué lors d'autres cérémonies annuelles.

Étaient faites quelques offrandes de pains beurrés et fruits secs, d'un alcool dont les esprits viendraient humer les senteurs et se saouler de l'émanation.

Je crois qu'elle tenait de lui quand elle nous parlait des trois types fondamentaux d'individus : ceux, dirons-nous, d'âme jeune, à l'aube de la vie, à mettre en rapport aux métiers agrestes, ceux prêts à jouir de la vie puisqu'en ayant appris les codes principaux et à éveiller aux rudesses martiales, puis les instructeurs… Comme moi peut-être ?

VH: « Comme Moi, assurément !

Moi : « Lui ne croyait pas en l'homme foncièrement bon ; il lui trouvait toujours une excuse pour que nous n'en soyons toujours pas au véritable bonheur, je veux dire celui partagé de tous. Moi j'affirme y croire toujours !

Je me souviens qu'avec lui, une fois nous avions échangé sur la théorie : Un homme pour dix femmes. Pourquoi ? Puisque le Grand Flamboyant au centre de son système rayonnerait pour ce nombre de planètes.

Maintenant pour conforter cette théorie…

VH: « … Ce n'est là que théorie ! La pratique est toute autre et se rapporte au proverbe qu'il vous a promis d'expliquer tout à l'heure : Une de perdue, dix de retrouvées.

Moi : « Étions-nous machiste ? Non ! Puis je vous rappelle Mesdames que ce mot commence par « ma » et que c'est vous qui faites notre éducation !

Conscients de nos capacités ? Oui, nous l'étions !

Idéalistes ? Quelques dignitaires avaient vécu pareil harem !

Réalistes ? Je crois qu'il y a un peu plus de femmes que d'hommes, alors je crois que la formule : Un pour Une est juste.

Je me souviens que peu de temps après mon arrivée en tribu à l'autre bout du monde, là je devrais dire mon retour, puisque c'était lors de mon deuxième séjour parmi les familles la composant – j'y séjournerai une demi-année – je me souviens qu'une fois je me suis retrouvé sous le faré avec Mes femmes.

Oh ! Je n'avais couché avec aucune d'entre elles ; de façon naturelle dans ce milieu j'étais devenu astre ! J'étais devenu Homme Soleil, conscient de mes multiples implications et obligations. L'une d'entre elles, si j'avais dû m'impliquer plus à fond dans la vie tribale, serait probablement devenue mienne.

Lors de cette rencontre d'avec mes concubines de fortune, elles tressent des nattes et font des paravents à installer autour du faré.

Moi je confectionne un chapeau sur lequel devra pouvoir tenir debout un frère de la tribu : preuve que je conçois du solide à toute épreuve !

Certaines étaient-elles déjà en couple ? Je suis sûr qu'oui ! Officieusement ! Car à bien y réfléchir… Je ne sais plus trop bien.

En tout cas ce qui est sûr, c'est qu'un homme agit sur plusieurs espaces et qu'une réelle cohésion de groupe est vitale pour qu'y règne une harmonie. Qu'il soit digne et celui qualifié d'homme se doit de voir ses femmes cesser de se crêper le chignon.

Qu'une femme est distinguée quand elle le porte, ce chignon !

L'expression « pute vierge », tout mauvais ou tout bon, provient-elle de l'existence inavouable d'une fantasmagorique femme au sein de cette cellule ? La Lilith, femme de désir et du devoir ?

Ne le demande pas à l'homme ! Il n'irait se vanter d'exaction !

Je crois en une interaction encore plus vaste, faite de plus de variations : que sont donc les atomes ? N'en serions-nous à leur image, aussi diversifiés ?

VH : « D'avoir disséqué le monde nous n'en sommes pas plus intelligents : qu'advient-il de la planète ?

R'HL : « La vie tribale ou communautaire doit avoir du bon.

VH : « Le contact au monde originel est fort de sens !

Moi : « Oui, de plus il faut admettre mesdames, j'en vois d'ici quelques-unes exhorter au boycott de la lecture de ces textes…

VH : « … Ne faites pas ça, malheureuses !

KT'L : « Écoutons toujours.

Moi : « … Que nous devons accepter le caractère stellaire de l'homme, tandis que la femme, elle, est terrienne. L'homme rapporte la connaissance de l'extérieur en l'intérieur, la femme engrangeant le savoir !

Un jour une jeune fille m'a demandé : – Savoir prend-il un s' (S apostrophe) ?

La femme est gardienne tutélaire de la matière, l'homme lui, lui insuffle la vie ! Comme je le disais tout à l'heure, l'homme peut être apparenté à l'astre de lumière, à l'astre vital, vivifiant, chaleureux. Il serait producteur d'énergie.

KT'L : « Reproducteur » ? !

Sourires en coin des deux jeunes femmes.

Moi : « Demande à un homme de réchauffer une femme et tu vas vite voir qu'il est chaud ! L'on peut, l'on doit dire la graine provenir de l'homme et la femme la nourrir, l'élever.

Ho oui je sais ; les enfants se font à deux !

KT'L : « D'où : "Deux en un" ? !

VH : « Oui… Et que l'on ne me dise que l'on ne choisit pas sa famille !

Moi : « C'est pourquoi j'ai choisi de masculiniser étoile. Car en fait c'est un astre émetteur d'énergie. Comme tout astre semble-t-il d'ailleurs ? !

Bon, pour en revenir au proverbe : Une de perdue, dix de retrouvées, il vient du fait qu'à quitter une douce assimilable à la Terre, ou à l'espace terre, qu'un homme donc administrerait, que les neuf, voire dix, autres astres féminines planètes, redeviendraient visibles. On parle bien de corps célestes ? !

VH : « L'Amour rendrait aveugle, c'est bien connu

Moi : « J'en ai bien retrouvées…

VH : « … Tu ne devrais pas le dire : toutes les vérités ne sont pas bonnes à dire.

R'HL : « Oh le vantard !

Moi : « L'ex, la plupart du temps se dissipant, pardon mesdames, nous pourrions alors vous considérer comme de simples véhicules pour aller d'un point, d'un endroit à un autre, passer d'un temps, d'une vie à une autre.
C'est bien ce que votre féconde nature propose quand d'une graine qui commence à germer. – Ô il y eut du plaisir – vous êtes en mesure de la mener développée, vivante jusqu'au jour.

KT'L : « L'homme ne sera-t-il toujours qu'un enfant ?

VH : « On peut le voir comme ça. Maintenant…

Moi : « … Pardon ! Si l'homme fait le bon choix d'entrée, s'il jette son dévolu sur sa véritable Élue, alors le couple saura se projeter jusqu'en de Paradisiaques limbes et se sera fidèle. J'en suis persuadé.

KT'L : « Oui, mais ce sont les femmes qui choisissent !

R'HL : « Ce n'est pas sûr.

Moi : « Oui, nous avons parfois quelques faiblesses, nous, dits du sexe fort.
Dans la progression de la conscience de ce qu'est le monde, après le cap solaire il y a celui stellaire proprement dit : c'est pour cela que l'on dit de certains hommes qu'ils sont stars !

R'HL : « On ne devrait pas le dire d'une femme ?

Moi : « Je ne sais pas trop. On peut supposer qu'une femme connue le doive à son conjoint. N'est-ce moi qui vous ai faites ? !

VH : « Il existe des systèmes d'étoiles doubles et multiples même, et l'effet miroir peut agir sur l'organe femelle lui conférant une polarité yang : dire d'un couple qu'il fait des étincelles provient de là !

Moi : « Pour revenir à nos Amis, à une époque, comme dans tout bon couple se respectant, verbalement il n'était pas que tendre l'un envers l'autre. C'en était parfois presque amusant.

KT'L : « Pourquoi : Comme dans tout bon couple se respectant ?

VH : « Ça faisait des étincelles !

Moi : « Pour l'expression ! Je crois en la fontaine du Vivre d'amour et d'eau fraîche !
Ho oui j'y crois !

R'HL : « Moi aussi !

VH : « Oh ! Là aussi ça fait des étincelles.
C'est impressionnant.

Moi : « L'anecdote du cartable, comme d'autres dites et redites, j'y étais sensible même si je pense qu'elle le disait de sorte que nous comprenions qu'enfants ne doivent pas avoir de sac à porter sur le chemin des écoliers ; la connaissance est cérébrale !
Toutes ses paroles étaient à prendre à l'énième degré ! Oh ! Je vous vois venir, il va m'être demandé : – Pourquoi ton livre alors ?

KT'L : « Oui, pourquoi ? Tu n'as pas eu confiance en toi ? Prier et méditer aurait dû suffire à ce que nous percevions le contenu de tes pensées.

Moi, sur un ton de blague : « C'est en vous que je n'ai pas eu confiance !
Sérieusement, Moi toujours : « Tu as raison, d'ailleurs cette Amie dont je vous parle m'avait dit qu'il était temps que je cesse d'écrire, et si j'ai pris sur moi de rédiger ma biographie c'est puisqu'enfant j'avais perçu cette phrase :
– Un jour tu écriras un livre qui changera le monde !

Maintenant à chaque fois que je m'y essayais, c'est le même contrat qu'il me semblait renouveler. Je crois que je changeais de concubine chaque fois que je tentais de vous expliciter mon contrat.

Quand j'ai parlé aux frères des antipodes de mon désir d'écrire un livre, ils m'ont mis en garde : – À quoi bon, tu vois bien ce que les écrits ont apporté au monde !

Avaient-ils raison ? La Bible elle-même est un ouvrage de règlements de comptes !

VH : « De comptabilité ? Je blague !

Ton tome Trois est de loin le meilleur : les comptes y sont à jour au moins !

Moi : « Si on est ce que l'on mange, on est aussi ce que l'on pense ! Et quand on lit, on pense ! Alors choisissons de bonnes lectures ! Moi il y a longtemps que je voudrai en finir avec ce que je prends pour un devoir ! Je vous présente mon contrat, nous le datons, le paraphons et hop ! Basta, c'est fini ; je repars !

Je veux avoir le droit d'aimer, de vivre libre, affranchi » !

Une fois encore les larmes me montaient aux yeux, et tandis que lamentablement je me lamentais, R'HL s'approchant de moi me prit par les épaules, me passa un bras le long du dos.

VH : « Nous allons t'aider, tu vas y arriver ! T'es le meilleur.

Moi : « Voilà à peu près ce que fut la première soirée en compagnie de la Dame. J'en ai dit un peu plus, et beaucoup moins que ce que nous pouvions supposer espérer des ancêtres !

R'HL : « C'est spécial, je ne sais pas si j'aimerais la connaître.

VH : « En tout cas elle doit vous connaître !

La Petite ouvrant les yeux : « Raconte encore.

R'HL s'écartant sensiblement de moi : « Ha, tiens ! Le p'tit cœur est réveillé !

La Petite : « Je ne dormais pas.

Moi : « Les voyages que j'ai faits à l'autre bout de la Terre, c'était aussi aller sur leurs traces. J'ai été reçu à l'autre bout du monde par des gens auprès desquels ils m'avaient recommandé !

La première fois que je suis arrivé en tribu, là où ils avaient donc vécu, un vieux chef de clan apprécié sur les arpents qu'il nommait les Trois Vallées m'a accepté sans condition puisque j'avais pour lui un courrier. Le lui présentant nous étions illico allés voir un ami de confiance qu'il comprît bien le message. Le soir même j'avais une paillasse, un toit !

Le lendemain pour faire plus ample connaissance j'étais m'inviter à sa table : il s'intéressait aux raisons de ma venue, et si même ce vieil homme parlait bien français, il avait convié un de ses neveux afin qu'il me traduise en langage : l'Ajië.

Rien ne devait lui échapper de mes motivations.

Deux ou trois jours plus tard, ensemble nous dépecions une tête de bétail.

C'est une détonation qui me sortit du lit, et sans attendre je rejoignis mes nouveaux compagnons, lesquels à l'aide d'un palan déjà suspendaient le bestiau à une branche. Sur le terrain bordant le rivage, ce midi-là je me souviens que nous avions mangé les abats cuits au feu de bois, et un des acolytes aux dents impeccablement blanches me disait et répétait :

– Mange, mange, casse pas la tête ! Mange !

Au fond de moi je continuai sa phrase : – Tu ne sais pas qui te mangera ! Ambiance !

En fin de deuxième séjour : – Tu devrais rester avec nous, m'ont-ils dit quand je leur ai annoncé ma décision de m'en retourner rejoindre ma famille. Par obligeance pour ma mère !

Là-bas j'ai eu la sensation qu'ils sont tous plus ou moins médiums. Je crois que c'est dû à l'obligation de leur cohésion de groupe pour la survie du clan et le devenir de la tribu.

Chacun sachant son rôle, au moindre écart de trajectoire, la pensée personnelle ou collective jaillit pour rétablir l'équilibre ! Puis comme ce sont des gens qui vivent très proches de la grande nature, l'onde est amplifiée ! J'avais beaucoup échangé pour trouver ma juste implication et si mon temps n'était alors venu de définitivement m'installer parmi eux, aujourd'hui je sais où j'ai gagné une place !

Devrais-je dire : notre place » ?

KT'L, ayant senti ma dernière question quelque peu à contre-courant, surenchérit :

« Combien de temps êtes-vous resté là-bas ?

Moi : « Tu peux me tutoyer. Trois bons mois pour le premier voyage et un peu plus de deux ans et demi pour le deuxième. Le temps qu'il avait été nécessaire à une voisine de mes parents pour faire bâtir sa nouvelle maison ».

Un homme s'était approché de l'entrée du compartiment ; il ne semblait pas vraiment dans son assiette. En fait, il nous faisait une sorte de révérence et j'avais pris ses mimiques pour une sorte de fléchissement. Il me tendait une ordonnance. Oui, le mot est juste : elle portait un cachet de cire !

**S.L**

VH : « Une missive ? ! C'est pour toi semble-t-il, ce t'est adressé.

Moi : « De quoi s'agit-il » ?

VH : « C'est un sceau Royal ! »

Je lus à mi-voix :

« ***Très Chers***

***Avisé de votre passage en la Capitale,***
***J'ai pensé qu'il vous serait agréable***
***Que nous ayons une entrevue :***
***Sûr de vous, de vos bonnes intentions,***
***Je vous serai reconnaissant de vous présenter***
***En la Sainte Chapelle, Mardi à dix heures.***
***Bon voyage. Elles sont rayonnantes !***

***Sa Seigneurie***

Ça alors » !

Comme le coursier, ma foi bien habillé, restait stoïque, à lui VH : « Sur l'île de la Cité » ?

L'homme hocha un signe affirmatif.

VH : « Nous y serons » !

Celui-ci s'en fût !

VH : « Pas un mot, elles ne l'ont pas vu !

La petite : « Oh ! Le beau cheval blanc. Il va plus vite que nous !

R'HL : « Quel cheval, je ne vois pas de cheval ».

Je rangeai soigneusement ce télégramme dans mon portefeuille. C'était magique !

VH : « Je crois que si tu devais écrire un autre livre tu pourrais y raconter ce genre de rencontres fantasmagoriques.

Moi : « Oh ! Je n'en ai pas l'intention du tout. Je vous l'ai dit, si quelqu'un m'édite, ce sera là la seule parution de mon fait. N'en êtes-vous point satisfait ? Puis je trouve que cela pourrait être dangereux. Rends-toi compte, si je diffusais le genre de message tel celui qu'il vient de nous être porté je suis persuadé qu'il y aurait quelques lecteurs à se rendre chaque jour sur le lieu mentionné. Ils pourraient alors supposer, et à raison peut-être, que nous y passerions un jour ou l'autre.

VH : « Et alors ? Pour quelles raisons voudraient-ils nous voir ? Puis, qui nous reconnaîtrait ? Fais ta vie. Ne pense plus pour les autres, par les autres !

Moi : « Il faudrait un insert du genre…

VH : « … Quand nous y passerons nous laisserons une pancarte :
« *Ne plus attendre, nous sommes passés* » !

Moi : « Signé : « *Nous* » ?

VH presqu'hilare : « Ou alors nous laisserons un message au prêtre ou à l'évêque lui demandant de bien vouloir prévenir ses fidèles de notre passage.

Oui, le Christ est passé, il a laissé un message, et il y a aussi Messieurs… Qui m'ont dit de vous dire qu'il ne serait plus nécessaire de patienter.

Moi : « Allons, un peu de bon sens et puis, tu ne te rends pas bien compte de tous les enjeux sociaux que je risque de bouleverser. De ce livre je demande aux gens un changement radical ! Tu crois que la pègre internationale va me laisser tranquille ? Tu crois qu'ils me laisseront parler ?

VH : « Tu parles !

Moi : « Ha, tu vois ! Tu vas peut-être commencer à comprendre pourquoi je souhaite me retirer de ce monde. Si un jour il m'était accordé de venir vous distraire en toute sécurité, alors peut-être…

Pour l'instant je préférerais m'occuper de la promotion de ce livre, innocemment :

Houais ! Il est bien ! Moi, le nouveau calendrier je trouve ça original. Heureusement que quelqu'un y a pensé !

R'HL : « Alors, vous êtes à vous faire des confidences !

VH : « Oh ! Nous étions à nous demander ce que nous ferions une fois arrivés dans la plus belle ville du monde. Nous allons continuer à nous fréquenter, n'est-ce pas ?

Je propose une visite de la Sainte Chapelle. Nous pourrions la programmer pour demain, dix heures ? !

R'HL : « Demain ?

VH : « Oui, pourquoi pas ? !

Moi : « Disons dix heures moins le quart : les femmes sont rarement à l'heure. Elles aiment se faire désirer.

R'HL : « La Sainte Chapelle, bien volontiers ! Nous devrions être disponibles, n'est-ce pas ma chérie ?

KT'L à moi : « Et votre avion ?

VH à ma rescousse : « Oh ! Il prendra le suivant. Il fait une escale, voilà tout !

La petite : « Attends que je vérifie sur notre agenda... Nous voyons notre agent cet après-midi. Oui, c'est parfait, demain nous sommes libres ; nous serons toutes à vous !

Moi : « Que faites-vous ce soir ?

R'HL : « J'ai promis à la petite de l'emmener au cinéma. Nous allons voir "Le livre de la Jungle". Si cela vous chante vous êtes invités.

Moi : « Je ne l'ai pas encore vu, c'est une opportunité.

VH : « C'est l'occasion qui fait le larron ! C'est un grand classique à voir !

Moi, j'ai la défense de votre cause à élaborer, jeune homme, et je dois pour cela, rédiger un discours ; je ne peux y échapper. Aussi je préfère m'y consacrer dès ce soir !

Moi : « Pourquoi ? L'improvisation quand on connaît son sujet est ce qu'il y a de plus juste. Alors au moins, le discoureur s'adresse au présent à ses gens !

VH : « Je vous élis séance tenante : je vous laisse ma place !

En chœur : « Bravo ! Bravo !

Moi : « A quel auditoire devrais-je m'adresser ?

VH : « Aux Sénateurs !

Moi : « Ha ! C'est dommage car, merci, je ne fais pas de politique ! Les politiciens sont les curés de la république et non merci, j'ai donné ! Une fois le maire de mon village, un ancien censeur de collège m'a reçu me narguant d'un : – Monsieur, votre dissertation…

À l'époque j'avais eu des démêlés avec un voisin et donc j'avais dû répondre à un courrier de convenance. Depuis… Je les laisse tranquilles !

Premier magistrat ? Sacré con oui !

VH : « Allons mon Ami, ne te laisse point aller. Tu devrais ménager tes futurs supporters. Pardonne-lui, Seigneur !

Moi : « Puis les curés… Il y en a un qui a baptisé mon fils. Chrétien.

Il aurait peut-être pu me demander mon avis ! Pour la religion du Père avec tous…

…Tous sauf moi !

Ce n'est pas puisqu'il est dit qu'un bonhomme parti en expédition devait retrouver sa femme divinement engrossée qu'il faudrait toutes les croire sur parole. Il y en a qui devraient arrêter de nous prendre pour des cons !

Alors mes amis, pardon ! Pardon si je refuse un poste, mandat vous crûtes qu'il pouvait me convenir : Président d'Honneur ou Monseigneur, là peut-être aurais-je accepté !

VH : « Ha, ha ! Tu te fous de leur gueule !

Moi : « Non, “Le Roi s'amuse” ! J'ai mal à moi !

J'avais pensé un moment m'essayer à composer une nouvelle au travers de laquelle j'envoyais le Vatican devant les tribunaux pour avoir donné le baptême à mon fils ; ç'eut été se laisser aller à la médisance !

KT'L : « Bon, ce n'est pas tout, si je peux me permettre, pour ce soir moi non plus je ne peux pas.

Par contre pour la visite de la Sainte Chapelle, c'est O.K. !

La petite : « O.K. !

Moi, au vieux, discrètement : « Non, tu ne vas pas me dire que…

VH : « … Qu'irais-tu imaginer ? !

Moi : « Bien, 'dix heures moins' pour tout le monde. Parfait !

VH : « Ne pas oublier : L'apanage du Roi est d'être toujours à l'heure !
Ha ! Je suis ravi, je tiens ma chance de cerner mon sujet. Nous avons à discuter, mon garçon » !

Victor Hugo m'appelait : Mon garçon ! Je devais rêver !

La petite : « Tu continues ton histoire avec la Dame ? !

R'HL : « Tout à l'heure, maintenant il est peut-être temps de manger quelque chose » ? !

Nous avions tous de quoi grignoter. Du saucisson à l'ail, du salami, de la terrine de sanglier ou du jambon et même des rillettes. Les charcuteries sont pratiques pour les sandwichs. J'en vois frémir ! Ho, nous avions aussi du fromage, celui de chèvre est mon préféré : il est dit que c'est le lait le plus proche dans sa composition du lait maternel. Puis quelques fruits, c'est facile en déplacement, bananes, pommes bien sûr, poires pas trop mûres. Poires qui, soit dit en passant, doivent être cueillies pour mûrir.
Quand nous nous fûmes restaurés – on ne parle pas la bouche pleine – puis rangeâmes ce qui devait l'être, le vieux sortit une flasque.

VH : « Ha ! Ça c'est mon dessert ! De l'eau-de-vie de pomme !
Il y a l'eau douce, l'eau de mer, l'ode céleste ; pour nous les hommes c'est l'eau-de-vie la meilleure !
Il en prit une goulée et proposa : « Une petite lampée ?

Moi : « J'ai toujours été étonné que l'on dise ces boissons alcoolisées.
Non à l'alcool au volant, c'est bien, bien et logique, pourtant je ne comprends pas que l'on utilise des mots issus d'autres cultures pour exprimer des valeurs bannies dans ces mêmes sociétés !
C'est comme : roule moins vite, vitesse maxi… ! Hey ducon ! T'as qu'à faire des voitures qui soient bridées !

C'est facile de nous envoyer au casse-pipe sans cesser de produire des armes ! Faites la Paix – disent-ils !

Il y avait quand même de gros disfonctionnements dans notre société !

VH : « Certains n'ont pas vraiment d'états, d'âme, tu sais ? !

Moi : « Oui, je sais !
Bon, moi j'accepte un p'tit gorgeon. J'adore ça !
Aux ancêtres, et à nous !

Ça oui ! Il est sûr que l'on est entré dans l'ère du verseau !

VH : « Y a-t-il une femme qui se laissera tenter ?

Moi : « Une petite liqueur ?

R'HL : « Oh ! Juste pour sentir.
Hum ! Ça sent bon ; je peux y goûter ?

VH : « Bien sûr » !

Il tendait le bouchon à notre égérie puis le remplissant ajoutait : « C'est la dose.

Mademoiselle ?

KT'L : « Une larmichette, je veux bien !

Moi : « Si un ingénieur pondait une voiture propre à vitesse modérée, ce serait le pactole assuré !

VH : « Crois-moi, c'est dans les cartons. Ils ne t'ont pas attendu !

La petite : « Tu racontes une autre histoire ?

VH : « Oui, avant de radoter !

Moi : « Bon… J'avais l'impression que la Dame épiait le p'tit écran guettant l'info exceptionnelle, le scoop. Je crois qu'elle espérait y voir l'un d'entre nous, l'un d'entre ses fils rapporter ses propos transcrits de façon accessible. Sincèrement, je crois le résultat de mon étude mériter quelqu'audience. Nous verrons bien !

Au fil de ses conférences privées j'avais compris le troisième jour de la semaine être celui de l'Amour et du repos ; j'ai donc décidé de placer vendredi, jour qui tient son nom de Vénus, la Déesse de l'Amour et de la Beauté – beauté est aux femmes ce qu'est bonté aux hommes – le troisième jour du cycle hebdomadaire. Ma semaine devenant officieusement : Dimanche, Lundi, Mardi, Vendredi, Jeudi, Mercredi, Samedi, Dimanche !

KT'L : « "Eight days a week"… » !

R'HL : « Tu inverses mercredi et vendredi ?

Moi : « C'est bien cela !

Dimanche est le jour voué aux ancêtres, à ceux d'en haut. En ce jour ils nous portent réponses aux questions que nous pouvions nous poser. Il arrive parfois, ça a dû vous arriver, d'avoir une idée lumineuse, un trait de génie !

Eh bien ce phénomène est en fait dû à un ancêtre qui vous glisse un indice, une solution ! Parfois ce peut être sur un thème que l'on a examiné plus ou moins longtemps auparavant. En tout cas c'est en pleine nature que les rapports sont les meilleurs !

KT'L : « Tu parles bien du dimanche, pas du mercredi ou plutôt du vendredi, je veux dire du troisième jour de la semaine ?

Moi : « Oui !

R'HL : « Je suis née un dimanche ! Est-ce une bonne journée pour naître ?

VH : « On va le laisser parler peut-être ? ! Continue !

Moi : « Le lundi est dit être un jour noir, comme le jeudi d'ailleurs. On ne doit jamais entreprendre en de pareils jours. À l'inverse il est favorable d'entamer une activité, de poser la première pierre d'une maison, d'entreprendre la rédaction d'un livre en lune montante. Alors l'œuvre aboutira, et conclue son auteur pourra en tirer conséquents bénéfices !

Le lundi est jour du commerce, c'est le bon jour pour les achats liés à la revente. C'est un jour de préparation de l'outillage et des matériaux pour qu'au mardi, jour de force et d'action, l'artisan puisse exprimer son don de la plus probante façon. Ce deuxième jour de la semaine on doit réellement aller de l'avant. Là ça doit carburer !

KT'L : « On dit aussi d'un homme saoul qu'il est complètement carburé.

Moi : « Tu dis cela parce que j'avais tenu un p'tit café et qu'il m'était parfois arrivé de servir le client au-delà du raisonnable ?

KT'L : « Je ne le savais pas.

Moi : « Personnellement je me préfère dans le rôle de l'astrologue !

VH : « Ha ! Monsieur est astrologue ?

Moi : « Oui, j'ai effectivement pratiqué comme tel ; ça commence à faire un bon bout de temps.

VH : « Et à quelle école Monsieur a-t-il eu son diplôme ? À l'École du temps de la vie qui passe, peut-être ? !

Moi : « Comment le sais-tu ?

VH : « Je suis curieux de voir ça. Tu pratiques toujours ?

Moi : « J'ai bel et bien, encore et toujours, un œil rivé sur la voûte.

VH : « J'aimerais bien que quelqu'un fasse le jour sur mon thème. Alors si ce devait être toi... Bien entendu je te donnerai quelque menue monnaie pour...

Moi : « … Pour une passe ? Je n'aime pas cette relation à l'argent, j'ai l'impression de brader le cosmos quand je fais ça pour de l'argent.

VH : « C'est pour ça que tu es sans le sou, que tu te ronges le frein : tu rechignes à exister dans la société ! Tu vas travailler quelques semaines ici, bricoler quelques mois là et ensuite tu te barres, obligé de bouger.

Tu as tort, gagne-en ta vie ! Quand on a un don on se doit de l'exploiter ! Et puis maintenant… »

Il se tournait vers notre délicieuse compagnie et m'adressait un : « … À toi de voir !

Moi : « Tu as raison ! C'est le cadeau que mon fils m'a fait venant à la vie !

VH : « Effectivement, quand un enfant arrive au jour il véhicule son propre héritage dont les parents sont naturellement dépositaires, et de plus il leur porte un présent ; de quintessence s'il est désiré, et de cette énergie ils font usage à leur gré.

Moi : « Pourvu qu'elle fructifie !

KT'L : « Toi, c'est en ce sens que tu orientais tes espoirs, n'est-ce pas ? La mère de l'enfant n'a jamais voulu que tu pratiques, c'est bien ça ?

Moi : « T'as mis le doigt dessus !

KT'L : « Elle était partie avec l'enfant ? !

R'HL : « Tu avais peut-être un peu trop la tête dans les étoiles alors ? !

Moi : « Laissons de côté ce passé ; la page est tournée depuis longtemps ! J'avais fait de longs voyages pour comprendre et m'absoudre. J'avais pris tout ça dans la couenne, j'avais tout pris sur moi. Les femmes sont innocentes, ça se sait !

KT'L : « Les torts sont toujours partagés !

R'HL : « Merci pour Nous ! Belle mentalité !

La Petite : « Nous, on est toutes gentilles !

VH : « Oui ma poupée et ta maman est la plus gentille maman du monde !

Moi, à je ne sais qui : « Oui et mon papa il est plus fort que le tien, na !

R'HL : « Hou là là ! Là on est au ras des pâquerettes et je me demande qui pourra bien remonter le niveau ?

VH : « Je suis sûr qu'à l'époque si tu avais goûté aux pissenlits par la racine personne ne t'en aurait voulu !

Moi : « J'en préfère les feuilles, en salade.
Si je continuais ? Nous en étions au mardi, jour d'expression du don. Le troisième jour donc, je vous écoute…

En chœur : « Vendredi !

Moi : « Ce jour donc nous apprécions le travail, l'œuvre réalisée la veille. Nous la soignons, nous pouvons la peaufiner. C'est une journée lors de laquelle il faut apprécier le temps, le prendre.

R'HL : « Oui, moi je crois que tu dis vrai. Le mercredi, pardon, je veux dire le vendredi le temps passe doucement : d'ailleurs c'est bien le jour choisi pour le repos hebdomadaire des enfants ! Quand nous étions enfants nous, nous avions le jeudi pour congé de milieu de semaine ; est-ce à dire que petit à petit nous approcherions du Temps vrai ?

Moi : « Personnellement j'ai tendance à croire que ce n'est pas nous qui décidons. Que c'est à mesure de notre compréhension et bienveillance que ceux d'en haut nous initient aux lois du Paradis.

KT'L : « Au sujet de l'inversion qui existait entre ces deux jours de la semaine, à qui était-elle due ? À quelques individus ayant voulu détourner la vérité ou aux ancêtres ?

VH : « Ou aux Dieux qui ne nous dévoilent le temps qu'au fur et à mesure de nos aptitudes nouvelles à l'appréhender sans véhémence, à le contenir posément, responsables ? !

Moi : « A chacun de choisir. Le Temps, le destin est-il écrit à l'avance ? Pieux, athée, agnostique, chacun voit midi à sa porte !

Je voudrais vous rapporter une belle phrase qu'un jour j'ai dite à un homme, un ermite qui vivait à quelques encablures de la tribu où avait eu lieu une foire à laquelle j'ai fait allusion au tout début du livre premier ; si quelqu'un se souvient ?

Cet Homme y tenait un stand de cocos gravés et sûrement pour lier la conversation me lançat-il un : – Tiens, voilà doux rêveur !

Je le repris : – « C'est du fait d'une pitoyable inversion entre le Vendredi et le Mercredi qu'il avait été fait commerce d'Amour et que furent pris pour doux rêveurs vrais Penseurs » !

Il en resta béat ! Pas très longtemps, le bougre avait de la répartie !

Après quelques bien pacifiques tirades je compris que ce professeur avait choisi de se retirer du monde bien impur pour se concentrer sur… Sa voie !

Il faudra que j'aille lui porter un exemplaire de mon manuscrit.

Qui m'accompagne ?

R'HL : « Tout dépend quand, nous pourrions bien être de ce voyage.

VH : « Oh, vous êtes déjà parties : hier, ma bonne Dame.

La petite : « On n'a pas pu partir hier.

R'HL : « Si nous vous suivons je devrai en prévenir la cadette.

Moi : « La cadette ?

R'HL : « Oui, mon autre fille : K.MI

Moi : « Koeu, koeu ! – Je toussais – oui, bien sûr, il faudra que tu préviennes ton autre fille.

Dis, le Vieux, sa fille, la cadette, K.MI, on devra la prévenir !

(Doucement) : T'aurais pas pu me le dire ?

VH : « Je ne savais pas !

Moi : « Elle est de plus en plus simple cette histoire !

Bon, il est dit que le jour voué à Vénus on ne peut pas refuser de répondre favorablement à une requête sincère.

Puis, car je dis qui je suis, jeudi je récolte le fruit ! Disons que ce jour nous allons vivre sur l'onde d'existence de notre accomplissement réel ! Nous allons modeler notre création jusqu'aux extrêmes possibilités du rayonnement de la matière vivante. Nous pensons au complet aboutissement de ce que l'on a fait : la jovialité doit être de mise !

Il est dit de ne jamais faire confiance à quelqu'un né un jeudi !

R'HL : « Tiens donc et pourquoi ? Ma grande est née un jeudi !

Moi : « Ha mince ! Pas de bol ! Ce sont des gens qui en veulent toujours plus ! Ils sont du genre : Je t'aime, moi non plus ! De l'espace rien que pour moi !

VH : « Envahissant quoi ? !

Moi : « Pas forcément, ils peuvent être très justes. Seulement, toujours un peu trop à leur avantage. Donc plus très justes ! Puis sans trop savoir ce qu'ils veulent, ils savent surtout ce qu'ils ne veulent pas !

Je pense, c'est très personnel, que ce jour est en relation avec la Justice, aussi je préconise que chacun cherche à obtenir la protection de ses propres ancêtres. Moi je leur demande souvent de défricher les sentiers que j'emprunterai, d'éloigner les esprits malingres : Pfeu pfeu !

Le mercredi, cinquième jour de la semaine, est jour roi ! C'est jour de prévisions. Peut-être celui de l'après vision…

KT'L : « … Ho, c'est subtil !

Moi : « Merci, il y aurait beaucoup de jeux de mots comme celui-là !

VH : « Un jour un médium m'a parlé des honneurs que je recevrais. Je lui ai rétorqué :
– Déshonneur ou des Honneurs, Monsieur ?
Il m'a répondu : – Honneurs, au pluriel !

Moi : « T'en as de la chance. Moi…

VH : « ... Continue.

Moi : « O.K. !
Ce jour donc, Bon homme, bon Roi prévoit gîte et couvert pour toutes les âmes du royaume. Bien sûr chacun a rôle selon sa capacité à assumer telle ou telle autre fonction, et bien sûr on ne change pas de métier chaque semaine. C'est aussi le jour lors duquel l'artiste évalue la valeur pécuniaire de sa production.

VH : « Dans certaines ethnies c'est toujours le Grand Chef qui décide du cours des marchandises.

Moi : « Et puisque j'assimile la Terre à une école de médecine, tentons de rapporter nos actions à ce qui pourrait être du soin. Améliorer la condition humaine, voilà le challenge quotidien !

R'HL : « D'ailleurs le Caducée est l'attribut du Dieu auquel se rapporte ce jour.

Moi : « Oui, c'est exact !
La tâche hebdomadaire à accomplir est présentée le samedi, jour noble. Ce jour on se renseigne auprès de proches ou plus érudits que soi, sur les

méthodes à utiliser pour honorer sa mission. On cherche à savoir où se procurer le matériel utile au bon déroulement des activités futures, et parce qu'il y a toujours à améliorer, c'est jour de grands palabres !

Puis à nouveau vient Dimanche, journée lors de laquelle vous êtes née Ô Délicieuse. Alors en ce jour nous prions, oui prions à votre éternelle beauté, que nous soyons menés à l'éternité !

R'HL : « Merci, mon Prince !

Moi : « Moi Roi, R'HL je vous ferai Reine » !!!

Je n'en pouvais plus : je faillis fondre sur elle !

D'ajouter : « Bon, je vais marcher un peu.

KT'L : « C'est intéressant ! On en apprend des choses en prenant le train !

Quel drôle de livre ! J'ai l'impression de le vivre.

VH : « C'est parce que c'est une histoire vraie, pardi !

Je vous suis, jeune homme, cela me fera le plus grand bien » !

Je ne savais plus trop bien à quel Saint me vouer ! Je venais pour les beaux yeux d'une femme – et quelle femme – de renoncer au départ pour ma Terre promise…

VH : « Pas renoncer, reporter.

Moi : « Ha ! J'oubliais, c'est vrai tu entends ! Tu m'avais dit que tu ne voyais pas.

VH : « Les Dieux viennent semble-t-il de m'honorer d'une nouvelle aptitude ! En tout cas nous sommes attendus et ce doit être de beau monde !

Qui d'autre que nous serait au courant de ton intention de faire paraître ta dissertation ?

Moi : « Je ne sais pas ! Au moins tous ceux appartenant à la même maison d'édition que la rousse, ou presque. A priori quand ils l'ont reçue ils se sont tous jetés dessus ! À mon avis ça a dû transpirer !

VH : « C'est certain ! Là t'as fait fort, et il n'est rien de l'avoir noté ! En tout cas motus sur ton identité, on ne sera jamais trop prudent par les temps qui courent. Promis ?

Moi : « Promis, juré !
Tu dis que j'ai simplement reporté mon voyage ? !

VH : « Bien sûr ! Seulement ce n'est plus uniquement ton voyage, maintenant c'est le vôtre ! Elles doivent t'accompagner : c'est prévu !
C'est bien là ce que tu désires ?

Moi : « Elle est vraiment belle, qui ne craquerait pour elle ? Ca, ça me fout un peu la trouille. Tu sais, moi je n'ai rien ! Je n'ai que mon livre.
Je n'ai pas d'avance pour fonder une famille. Je ne sais pas si je pourrais la retenir.
Je n'ai même pas de quoi leur payer un billet à chacune et comment réussir à les héberger, les nourrir, les vêtir ? J'ai toujours été ric-rac question finance.
Moi qui parlais de Roi tout à l'heure, je n'en ferais pas un bon !

VH : « Ça c'est toi qui le dis ! Tu manques vraiment de confiance en toi. Elle doit avoir de quoi, elle, sûrement. Avec la renommée qu'elle a, elle a dû toucher de sacrés cachets.
Je peux te dépanner ! Ne t'inquiète donc pas, on en parlera dans la semaine ! Tu sais où loger ? T'as de quoi rester quelques jours sur la terre de tes vieux ?

Moi : « Oui, quand même !
Pourquoi tu parles de la terre de mes vieux ? Ici ?

VH : « L'apparition mon garçon. La tenue que portait le messager ne laisse aucun doute. Accoutré de la sorte il se présentait à quelqu'un de la famille de son Seigneur et Maître et ce sceau ne trompe pas : il est de facture royale !

Moi : « Tu parles riche là, un peu trop pour moi !

VH : « J'ai déjà vu ce blason-là quelque part. Ça me reviendra !

Moi : « La Sainte chapelle, où est-ce exactement ?

VH : « Sur l'île de la Cité, elle est attenante au palais de justice. Elle fut érigée sous un Roi plus Christ que le Christ lui-même ! Les souverains de tout l'occident recouraient à ses conseils et il rendait justice à qui la demandait !

Quelle connerie la guerre ! Putain de croisades !

Pardon Seigneur ! J'ai failli blasphémer à nouveau !

Moi : « On dirait le plat pays.

VH : « Un petit coup de gnôle ?

Moi : « Ma foi !

VH : « Il va falloir jouer serré ! Si nous sommes invités en ce lieu, à mon avis c'est du sérieux ! Ce soir, pas de folie, il faudra être raisonnable et, s'il te plaît, ne parle à personne de ce rancard ! De la discrétion : Les murs peuvent avoir des oreilles, comme on dit !

Moi : « Je vais te raconter un rêve que j'ai fait quand j'étais de l'autre côté de la Terre :

*Avec un vieil indigène que j'ai côtoyé de façon plus ou moins régulière, nous faisons ensemble une synthèse de mon séjour. Temps de justice ! Je me souviens même voir une balance.*

*Puis, deuxième séquence, je viens de me marier avec une femme blonde que j'appelle : Chérie !*

*Je vois des gens, nombreux, faire la queue dans un escalier où ils patientent car sans doute les recevons-nous personnellement. Ils nous témoignent leur reconnaissance en nous apportant nombreux cadeaux et tellement nous sommes "surcomblés" d'offrandes que nous sommes obligés d'ouvrir une ou plusieurs brocantes.*

*En la troisième séquence je vois une femme de couleur* que j'avais courtisée lors de mon deuxième séjour au Paradis. *Elle est accompagnée d'une petite, sa fille sans doute !*

Voilà !

À ce propos avant que tu t'installes avec nous, nous avions sa cousine pour interlocutrice : Emma, c'est incroyable non ? !

VH : « C'est étrange en effet !

Pour moi ton rêve est clair ! Justice, synthèse dans un premier temps, puis suit une union en laquelle il faudra éviter les travers d'une opulence décadente et suffocante. C'est jouable, et retour sur Ta Terre de prédilection qui sera comme tu l'avais laissée, ou presque !

Moi : « Oui, presque ! C'est bien !

Cette femme indigène avait pour souhait d'avoir sa fille auprès d'elle. Dans mon rêve c'était le cas, souhaitons-leur que cela se soit produit !

VH : « À moins que cela puisse présager une naissance à venir ? !

Moi : « Tu crois ? C'est possible !

En tout cas il est sûr que je dois insister auprès de mes lecteurs sur l'immatérialisme que je prône dès à présent !

VH : « Avec ton livre, c'est gagné !

Allons nous rasseoir, tu as bien encore quelques bonnes paroles à nous dire avant que nous arrivions à destination » !

Nous allions pénétrer dans le compartiment quand, subjugué, je restai figé à regarder ma promise. J'étais convaincu, bien que je la connaisse depuis bien peu – Bons Dieux ! Oui qu'elle est désirable – qu'elle jouerait ce rôle de partenaire à vie. En mon âme et conscience j'avais l'intime conviction d'avoir ma future femme sous les yeux et je faisais vœu de n'avoir jamais plus besoin de la quitter. Je voulais la savoir ne plus devoir partir en tournage et pour cela, j'avoue, je compte beaucoup sur vous !

On dit bien : Loin des yeux, loin du cœur ! Le mien commençait à battre sérieusement.

Elle sut que j'avais les yeux rivés sur elle, maintenant dans les siens : elle m'avait tapé dans l'œil. Nous nous sourîmes ! La soirée serait chaude !

Le doute ne m'était plus permis et si j'avais hâte qu'elle fût mienne, je supposais que nous dussions nous plier à quelques usages en ce sens.

J'avais hâte que nous nous livrions corps et âme.

VH : « Ça gamberge là-haut ! Avance donc !

Moi : « Excuse-moi !

Tu sais, ça me fait du bien de parler de tout ça et puis… J'ai l'impression de trouver une nouvelle famille, la mienne peut-être. Je n'y croyais plus beaucoup. Comment vais-je faire moi qui étais sur le champ du partir ?

Il me poussait et dit : « Mesdames, je dois vous faire quelque'aveu ! Notre Ami ayant décidé de reporter son départ pour le bout du monde du monde vient de m'annoncer un changement dans son script.

Euh hum ! Il semble vouloir prendre épouse et c'est donc après avoir revu son scénario qu'ils s'envoleront pour leur Lune de miel ! C'est bien cela » ?

Elles me dévisagèrent.

Moi : « Euh ! Oui ! En quelque sorte ; c'est à peu près le résumé de ma pensée !

KT'L : « Ha ! Il y aurait du nouveau ?

VH : « Ne vendons pas la peau de l'ours !

Notre ami doit encore composer ces nouveaux textes.

Moi : « Ho ! Sans vouloir vous vexer, quelques ajouts suffiront. Parlons simplement d'un "rebooking".

R'HL : «Rewriting.

Moi : « OK ! Je nous imagine sur une plage de fin sable blanc, sirotant un jus de coco bien frais, dégustant une papaye tout juste cueillie, nous désaltérant d'un bon sorbet !

O je voudrais tant l'amour de ma vie pouvoir m'accompagner au grand jour, et je prie que cela soit un jour.

Et nous prierons – oui lecteur – nous prierons que cela vous arrive à votre tour !

VH : « Fabuleux sursaut !

Moi : « Vous êtes prêts pour la suite » ?

La Petite : « Nous le sommes !

Moi : « Alors... Les sept jours de la semaine sont à rapporter aux sept couleurs de l'arc-en-ciel. D'ailleurs, je fais ici tout de suite un intermède : je n'ai jamais compris pourquoi lors du passage de grade visant à l'obtention des ceintures de couleurs venant gratifier le pratiquant d'un art martial pour sa valeur, pour sa vaillance, pour sa témérité, que celles-ci ne lui fussent remises selon l'ordre progressif des couleurs du prisme !

VH : « Sans doute parce que personne jamais jusqu'à présent n'avait dit pareille phrase : puisqu'ils étaient tous passés en force !

Rien n'est nouveau sous le soleil ! Nous pénétrons la matière à mesure de notre propre libération ; elle s'ouvre et s'offre d'elle-même au sage-homme !

Moi : « Oui, tous passés en force, et moi, seul, j'étais resté à la traîne !

VH : « Tu les précèdes tous !

Moi : « J'aurais pu reprendre un dojo à la suite de mon premier guide en la pratique de l'aïkido. Quelques amis 'shodan' m'avaient dit : – Prends-toi un hakama !

Cela m'aurait conféré une aura et peut-être m'aurait davantage motivé ? ! C'eût en quelque sorte été la carotte. Non, je ne le fis point !

J'avais eu l'honneur et l'avantage de pratiquer lors de stages avec un «Senseï», Maître nippon qui toujours dit : – Back straight, back straight. Ce qui signifie : dos droit !

Quelques praticiens de médecines conventionnelles l'avaient à une époque supposé condamné d'un cancer, et de connaissances et d'une pratique de la macrobiotique il sut se sauver ; c'était un éveillé !

Une veille de fin de stage, logé au domicile d'un des initiateurs de ces très intenses et amicaux barouds, il fut proposé que l'ensemble des protagonistes se retrouve à leur table. Senseï opta pour un menu de beignets de petits légumes au lait de soja, et promu éplucheur de gingembre je serais complimenté du Chef !

Cet homme d'une grande clairvoyance était strict sur les techniques à devoir maîtriser pour obtenir nouveaux galons. Sans doute refusant de m'octroyer quelque gratifiante distinction m'étais-je considéré de son collège !

La Dame, ça c'est excellent, nous avait donné ce bon conseil pour prévenir d'hémorragie interne : boire de l'eau chaude ou du thé avec du gingembre râpé, du jus de citron et du miel. C'est une potion, ce qu'il y a de meilleur !

R'HL : « Moi je t'ouvre l'Académie des Sciences.

VH : « Moi des Lettres !

KT'L : « Tu n'as pas continué à pratiquer ?

Moi : « Non, pas vraiment. Par la suite j'ai fait de la danse, un peu. Puis quand j'en avais le cœur je faisais des assouplissements !

Je n'avais pas été peu fier, quand à l'autre bout du monde j'étais allé suivre l'évolution des meilleurs – je le suppose – moines guerriers chinois. Ils faisaient quelques mouvements que j'incorporais à mes propres exercices ! Je ne sais pas qui copiait l'autre ? !

J'en ai un spécial : le Saut du Kangourou !

VH : « A ne pas confondre avec le saut du grand gourou ! Celui-là nous verrons bien qui s'y obligera !

Moi : « Je vous le montrerai un de ces quatre matins.

La Petite : « Tu connais les couleurs ?

Moi : « Ha oui les couleurs !

Au Dimanche s'associe le jaune, couleur solaire. Nous savons tous le rouge être la couleur martiale donc à rapprocher du… Mardi. Donc entre les deux, à Lundi correspond bien évidemment l'oranger. La suite est dans la même logique, Vendredi et le violet sont liés d'amour.

KT'L en mesure : « La chanson le dit bien : “L'Amour est un bouquet de violettes”…

Moi : « A Jeudi s'assimile l'indigo, sied au Mercredi le bleu, roi, tandis qu'à Samedi va le vert.

Sur l'autre versant du globe, celui qui m'aura hébergé plusieurs mois durant, aura une fois psychiquement lâché à mon endroit :

– Tu circules sur la branche orangée de l'arc-en-ciel !

Je suis né un lundi !

C'est le jour de la communication par excellence. Si si, tu peux me croire. Ha ça ne se savait pas ! Le satellite de la terre a pour rôle de nous initier au langage.

Bref, mon conseil serait dans un premier temps de vous proposer de vous impliquer dans la vie selon votre jour de naissance ! Mettons de la couleur dans notre vie !

Moi, si par exemple je devais me marier avec une femme née un Dimanche et bien je me mettrais à prier jaune pour entendre de mes ancêtres la marche à suivre qu'elle soit heureuse au possible !

R'HL : « Tu ferais ça ?

KT'L : « Il avait pris un exemple !

Moi : « Je le ferai !

VH : « Je t'écoute, je te laisse dire et pourtant je ne suis pas tout à fait d'accord avec la relation symbolique que tu fais entre les jours et les couleurs.

Traditionnellement, l'exégète ne comptabilise que six couleurs, les primaires et secondaires auxquelles on ajoute le Blanc albâtre dont la pureté et la clarté sont liées au Soleil.

Dans ce cas de figure, Lundi serait jaune safran, l'épineux oranger révélerait Mardi, Mercredi on offrirait des roses, rouges, Jeudi nous respirerions la violette ou la mauve et comme dans ton interprétation, Vendredi, Rois et Reines des prés vont humer la spirée ou la centaurée, l'bleuet sauvage ou cueillir l'airelle.

Puis sied à Samedi le vert…

La petite : « ... Pomme !

VH : « Pomme.

Je ne sais si la reine-des-prés est bleue ? !

Moi : « Ça se tient. Maintenant pourquoi serais-je sur la branche orange de l'arc-en-ciel ?

R'HL : « Parce que tu serais un guerrier aguerri !

Moi : « Oui, si l'on veut.

Notre amie la Dame, pour reprendre le fil de notre histoire, nous parlait fréquemment des plantes et il lui arrivait de préparer de sains dictames.

Elle avait soigné des gens et pratiqué quelques désenvoûtements.

Nour sut nous mettre en garde et nous éveiller à ce que la plupart des mortels semblait nier : la métempsychose. Grâce à elle sans doute sûmes-nous nous méfier de l'ignorance.

Une fois de l'entendre dire qu'elle avait réussi à libérer quelqu'un qui malencontreusement s'était pris la tête entre les barreaux de son lit. Alors d'énervements s'étant pris la grosse tête, aussi lui avait-elle fait boire de l'eau.

Je crois qu'elle nous prévenait là contre quelque suffisance déplacée et peut-être faisait allusion aussi à de difficiles réveils face à la réalité.

Nous pouvions nous prendre pour les Rois du Monde : il n'en était rien ! Nous étions jeunes ; nous apprenions !

Motivé. Motivé !

À parler de lit, il faut savoir toujours défendre à qui que ce soit d'y poser un chapeau. Ce serait là mauvaises intentions déclarées !

La sève de pavot est bonne cicatrisante. L'aloès aura même vertu et serait aussi excellent dans le soin à porter à sa chevelure. Si l'on se fait une blessure et que l'on n'a pas de pansements à portée de main ou de quoi la nettoyer, prendre de la terre à quelques centimètres sous le sol, là elle est propre, puis s'en recouvrir la plaie en guise de cataplasme. Souhaitons-la bientôt guérie.

Elle nous proposait de redécouvrir le topinambour, tubercule par trop délaissé à cause de son aspect difforme et qui pouvait avoir laissé d'amers souvenirs aux gens qui subirent la seconde guerre mondiale.

L'ail pilé, comme le thuya à toute petite dose, soigne des cors aux pieds. Bien protéger la peau autour. Ça soigne aussi des verrues tout comme la sève jaune orange de la chélidoine, ou le suc du liseron.

Les diabétiques peuvent consommer le ka-é-hé, plante d'Amérique du Sud, au goût réglisse pour le substituer au sucre dans les boissons qui s'y prêtent : on en trouve en herboristerie.

Il est avantageux de placer une fleur de tournesol au-dessus de la porte d'entrée de la maison : ainsi on en saurait l'intention du visiteur et mieux vaut qu'elle ne bouge point.

Pour désaccoutumer un individu de la picole, à son insu mélanger à sa boisson favorite une décoction de feuilles de chêne.

Elle nous invitait à porter des bagues en buis qu'à cette époque leurs voisins fabriquaient. Je crois que c'est favorable pour avoir à portée de main ce qui, naturel, nous est utile et nous reviendrait de droit ! J'ai la mienne que j'ai faite sur mesure.

Je me la souviens dire les feuilles de citrouille être un excellent dépuratif pour le sang ! Faites macérer quelques feuilles hachées dans de l'eau durant une à deux journées. Ça sent fort, au goût c'est bon !

Puis, tiens, ça aussi c'est de bon goût, pour ces multiples entrevues avec celle qui nous considère comme ses enfants, jamais nous n'avons versé un centime. J'avais failli vous le dire tout à l'heure, c'était une secte un peu spéciale !

Nous mettant sérieusement en garde contre le suicide, elle nous encourageait à prendre en main notre destin. Elle nous avertissait du fait que les gens lourdement handicapés sont ceux qui dans une autre vie avaient pu porter atteinte à leur propre existence et qu'après leur peine purgée, ils reprendraient l'étude de l'évolution au tout début. Nul ne doit vouloir prendre sa retraite avant l'heure.

Alors, entoure, protège, accompagne tes proches car, crois-moi, ce manifeste redonnera le goût de vivre à bon nombre d'entre tous !

Ma maman qui lui rendit visite une fois, il y a peu devait me rappeler qu'elle lui avait parlé de l'oponce, la figue de barbarie renforçant les défenses immunitaires et qui ne sait le goménol, l'eucalyptus ou le niaouli excellents décongestionnants bronchiques en inhalation.

Je ne sais pas vraiment pourquoi elle avait fait valoir la fraîcheur des hortensias.

R'HL : « Pour s'en rapprocher en cas de canicule !

VH : « Oui sûrement, c'est une plante qui trouve son origine sur les contreforts de l'Himalaya, ai-je entendu dire !

Moi : « J'avais écrit un court poème faisant un jeu de mots sur son plus haut sommet. Si je le retrouvais je pourrais éventuellement l'incorporer à mon livre.

Elle avait conseillé à l'un d'entre nous fragile du dos, d'y apposer des feuilles de choux chaudes : cela devait le soulager.

Je me souviens encore, puisque ça j'en aurais ingurgité, qu'elle préconisait d'administrer du souffre 'sublimé lavé'. Je rappelle ici que les alchimistes ont dit cette substance en étroite corrélation avec l'âme.

Un pharmacien du village d'où je suis, m'indiquait, tandis que je me fournissais en son officine, qu'il s'en servait l'été pour éloigner vipères ou indésirables reptiles de son jardin. On apprend tout le temps !

VH : « Il veut nous faire avaler des couleuvres !

R'HL : « Aarrh !

Moi : « Elle conseillait pour ingurgiter cette substance de la mélanger à de la confiture. Ça passe bien mieux !

Je me rappelle qu'elle m'avait donné quelques grains de blé que je plaçais alors sur le tableau dc bord de ma voiture pour en accélérer la revente.

Elle nous confia qu'en cas de projet d'achat de terrain, il était favorable pour obtenir l'appui des ancêtres d'y enfouir quelques très anciennes pièces.

KT'L : « Et pour gagner au jeu ?

VH : « Ha oui ! Évidemment, tu ne pouvais échapper à cette question.

Moi : « Là, d'abord munis-toi d'un trèfle à quatre feuilles – elle en avait un plein bocal – et avant d'entrer dans la boutique où tu vas choisir un billet, frotte-t'en les mains puis passe les doigts sur tes pommettes et paupières, ensuite…

Dans la ville où je suis né il y a un bar de nuit archi connu, une taverne. Figure-toi que sur un volet de la bâtisse est visible, sculpté, un trèfle à quatre feuilles ; ça ne désemplit pas. Toutes les générations y passent !

La petite : « Et pour les enfants, tu sais faire les enfants ?

R'HL : « Et alors, qu'est-ce qu'il te prend ?

Moi : « Ha ! Donner vie à un enfant n'est pas difficile ! L'assumer semble plus complexe. Ado, je me souviens qu'une fille dont j'étais éperdument épris m'avait toisé d'un :

– Ce n'est pas dur de faire des enfants, encore doit-on les assumer, les élever !

J'avais entendu ça sans comprendre pourquoi ce m'était adressé. J'avais reçu une gifle, au figuré !

Maintenant pour éviter les enfants, même s'il existe des moyens de contraception très efficaces – que sera le monde de demain – j'avais entendu dire que du vrai bon vieux savon de Marseille pouvait, mis là où il se doit, jouer ce rôle. Ce n'est pas du garanti cent pour cent !

Maintenant quand arrive le nouveau né, de façon volontaire ou non, qu'importe, moi j'ai insisté pour que mon fils vive, alors le plus beau cadeau que l'on puisse lui faire est de l'accueillir à proximité d'un puits ou d'une source où l'eau jaillit à la lumière.

Tout le monde sait l'eau source de vie !

Puis il est dit que l'on doit laver le nouveau né de sa première urine !

KT'L : « Ce n'est pas une histoire à dormir debout ça ?

VH : « Tu ferais mieux de le croire !

Moi : « Et si je pouvais ajouter…

VH : « ... Tu le peux.

Moi : « Alors je dirai que si cet événement devait se produire de nuit, que ce soit à la lueur de torches, de flambeaux préparés de tissus imbibés de cire naturelle.

KT'L : « Sans électricité ?

Moi : « Je n'ai pas dit cela !

La petite : « Moi je ferai comme tu as dit !

Moi : « C'est gentil !

Elle et son mari nous reçurent – et à l'heure à laquelle je rédige c'est toujours le cas – puisqu'ils nous sentaient désireux d'apprendre. Lui nous parlait souvent de l'histoire des peuples, de leurs mouvements au fil du temps. Il nous révélait la race Jaune issue de la Noire et la Blanche de la Jaune par modifications génétiques. C'était il y a de cela longtemps, très très longtemps.

Moi je disais, puisque nous serions enfants d'étoiles, qu'au fil du temps, et cela semble avéré, que de Vieux Aïeux Gonflés ayant pu éclairer autant qu'illumine le Soleil, que ces Radiants Dispersés initièrent les successives humanités. Les astres sont un peu comme de grand-oncles.

Lui nous rappelait l'évolution du langage et tentait de rapprocher celui des indo-européens aux origines ; il en parlait comme étant sacré, tandis qu'à notre époque nous n'usions que de dérivés, comme les nourritures souvent sont transformées.

Les Hommes s'étaient-ils vraiment entretenus avec les Dieux ?

Notre Ami fort érudit, une encyclopédie vivante, fut une fois invité en Extrême-Orient à un colloque international rassemblant les chefs de file de minorités religieuses ou d'associations cultuels. Les instigateurs de cette exceptionnelle assemblée avaient réuni leurs collègues prêcheurs et garants du bon ordre pour tenter de répondre à une crainte et y trouver remède : Comment se prémunir du rouleau compresseur Catholique ?

VH : « Cathodique » ?

Sourires

Moi : « Comment pourraient-ils continuer à honorer leurs propres déités au moyen de rits parfois multimillénaires ? Qui survivrait à ce temps ?

J'ai eu la chance de visionner de longs extraits des palabre y ayant cette fois été tenus car, coup de chance, l'avant-veille d'une de mes visites ils venaient de recevoir une copie du film retraçant ses instants.

Les orateurs étaient venus de cinq continents et comme l'on dit que tout va par deux, double coup de chance, ce jour-là j'y allai accompagné d'une Amie qui avait séjourné de longs mois proches du Toit du Monde. Elle réussit, et c'est tout à son honneur, à nous traduire en partie les discours, chants et litanies produits alors. Dans mon coin, sur mon fauteuil je bouillais. J'avais envie de crier : J'ai la solution !

Aussi puisqu'il était prévu que cette jeune femme soit accompagnatrice et traductrice lors d'un prochain congrès, alors je la chargerais de bien vouloir m'obtenir une invitation à titre exceptionnel afin que je me présente à cette agora pour…

… 'When i'll be ready'.

– You are !

« Comment pouvais-je avoir été à ce point insoupçonnable ?

Quand on vient à la vie, comme tu l'as dit, le Vieux, chacun porte avec lui un capital, son héritage, et j'ai l'impression moi, qu'avant de revenir j'avais fait un loonng voyage cherchant qui pourrait me donner une solution, la combinaison pour que le monde aille bien ; que la vie soit paisible pour chaque être vivant.

Je crois que d'là-haut alors, une fois reçue je me l'étais lancée que je la capte quand apte à vous la faire considérer comme adaptée. Nour m'avait bien dit que je suis doté d'un talent d'orateur, et ça y est, j'ai mes premiers auditeurs !

À toutes fins utiles, elle nous indiquait un talisman pour parer au fanatisme Islamique et conseillait alors de toujours porter sur soi un morceau de peau de porc, et d'au besoin le brandir. J'avoue me demander si cet animal ne serait pas l'ancêtre de l'homme et comme tout est double cela signifierait-il :

Vois, j'ai vaincu l'ancêtre ; c'est maintenant moi qui ai le pouvoir. Ou : Vois, j'ai moi gardé témoignage, héritage du passage de nos ancêtres et c'est à travers moi qu'ils s'expriment maintenant !

KT'L : « Moi, je croirais volontiers à l'idée que l'homme descend du cochon.

R'HL : « Ha bon ! Pourquoi ?

KT'L : « Parce qu'il envoie lui aussi ses enfants à la crèche !

Moi, accentuant un accent et grondant du groin : « Ha c'est drôle, 'krès grôle'.

La petite : « Elle est magique ton histoire, on rigole bien !

VH : « Oui, il nous avait prévenus : il est scribe magicien !

R'HL : « Qui pourra le croire ?

VH : « Tu fais bien de vouloir laisser une trace.

Moi : « Au moins mon fils aura un quelque chose de moi. Parfois je considère chaque être humain comme mon enfant et si je lui avais si peu donné, c'était je crois dû à ce partage permanent d'intenses flux psychiques ! Comprendra-t-il ?

VH : « Tout talisman a pour but de protéger son porteur, de préserver son droit de vivre et ce que tu nous notifies aujourd'hui par le biais de ton œuvre est aussi destiné aux Musulmans, et à ceux mêmes qui ne se reconnaîtraient pas dès à présent comme nos frères.

Avec le temps tout le monde comprendra le bien-fondé de ton action !

Moi : « Ha oui ! Elle se disait certaine d'à nouveau voir circuler les chars à banc derrière les chevaux. D'ailleurs, l'idée de cadeau à mon Amie indigène trouve son origine dans ses paroles.

R'HL : « C'est vrai, dans de nombreuses villes on recommence à voir des calèches.

Parfois même en campagne.

KT'L : « Surtout en campagne !

Moi : « J'en ai vu à Malte où j'avais pris le temps de visiter les temples antiques, et de me baigner.

VH : « Pour Vous, nous avons fait réserver un carrosse.

KT'L : « De l'or en barre ! Tu partageras n'est-ce pas ? Nous sommes tes Amis !

Moi : « Il arriva lors d'une visite, lesquelles avec l'âge maintenant résumaient nos entretiens passés, il arriva que j'y visse un de leurs amis apiculteur venu ajouter une hausse sur une de leurs ruches.

Nour m'avait alors narré qu'un couple d'esprits était venu se présenter à leur porte quelques jours auparavant, demandant s'il pouvait s'installer là et le résultat de la conversation avait été qu'un essaim s'était posé dans le jardin. L'homme était venu le recueillir.

Ils aiment consommer sain !

KT'L : « Je ne peux pas croire en cela !

Moi : « Tu crois en la télé ?

Il aura fallu que mon fils arrive à majorité pour qu'enfin je puisse me livrer pour vous délivrer ; avant ç'eût été trop délicat.

R'HL : « Comptons-nous à tes yeux ?

Moi : « Oui, oui c'est sûr, et je crois que nous sommes en train, oui en train de créer une nouvelle famille. Si tel est le cas, bientôt, oui, très bientôt cela nous sera confirmé » !

R'HL s'approchait de moi et me faisait une bise sur la joue.

La Petite, interloquée : « Maman !

VH : « Nous devons sérieusement approcher de la capitale maintenant.

Moi : « Je pense à mes amis, ce couple. Quand ils sont rentrés de l'Océan Pacifique, j'ai su qu'il, lui, avait mis du temps à la présenter à sa famille, elle, qui aux dires d'un dentiste lors d'une escale en Russie, était dotée de dents de dinosaures.

Ils ont une fille de mon âge que lui avait eue d'une relation avant de rencontrer celle qui je suppose l'accompagnera jusqu'au bout de l'aventure. Ils l'ont élevée ensemble. Je connais leurs enfants et bien sûr leurs petits-enfants.

Du côté du fils, les trois garçons sont brun, roux et blond ; elle l'avait prédit !

Quand nous allions les voir, comme quand amis se rendent visite, nous faisions un geste. Je me souviens leur avoir apporté une bouteille de whisky, du pain de seigle, quelques «lichouseries», de la lecture. Je ne sais plus combien de fois pour moi et d'autres ils avaient dressé la table et même préparé la couche. Elle ira même jusqu'à dire que mon fils fut conçu sous leur toit. Ils ont une maisonnette indépendante tout à côté de celle dont ils avaient fait leur intérieur. Je m'y serai reposé à plusieurs reprises.

VH : « Pas uniquement reposé a priori.

Moi : « Peut-être notre Vierge Noire, Nour était fin cordon-bleu et, comme pour les gens de son origine, elle avait une grand-mère chinoise, de première consommation il y avait toujours du 'ris' sur la table. Elle nous faisait facilement mijoter une viande blanche revenue avec de l'ail, avec du poivron, des piments peut-être, et toujours une petite sauce. Tu sais de ces sauces un peu grasses, bien brunes auxquelles il n'y a rien à ajouter : celles qui font glisser la patate !

Je me souviens qu'elle aimait ajouter de la coriandre, le persil de longue vie qu'elle avait au jardin. Elle nous proposait toujours de la salade et son mari aimait dire les Celtes, eux, n'en point manger le soir. Certaines contenant un suc plus ou moins aphrodisiaque, ils s'en passaient. Ainsi, disait-il, en toute lucidité ils faisaient des enfants fort vigoureux !

Oh ! Elle nous en a fait goûter des aliments que nous ne connaissions pas. À chacun ses petits trucs !

Enfin, pour garder l'âtre chaud et la table garnie, elle conseillait un autre talisman composé celui-là d'un os duquel on avait remplacé la moelle par du charbon ! Fin valable !

En fait je crois qu'elle nous préparait à survivre dans de difficiles conditions, disons sans le confort dont au détriment de la planète nous jouissons. Elle nous éduquait à vivre de la Nature, et si telle fut sa mission je crois qu'elle l'honora !

Maintenant je dois l'avouer, j'avais la trouille, la trouille qu'un guignol appuyât sur un bouton, non pour un Baby-boom. J'avais la trouille de ne plus pouvoir être mari à même de protéger sa femme ».

Ouais, parfois j'en avais marre d'être entouré de rigolos, de gigolos, de gogos ; j'en avais marre d'être tenu pour con, et puisque vous fîtes sans moi, je devais faire sans vous ! Merde ! J'avais les pétoches, et pourtant qui plus que moi pouvait être en confiance ?! Je ramènerai la Paix ! OOHH OUI !!!

VH : « Bah ! Avec quelques feuilles de citrouille ça ira !

Moi : « De mon deuxième séjour de l'autre côté de la planète, hormis un bois flotté je ne sais si je leur avais rapporté un autre souvenir de ce pays qu'ils connaissent, et pourtant j'ai pensé à eux. Oui, j'ai souvent pensé à eux ; presque aussi souvent que j'aurai pensé à mon fils. C'est-à-dire quasiment chaque jour. Je crois qu'ils ne peuvent se douter à quel point ils ont compté pour moi !

Ha ! À lui une fois j'ai offert de la myrrhe : il n'avait pas caché sa joie !

Oh ! Je devrais rappeler à Nour qu'elle m'avait proposé de déguster un bougna.

Faîtes moi penser à l'appeler, je lui demanderai de vous inviter. D'accord ?

De concert : « D'accord !

La Petite : « C'est quoi un bougna ?

Moi : « C'est une préparation culinaire à base d'ignames, lesquelles pour certains peuples sont sacrées. Il en existe plusieurs espèces dont celle du chef. Le bougna est la spécialité des indigènes de Nouvelle-Calédonie, les Kanaks. Il est composé de manioc, de taros, bananes et patates douces. On peut y mettre du poisson ou de la viande, du poulet par exemple. C'est au choix ! Il doit exister le «wé-coco» aussi je crois ? !

Lavés, les différents ingrédients sont mis dans des feuilles de bananiers et le tout est arrosé de jus de cocos râpés. Ficelées si possible de fibres naturelles, les préparations sont ensuite mises à cuire dans un four cailloux.

Pour ce faire, on allume un bon feu dans lequel des pierres sont chauffées, pierres sur lesquelles on disposera le ou les bougnas. Enfin on recouvre ces emmaillotages avec des écorces de niaoulis par exemple. La dernière manipulation consiste à recouvrir le tout d'un monticule de terre afin que l'ensemble mijote à l'étuvée une à deux heures, plus peut-être. Je ne sais plus trop bien.

VH : « Je vous laisse imaginer la suite.

Moi : « Il existe aussi le bougna marmite. C'est succulent, moins traditionnel.

VH : « Voilà une invitation que tu dois honorer avant de t'éloigner pour d'autres rivages.

R'HL : « Oui, moi aussi je l'accepterai volontiers. Tu m'as donné envie de faire la connaissance de tes Amis, de ces Parents.

Moi : « Ça me fait plaisir ! Bigre ! On a fait un bon brin de causette.

R'HL tout étonnée : « C'est la réplique exacte !

Moi : « Ha, ouf ! J'aurai réussi à te le faire dire !

VH : « Félicitations, quel talent !

Moi au vieil homme : « Tu sais bien que l'on pourrait leur faire dire tout ce que l'on veut » !

Teufftou Teufftou Teufftou Teufftou

La cadence des roues sur le rail ralentissait : le conducteur avait réduit l'allure. Le paysage de vastes plaines faisait place aux maisons, aux immeubles. Nous passions la banlieue pour atteindre la cité proprement dite. Une fois encore je me disais que si j'avais été touriste j'aurais eu alors, à l'approche de la ville, une bien piètre opinion de la propreté à la française, de la qualité d'accueil dont le pays est crédité.
… On embauche !

Le train freinait, nous entrions en gare.

– « Terminus, tout le monde descend ! »

Je fus surpris d'entendre un contrôleur dire à un passager, qui peut-être un jour lui aussi lirait mon livre : « Monsieur… Monsieur on est arrivé.

Et celui-ci d'un : « Haaa ! Ha déjà » ! S'étirait comme s'il allait encore grandir.

## KÉNAVO, ERWECHALL

Chacun en conviendra, ce fut là le genre de trajet que nous nous souhaitons tous. Un peu plus et nous aurions pu lire sur la locomotive : Convoi Exceptionnel !

Nous prîmes le temps de nous complimenter sur la façon dont nous nous étions présentés les uns aux autres. Nous étions ravis d'avoir été amenés à nous rencontrer.

J'aidai du mieux possible qui je le pouvais, pour alléger du poids des bagages et, sur le quai, je filai chercher un chariot sur lequel chacun posa ce qui l'arrangea. Le Paris-Brest s'apprêtait à cracher la vapeur. Nous avancions vers la sortie.

Passant devant un kiosque, le vieil homme fit sonner la pièce et attrapa un journal : 'La Gasette' ! Au pays c'est plutôt l'Ouest-France !

Il est propriétaire à la capitale et, après le coup de chaud du trajet, il se propose une bonne toilette puis une sieste à suivre. Il réside s'il vous plaît anciennement Place Royale, et prendra le bus pour s'y rendre.

VH : « Ha ! Jamais le métro, j'évite ce qui est souterrain. Il vaut mieux rester à la lumière. La lumière c'est la vie ! C'est lui là-haut le Grand-père, ou le Tonton. Il a vu tous les êtres vivants lui, et en plus il nous nourrit à notre insu. Ha ! Quand tout le monde sera prêt à en capter la vivace énergie, alors nous nous serons défaits de bien des maux sur la planète. Il est bon de prier avec lui ».

Là j'adhérais tout à fait à la parole du vieil homme : chacun pourrait s'en rendre compte par la suite.

Notre jeune amie, elle, devait se rendre au siège de sa maison d'édition. Je lui demandai de la discrétion à propos des échanges que nous avions eus tout au long du trajet.

KT'L : « Pas de problème, seulement quand je leur montrerai la dédicace…

Moi : « … Ho, s'il te plaît !

Elle s'éloignait nous lançant un : « Bon, j'y vais. Bonne fin de journée » !

Ma tendre et promise – si si – et la petite sirène – j'ai surnommé la fillette ainsi quand nous étions à nous raconter des histoires de baignades – résident quant à elles dans un appartement qu'elles ont réagencé elles-mêmes, avec l'aide d'amis, bien sûr. C'est le legs d'une grand-mère ; elles ont du bon, les vieilles !

R'HL à mon intention : « Aurais-tu l'amabilité de nous y accompagner, il y aura bien un canapé à te tendre les bras ? !

« Eh bien ouii » ! VH répondit-il pour moi, puis pour soutenir son approbation : « ... Si tu dois passer quelques jours à la capitale !

Moi : « C'est une invitation que j'accepte de bon cœur ».

Histoire de nous remettre en jambes nous accompagnâmes notre acolyte jusqu'à l'abribus où passe la ligne soixante-neuf qu'il emprunterait. Il se ferait conduire au pas de sa porte, ou presque. Nous, nous irions quasiment plein Nord, du côté de Montmartre, et tu comprendras que je ne te donne point d'adresse. Une voiture nous attendait au parking.

R'HL envoya la Petite chercher un programme des spectacles.

C'était là aussi, 69, le symbole du signe astral du cancer, et né sous la période y correspondant je me demandais, c'est pour détendre l'atmosphère, pourquoi tant de gens en avaient après le cancer : – Il faut vaincre le cancer, étaient-ils tous à dire.

Alors je me résolus à renommer ce signe l'Écrevisse, comme d'antan, et sérieusement ou pour blaguer je me souviens mon oncle paternel me dire qu'il avait remarqué les natifs de ce signe portés sur la sexualité. À l'époque bien plus jeune, je n'avais pas saisi son allusion !

Pour en revenir aux écrevisses, j'ai souvenir d'être allé cueillir de ces décapodes dans les creeks, comme on le dit au pays pour lequel j'espérais que nous nous envolerions très bientôt, et, excuse-moi si je passe de l'âne au coq, mes pensées fusent. J'essaye bien d'y mettre de l'ordre et donc je note, avant d'oublier, que nous utilisions pour cette chasse de petits harpons faits de courts bambous auxquels nous avions fixé de petites tiges de rayons de bicyclette limés.

Avec masques et tubas nous nous immergions dans de plus ou moins importantes cuvettes que le ruisseau offrait encore en période sèche et bandant puis libérant l'élasticité du caoutchouc d'un vieux pneu, nous piquions et nous y récoltions le gammare, ces grosses crevettes.

Pour les fêtes de nouvel an, le frère qui m'avait accueilli lors de mon deuxième séjour séminaire au bout du monde du monde en vendait sur commande.

Oh ! Juste quelques bouquets.

Maintenant tu peux être certain que de celles que nous nous réservions, nous en avions l'eau à la bouche avant qu'elles soient arrivées sur le grill !

Je ne sais pas pourquoi je vous parle de cela maintenant !

Peut-être parce qu'une navette en partance pour l'aéroport vient de passer et que si j'y étais monté, je serais en en train de me rapprocher à grands pas de ces lieux dont je garde d'innombrables souvenirs.

Peut-être ?

Durant notre court trajet, inopinément, en toute discrétion le brave homme m'avait glissé un billet de mille en poche. Je n'en avais encore jamais vu.

VH : « Bon, voilà mon bus, j'vous quitte. J'ai promis de participer à un débat tout à l'heure, je dois aller écouter un vieux sénateur déblatérer.

Moi : « C'est une lapalissade !.

VH : « Oui, c'est vrai. Je dois aller prendre la température et me mettre en condition pour affronter ces rebelles à l'évolution que sont mes collègues. Je vais tenter de les amadouer. Ensuite je plancherai sur ton cas ; en fin de semaine je dois intervenir pour l'une de mes toutes dernières envolées lyriques.

Tout en montant dans son bus il ajoutait : « Hé ! Les tourtereaux, si les présentations sont faites, les invitations ne sont pas encore lancées ! Surveille-les, Mignonne, et veille à ce que notre ami se couche bien sur le divan. Bon, bon ciné les jeunes, et donc on se retrouve à "dix heures moins" précises devant la Sainte Chapelle.

Kénavo » !

## Soft loft, Venelle du Pardon

J'ai pris plaisir à 'driver' la décapotable de ma miss. Quelle confiance !

Sous ce Soleil, attention à ne pas devenir rouge comme une écrevisse !

Il fait beau, il fait chaud. C'est mieux quand on est accompagné d'une blonde !

Mes hôtesses étaient ravies de retrouver leur pied-à-terre !

Elles me l'ont fait visiter. Il ressemble un peu à celui d'une amie, une ex que j'avais aidé quelques mois durant à rénover son appartement nouvellement acquis.

J'y avais alors fait la peinture dans une chambre, la pose de la faïence dans la salle de bain puis des parquets dans les chambres et le living. Nous y avions agencé quelques placards dont un avec une magnifique double porte coulissante vitrée. De la bricole à laquelle je m'étais astreint de bonne grâce dans la mesure où ces travaux ayant débuté depuis un bon moment et que l'épargne fondant parfois trop rapidement…

Infirmière, elle soignait les nôtres depuis des années et je crois qu'elle méritait amplement cette aide amicale.

Je me souviens que de son balcon, ma mère et moi invités, nous avions suivi ensemble le défilé du centenaire de la fête des Filets Bleus. J'aime la vibration émanant des bagadou !

Ici c'est lumineux ! De belles portes-fenêtres donnent au Sud, Sud-Ouest peut-être. Cette baie vitrée est plein Sud, oui, plein Sud.

Quelques plantes ornent le salon. Il y a du lys trônant bien droit dans des jardinières. Lys, soit dit en passant, dont les pétales mélangés à une eau-de-vie font un excellent cataplasme pour accélérer la cicatrisation de bobos.

Il y en a d'autres, quelques-unes en fleurs, et toutes sont plus belles les unes que les autres.

Avant qu'elles aillent entendre de leur agent le fin fond du motif de leur retour, nous nous sommes accordé court prélassement devant une tasse de thé aromatisé.

Nous sommes émus de nous retrouver en toute intimité. J'ch'uis timide comme un jeunot !

Ces moments sont difficiles à transcrire ; ils sont ce qu'il y a de plus beau !

Quand elles s'en sont allées j'ai pris une douche, et j'ai été surpris de voir dans la salle de bain une vraie mosaïque représentant un couple enlacé. Puis j'ai fureté dans le coin des livres avant de me dire qu'il serait urgent de revoir l'ensemble de la configuration du témoignage que je me suis promis de vous léguer avant de partir.

Partir… Ce mot avait dû rebuter plus d'une jeunette aguichée !

Il y avait, punaisée sur les étagères, un bout de feuille avec cette drôle de boutade :

Dans une librairie, un chef de rayon à un collègue :

– Sais-tu à quoi l'on reconnaît un best-seller ?

– Je ne sais pas, vas-y dis-le moi.

– Il part toujours en éclaireur !

J'ai toujours aimé l'odeur des livres, leurs caractères. Il va sans dire que tous ne sont faciles à comprendre et certains même seraient bien peu recommandables !

Elle a bon goût… Oui, oui bien sûr elle a bon goût !

Sur une revue j'ai lu ces blagues que je ne connaissais pas, alors je me suis dit que peut-être… Celle-ci bien dite, je l'ai testée, fait son effet :

À l'issue du match d'ouverture de la Coupe du monde de foot 2002, match lors duquel l'équipe de France est battue par celle du Sénégal, un journaliste interviewe le capitaine de l'équipe victorieuse et lui demande :

– Comment peut-on battre cette équipe ? Elle est Championne du Monde tout de même ! Quelle tactique a-t-elle été mise en place ?

Le capitaine pas peu fier :
– En 98, on a vu qu'ils ont mis beaucoup de noars dans leu'équipe, alors on a fait pa'eil !

Cela m'a fait penser au fait que la Dame, Nour, nous avait parlé des origines du football, il y a bien longtemps apparenté au rugby. Le but était alors, un peu comme aujourd'hui de ramener la coupe au siège du club, de rapporter le ballon aux portes de sa chapelle et il arrivait, chamaille oblige, que tous les participants n'aillent pas jusqu'au terme de la confrontation.

J'ai lu aussi celle-là pas piquée de hannetons :
En 2002 la Gauche française vote à Droite,
Cinq ans plus tard elle s'apprête à voter Royal !

Bigre ! Elle obnubile mes pensées.
Ha ! Si seulement elle acceptait de venir avec moi.
Hélas, pour l'instant mon portefeuille n'est vraiment pas garni et le crédit sur la carte bancaire pas pesant à gérer.
Je dois encore me résoudre à la composition ; je dois produire quelque chose de génial.

Oh pu… Purée ! Je dois appeler l'aéroport pour prévenir du report de mon départ. Heureusement j'y pense.

– C'est vrai ça, y'a personne qui le lui dirait !
– Oui, c'est vrai ça ; y'a pas quelqu'un qui le lui aurait soufflé.

Aussi j'ai passé mon coup de fil : "There's no problem" !

Après m'être donc un tant soit peu diverti, je me suis remis à l'œuvre et à chaque relecture, tu me croiras ou pas, j'ai l'impression d'être dans le rythme ; je crois que je tiens le bon bout.

À la radio que j'avais allumée, je me souviens entendre ce jour une des chansons qui pouvait m'émouvoir : "Il voyage en solitaire… Il chante la Terre"…

Moi, moi je poserais bien mes valises, pensais-je. Je me sentais prêt à enfiler une bonne paire de chaussons, de pantoufles, et si j'avais rarement su saisir ma chance, là je la saisirai ! Mes yeux perlaient d'une indicible émotion.

Quand elles sont rentrées j'ai appris de leur entrevue avec leur agent qu'il était ressorti que l'oeuvre toujours protégée – et pour cause – le tournage ne pouvait être envisagé dans l'immédiat.

– Ça ne saurait tarder : reste disponible – sermonna-t-il même mon idylle !

Elles ont été discrètes à mon sujet.

– Dès que nous pourrons mettre la main sur l'auteur nous ferons notre possible pour qu'il nous accorde sa bénédiction pour la réalisation du film.

Quant à en obtenir les droits, j'y mettrai le prix ! Affirma-t-il.

A priori tout ce qui est accessoire devrait être rapidement réuni. Ce qui sera le plus délicat sera peut-être d'obtenir l'autorisation de faire décoller un hélico du cœur de la capitale ; ça, ça pourrait prendre du temps : – Tu sais comment ils sont derrière leurs bureaux !

Son agent avait donc déjà pris les devants en ce sens. Il le voulait ce tampon !

Il pensait savoir quelle actrice pourrait interpréter le rôle de la lectrice dans le train, en fait une pigiste. Il espérait qu'elle déposât son C.V sur son bureau en temps voulu.

Lui, c'est d'un ami publiciste à "La Gasette" qu'il avait reçu copie du manuscrit.

Coïncidence ! ?

Qu'il est délicat, me disais-je, de proposer sa confiance pour espérer faire passer un message. Maintenant tant il est vrai j'y avais mis du mien, que je comprenais fort bien que les premiers lecteurs tentassent de s'en approprier les orientations artistiques. Les réseaux se créeraient d'eux-mêmes, ceux d'en haut y veillant. Ça, j'en étais grandement persuadé !

Puis je le reconnais, j'avais mis tant de conviction à inciter l'homme à surfer sur ma vague qu'il fallait bien que je me résolve au succès.

À l'intention de mes hôtes j'avais préparé deux bouts d'étoffes. Tu sais, ce n'est pas parce que l'on est invité pour... Et plus si affinité, qu'il faudrait déroger aux convenances, à la coutume.

J'avais obtenu ces tissus dans une manufacture que j'avais visitée en groupe lors d'un stage d'évaluation de capacité professionnelle. J'avais été impressionné de voir toutes ces bobines tournicoter et tramer sans fin des tissus cylindriques qui seraient à la base de la confection d'habits.

J'avais hésité un peu, puis doutant pouvoir obtenir satisfaction, volontairement je traînaillais puis subrepticement me rapprochais quand même d'une fileuse et :

– N'y aurait-il pas des chutes de tissus dont vous ne faites rien ?

La femme à laquelle je m'étais adressé était à un pupitre et instantanément elle en sortit des pilous : – C'est pour faire des chiffons ?

– Ce serait pour les garder !

Alors elle s'approcha d'un autre coffre en bois et de celui-là sortit quelques coupons de tous coloris.

– "Oï wécö", ai-je dû lui dire. Merci beaucoup !

Quand j'ai rejoint le groupe, surtout les femmes en ont redemandé et ma foi, elles seraient comblées comme je l'avais moi-même été.

J'avais là entre autres reçu une étoffe jaune de mailles extensibles faisant bien deux mètres sur deux : c'est mon doudou ! Encore un !

Aussi donc c'est après qu'elles m'eurent résumé leur entretien et se furent mises à leur aise que je me suis lancé dans une rhétorique faisant état du fait que depuis plusieurs longs mois j'étais persuadé d'une rencontre dans ma quarantième-cinquantième année – ce qui se produisait – et qu'en prévision de cette connexion pour la vie, ces derniers temps j'avais été du genre raisonnable.

Nous eûmes, avec ma toute nouvelle conquête, la joie d'échanger quelques mots d'amour. Nous avons évoqué l'avenir ; comme beaucoup nous nous le promîmes mémorable, nous le souhaitant sans accroc comme ces jerseys dont je faisais présents.

J'avouais avoir toujours continué à croire au proverbe : Vivre d'amour et d'eau fraîche, et n'avoir pas pu soupçonner que notre rencontre se produirait tandis que je me préparerais à larguer les amarres, à prendre mon envol. Quoi qu'en y cherchant bien ?

J'ai dit ma chance : qui n'est heureux en pareilles circonstances ?

Bon Dieu qu'elle est belle !

Sa fille a elle aussi participé à ces transactions et a eu la parole. Elle avait beaucoup appris aujourd'hui, et elle se plaisait à nous dire aller bien ensemble.

Oui ! Oui, la vérité sort de la bouche des enfants.

Heu ! Mille excuses ! La petite sirène vient d'entrer dans sa chambre et comme je souhaiterais prendre dans mes bras puis embrasser qui tu sais, délibérément, mon ami(e), pour un instant d'intimité bien mérité et tout à nous, bien que ce soit un peu brusque, tant pis donc, vous enlevant ma dulcinée, je tire ma révérence.

## VOLUME DEUXIÈME

## MARDI

*« Je m'étais figuré*
*Que nous avions vaincu la matière et la mort,*
*Et que le résultat de cet illustre effort,*
*Le triomphe, l'orgueil, l'honneur, le phénomène,*
*C'était d'avoir grandi jusqu'aux cieux l'âme humaine,*
*C'était d'avoir montré dans l'aube qui sourit*
*L'homme plus beau par le glaive et plus beau par l'esprit ;*

*C'était d'avoir prouvé que cet être qui change*
*Sur son épaule d'homme a des ailes d'archange,*
*Qu'il peut s'épanouir semi-Dieu tout à coup,*
*Et que, lorsqu'il lui plaît de se dresser debout,*
*Son immense rayon mystérieux éclaire*
*Toutes les profondeurs de haine et de colère*
*Et leur verse l'aurore et les remplit d'amour ! »*

Victor Hugo

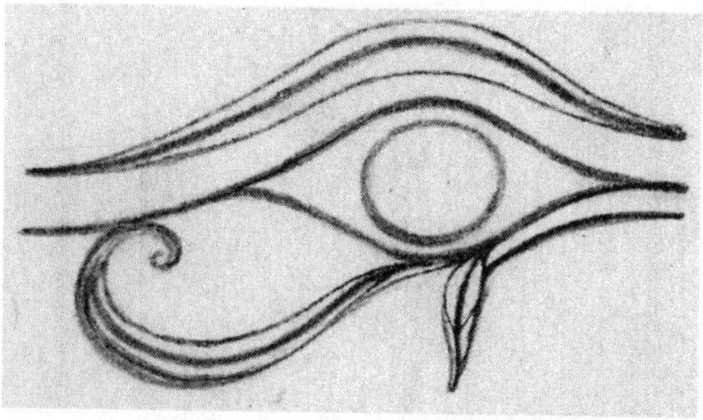

## Deux avis valent mieux qu'un

Dépité des inhibitions de ce monde, j'avais pris le train pour rejoindre la capitale d'où je devais le soir même m'envoler pour mon île merveilleuse, terre émergée de l'hémisphère sud. C'était sans compter qu'à leur tour y monteraient quelques jeunes femmes et l'une d'entre elles, rayonnante au possible réveille mon cœur.

Je n'aurai – j'fais semblant d'pas savoir – qu'une courte semaine pour la convaincre de m'y accompagner. On ne se quittera plus d'une semelle.

Tout au long du trajet la conversation à huis clos va bon train. Je me raconte et suis soutenu d'un insatiable et prolixe auteur du dix-neuvième siècle entré dans la ronde; il donne le rythme et semble mener la danse.

Comme ils furent mes principaux alliés lors de la post-adolescence, pour ma part j'ai surtout parlé d'un couple d'Amis allant sur l'âge.

À Lui je me souviens répondre, quand questionné sur la principale qualité humaine:

– « Être souple en son corps, c'est être souple en son esprit, »

Et d'Elle qui traçait mon destin, résonne toujours cette phrase:

– « Ton corps c'est ton temple, ta cathédrale! »

Voilà une parole vibrant encore en moi et me rappelant au souvenir d'instants exceptionnels, non point rares, moments passés à tenter de saisir l'importance et le pouvoir de nos ancêtres, ces dieux!

À cette époque je ressentais mon devenir comme complexe et simple à la fois, aussi le lecteur assistait dans cette entremise à un cours de sciences naturelles résultant d'échanges en compagnie de cette femme, une Mère pour laquelle est en ma mémoire gravé: Éternelle Reconnaissance!

Ces séquences oniriques appuient le sens de nos rapports:

*Aux abords de la propriété que le grand-oncle maternel reçu de ses aînés,*
*En compagnie de mon fils, j'ai dit à... Je ne sais plus qui,*
*Avoir reposé les tuiles sur le toit de la grange ; ce n'était fait !*

*Nous allons l'enfant et moi, ou peut-être suis-je seul, jusqu'au bord de la route.*
*Et l'ayant traversée je vois une chouette et un serpentaire.*
*Le second aussi nommé secrétaire, sans que j'aie le temps de dire : – Ouf !*
*Me frôle et se stabilise à quelques mètres sur ma droite.*
*De retour près de la grange je conte cette anecdote,*
*À quelqu'un de la famille, à mon fils sans doute.*

*Puis je suis à nouveau sur le chemin d'accès à la propriété*
*Et sur le bas-côté je vois le cadavre d'une chienne, beauceron,*
*Cadeau de ce couple d'Amis qui, tandis que je m'aperçois être capable de voler,*
*Dans un nouvel espace, une serre, interviennent.*
*Sous leurs yeux je m'y essaye et à l'intérieur de la structure ce ne m'est pas facile ; Je dois sortir pour réussir.*

*Lui, l'homme du couple plus avant présenté, de me dire*
*Qu'il est dommage que la commémoration du bicentenaire*
*De la naissance de l'illustre auteur ranimé dans ces pages-ci*
*N'ait été plus vive.*
*Je lui réplique : – Cela n'a pas d'importance ;*
*Je vais bien, c'est déjà beaucoup !*

*Puis Elle, son épouse m'invite à la suivre :*
*Alors ouvrant un petit coffre-fort elle me jauge du regard*
*Et rassurée de mon intérêt comme de ma loyauté*
*Me confie un livret, ce fameux manuscrit ? !*

Il pourrait être la clé que le Vingt et unième soit !

Maintenant je précise ici prendre l'entière responsabilité des textes produits ; l'ensemble m'étant extrêmement personnel !

Ce matin, revenons à nos moutons, nous répondrons donc à l'invitation qu'un étrange coursier brièvement entrevu hier dans le train nous avait porté au seuil de notre compartiment.

Cela nous mène à une improbable rencontre avec celui qui avait pu ou dû, selon les témoignages ou hypothèses, pour la gloire du Christ laisser le sceptre et la couronne de France aux mains de son fils Philippe le Troisième. À cette époque, j'aime le rappeler, le Roi de France portait jusqu'au titre de : Christ du Seigneur !!!

Peut-être sont-ce les nombreuses scènes médiévales rouvertes ici et là qui m'inspirèrent pour cette fresque.

C'est sous les initiales : SL que j'ai pris sur moi de tenter de vous rappeler le son de sa voix.

Ton imaginaire fera le reste : Il est auréolé !

Donc naturellement c'est en la Sainte Chapelle, non point celle de Vincennes qu'un reportage télévisuel “Des racines et des ailes” mentionna comme telle, mais celle sise sur l'Île de la Cité, que sonnent les retrouvailles, à quelques encablures de la cathédrale de Notre Dame de Paris.

Nous rassemblons nos forces, nous unissons nos compétences, chacun j'en suis sûr y mettra du sien. Nous nous le promîmes tous : Allégeance !

Maintenant puisqu'un homme réclame Justice, dans l'après-midi l'ancien Souverain revêtira virtuellement une robe de juge nous conviant à deux pas de là dans une salle du Palais à une audience dont, puisque auteur, j'ai choisi la sentence :

Croix de bois, croix de fer, j'ai trouvé la croix de pierre : un talisman au Pays !

## Retour sur le passé

Il y a bien longtemps que nous n'avions l'un l'autre semble-t-il, vécu autant d'ardeurs sensuelles ! Oh ! Juste un p'tit câlin ma brave dame, en tout bien tout honneur mon bon Monsieur !

Heu heum ! Ho ! Nous ne sommes pas allés jusque là où certains pourraient le penser et pour n'éveiller aucun soupçon… J'ai fait semblant de me réveiller sur le canapé.

Nous n'avons pas voulu que la fillette nous trouve ensemble d'emblée !

On pourrait appeler ça de la connerie ou… De l'éducation.

De l'éducation. Oui Monsieur ! De l'éducation nous en avons, nous !

Oui Monsieur, nous avons de l'éducation !

On s'est levé de bonne heure. Douche, toilette et, habillé le premier, je me suis dévoué pour sortir chercher de quoi grignoter : du pain, authenticité française.

Entré dans une boulangerie je prends la file et quand vient mon tour j'offre mon bonjour à la boulangère qui me le rend accompagné d'un sourire : « Bonjour.

Alors je demande : « Un pain aux noix s'il vous plaît, je prendrai une baguette avec.

Elle se tourne, fait un pas, se retourne, avance jusque-là vitrine des pains spéciaux : « Celui-ci ?

Moi : « Oui, très bien.

La boulangère : « Je le tranche ?

Moi : « C'est bon comme ça ».

Elle s'approche à nouveau du comptoir, pèse le pain et dit : « Voici. Deux vingt s'il vous plaît.

Alors j'lui dis : « C'est bon présage !

Interdite, elle reprend : « Ha bon ! Pourquoi ?

Et Moi payant : « Puisque devin présage ! Bonne journée » !

À mon retour, la fillette réveillée, on a pris un bon p'tit dèj tous les trois.

Hier soir, bon film. On est sorti de bonne heure. Elle m'a laissé mener son cabriolet : tu verrais le joujou un peu. Je les ai emmenées au restaurant. Je ne pouvais pas faire autrement ! Je les ai emmenées dans un endroit sûr où avec mon fils nous avions déjà eu l'occasion de festoyer. Là je dis : Festoyer. On s'était gavés, grave ! La table était à discrétion, c'était excellent. On s'était empiffré à s'éclater la panse ; là j'abuse. On avait abusé !

Heureusement… Ce n'est pas péché !

– Pour cette fois passons !

On est en fait allé manger asiatique et tu peux me croire il y avait là plus d'un pékin. Trop bon ! Une fois encore nous nous sommes régalés. Le frugal repas que nous avions absorbé dans le train avait laissé de la place pour apprécier la cuisine vapeur, les beignets, la salade de fruits aux ananas, mangues, letchis, jaques… Ha ! Tu ne connais pas ! C'est extrat. J'en ai déjà cueillis. L'intérieur de ce fruit est jaune bien soutenu, jaune dimanche si tu vois ce que je veux dire. Ce n'est pas gênant : tu comprendras !

Soit dit en passant c'est du bois de jaquier qu'est fabriquée la veena, antique et toujours d'usage instrument à corde indien, et sincèrement je ne sais jusqu'à quelle sphère sa résonance porterait.

– Ça j'aime !

Une fois j'en ai parlé à un ami qui porte ce prénom ; ça s'écrit aussi avec un c. Il avait vérifié dans le dico et avait aussitôt décroché le combiné du téléphone pour annoncer cette nouvelle équivoque à un vieux copain commun vivant à Paris et qui se prénomme pareillement. Je vais profiter de mon séjour à la capitale pour lui rendre une visite. C'est lui qui nous avait hébergés, mon fils et moi, quand en 2000 nous participâmes à la fête du timbre. Tu t'en souviens ? !

J'en ai quelques beaux ! On a même un bloc-feuillet : Joconde, Vénus, Liberté sous protection de la Chatte Égyptienne émis pour la circonstance et tamponné à la Tour Eiffel. Ce doit être rare ! C'est rare !

On est comme ça nous, entiers ; on essaye d'aller, on va jusqu'au bout des choses.

Le témoignage de cet ami artiste peintre sur la complicité, sur l'osmose qui nous unissait l'enfant et moi avait dû jouer en ma faveur que je recouvrasse mon autorité parentale.

Je l'appellerai tout à l'heure pour savoir s'il peut me recevoir. Tiens ! Je pourrai lui porter quelques tubes de peinture. C'est un as !

Hier après-midi pendant que mes princesses étaient avec leur agent, un moment j'avais pensé aller le voir. J'ai préféré avancer le plus possible la lisibilité de ces pages. Je me suis appliqué à y inclure notre coup de foudre et tenter d'exprimer avec verve la candeur qui en émane. C'est toi qui jugeras !

J'ai une carte à jouer, c'est sûr !

Après nous être donc délectés d'aussi copieuse table, comme convenu nous sommes allés au cinéma. Nous avions opté pour ce resto que je connaissais puisque le film était diffusé dans une salle à proximité. J'ai été émerveillé.

J'ai eu le sentiment de n'avoir pas beaucoup grandi depuis qu'enfant j'en avais vu nombreux extraits. Là je me suis régalé. Tous les trois nous avons aimé ! Le p'tit bonhomme, les loups, la panthère, les éléphants, l'ours, le méchant tigre, les singes et le roi singe ; lui nous a fait rire. Oh ! Bien sûr, malheureusement il n'y manquait pas de cruauté. M'enfin, c'était divertissant !

À propos de singe, j'ai une anecdote en mémoire remontant à ma première année de lycée.

Lors d'un contrôle le professeur avait eu à mon encontre et celle de mon voisin quelque suspicion de "pine", de "carottage" et il nous en prévint d'un : – Ce n'est pas au vieux singe que l'on apprend à faire la grimace !

Mon ami alors de rétorquer : – C'est qui le vieux singe ?

Tu peux te douter de l'effusion de rires dans la classe…

Si mon pote sur ce coup-là – paix à son âme – avait pu être quelque peu effronté, reconnaissons-lui là une répartie sans égal.

À l'issue d'un autre contrôle, ou le même, sans que nous ayons eu à son égard plus d'animosité que pour d'autres, nous étions plutôt bons enfants, j'avais donné une petite correction à ce même professeur.

C'était un cours de géographie et la leçon précédente avait porté sur les fuseaux horaires. Donc d'un inattendu devoir corrigé lors de la même heure de cours, il vérifiait notre compréhension du phénomène. L'énoncé faisait allusion à un avion quittant tel endroit à telle heure pour atterrir, disons à quelques milliers de kilomètres de là. Sa vitesse moyenne étant de tant, à quelle heure compte tenu du décalage horaire devait-il atteindre l'aéroport de destination ?

Le prof avait formulé sa réponse au tableau et tandis que je n'avais pas trouvé le même résultat, je lui fis part de mon étonnement. Grand bien lui prit de m'inviter alors à proposer ma solution puisqu'il se résolut à l'admettre juste.

O ! Je vous voudrais sage comme cet homme ce jour-là sut l'être !

On est rentrés du ciné en faisant quelques détours pour voir ou revoir quelques édifices illuminés. L'Arc de triomphe est toujours à sa place.

Tip top le petit bolide.

Une fois arrivés, il n'a pas fallu prier la petite qu'elle aille se coucher et sa mère et moi l'avons bordée. Nous tirions la porte qu'elle dormait déjà.

Ensuite sur la couette j'ai parlé de mon état de santé, on a blagué. Je suis même allé jusqu'à lui narrer un rêve extrêmement douloureux : *A une époque médiévale je suis en balade à cheval, accompagné d'un feudataire. Nous discutons, il fait beau, quand tout à coup de derrière les buissons surgissent des assaillants. Nous sommes pris de court et me réfugiant dans une ruine, dans la pénombre je sais mon blanc vêtement susceptible de me trahir. C'est alors que j'aperçois mon comparse de chevauchée y pénétrer à son tour, une dague à la main.*

*Aie aie aie !*

*Dans la scène qui suit je suis porté sur une civière, la Reine, ma Reine me tenant la main et Merlin à nos côtés de lui dire : – Il mettra du temps à revenir, mais il reviendra !*

« T'aurais mieux fait de m'achever » ! Me suis-je laisser emporter à dire ne sachant à qui je lançais cette arrogante exclamation, à qui, là, je lançais le gant !

Elle fut plus qu'étonnée, pour ne pas dire stupéfaite de ma désinvolte volte-face et pour l'amuser je m'étais promptement dressé sur le lit. Alors tel maniant le fleuret, du bout d'un doigt je l'avais chahutée, taquinée puis chatouillée que renaisse son franc sourire.

Je lui formulai le réel plaisir que j'avais toujours eu à lire les romans rappelant l'épopée des Chevaliers de la Table Ronde, les légendes Arthuriennes, et ce soir-là nous l'admîmes, c'était un tout autre défi que nous avions à relever.

Comme tu peux l'imaginer nous ne nous étions pas couchés bien tôt, et la suite fut un peu privée…

Si tu vois ce que je veux dire !

## Édition Spéciale !

Ce matin, frais dispos nous sommes dans le “timing”.

– « Sur les traces de l’auteur anonyme d’un sensationnel ouvrage mettant en cause nos institutions politico-religieuses, les dernières nouvelles de notre enquêtrice.
“La Gasette”, on la demande, on l’obtient » !

Nous sortions de l’enceinte d’une grande cour quand à nos oreilles le crieur se fit entendre. Simples passants, nous nous en approchâmes comme aimantés puis, lui laissant pièce, de sa musette – Y’avait cinq secondes qu’il venait d’en lâcher un – il nous sortit le journal nous chuchotant : « Il serait encore parmi nous » !

Pouvait-il parler de moi ?
Non, ce n’était certainement pas possible !

Nous avancions.
Qu’était donc cette affaire ?

Le titre de la Une était claire : “A-t-il quitté son pays breton” ?

Nous avions un peu de temps devant nous et j’ai bien pensé proposer que nous nous installions à la terrasse d’un café pour prendre connaissance de l’article. Non ! Non nous résolûmes qu’il valait mieux se rendre au plus vite sur le lieu qu’il nous avait la veille été proposé de rejoindre. Nous devions mettre de la distance d’avec notre passé proche.

Se pouvait-il que la presse ait déjà pu s'emparer de mon identité ? Si tel était le cas je ne me résignerais : j'y trouverais parade ! J'avais bien envoyé mon manuscrit à quelques éditeurs ; aucun ne m'avait répondu favorablement.

Avais-je été doublé ? Il le semblait bien !

Notre jeune amie journaliste aurait peut-être quelques informations.

Je commençais à être inquiet ! Faisions-nous bien d'aller à la Sainte Chapelle ?

La belle proposa que nous marchions jusqu'à trouver une station de vélo où nous en louerions pour presque rien. Ce fut rapide et nous n'eûmes le temps de gamberger sur l'insinuation du crieur.

On a été prudent, elle devant, la petite au milieu. J'ai eu l'impression de n'aller qu'en descente. Même en ville le petit air du matin est agréable.

On a emprunté le chemin des écoliers, un défilé de petites ruelles pour atteindre le centre de Lutécia, du côté des Halles. On a dû passer à proximité de là où avait bossé un de mes frangins. Une mutation de trois ans… Pour un marin !

À ma surprise nous avons dépassé l'Hôtel de ville et c'est à la station suivante que nous avons garé les bicyclettes. Ce système de location est vraiment pratique, idéal devrais-je dire.

R'HL : « On a vraiment de la chance qu'il fasse beau.

Moi : « Oui, pas un nuage, c'est agréable !

R'HL : « J'ai hâte d'arriver, j'aime beaucoup les lieux sacrés, et celui-là m'enchante plus particulièrement !

Moi : « Tu es croyante ?

R'HL : « Oui, je ne sais pas comment te l'expliquer. En tout cas l'homme a beaucoup évolué du fait des doctrines religieuses !

Moi : « Moi, je ne suis pas très lieu de culte. À choisir, je préfère me recueillir en pleine nature, dans une clairière. D'ailleurs j'espère que nous trouverons un endroit à l'abri des regards. Chaque jour, en tout cas le plus souvent possible j'aime me présenter face au Soleil pour une Prière.

R'HL : « On aurait peut-être pu essayer de trouver une bougie ou un cierge : je voudrais bien en allumer un à la mémoire de mes parents.

Moi : « Je pense que nous en trouverons sur place.
À une époque j'aurais volontiers voulu en fabriquer moi-même : je me sentais capable de leur donner une âme !

R'HL : « Tu pries beaucoup ?

Moi : « J'ai parfois l'impression d'être en prière constante ! Tout à l'heure nous pourrons dire ensemble si tu le veux, puis comme on en aura sans doute le temps avant que nos amis arrivent, peut-être irons-nous boire un petit quelque chose, comme ça je prendrai le temps de lire l'article. Ça me tracasse cette affaire.

R'HL : « On pourra trouver un banc bien exposé » !

La petite, bien sagement, cette fois nous suivait.

Nous traversâmes un pont pour atteindre l'Île répondant au nom du Roi initiateur de nombreuses Écoles et bien plus encore de Temples.

R'HL : « J'aime ces ruelles, c'est pourquoi je nous ai fait faire un court détour. Nous aurions peut-être dû proposer à Victor de passer le chercher : nous étions à deux pas de sa porte.

Moi : « On en avait le temps » !

Quelques boutiquiers ouvraient leur échoppe. S'il y en avait là pour tous les goûts, il n'en était sans doute pas de même quant aux bourses ! C'est ce que j'ai cru remarquer !

Puis nous avons franchi le pont permettant d'atteindre l'île de la Cité pour découvrir Notre Dame, la cathédrale de Notre Dame de Paris.

Sorti de la fraîcheur de l'ombre de l'imposant édifice, sur le parvis où le touriste fourmillait déjà, ni l'Égyptienne, ni Djali sa compagne n'étaient à tambouriner, danser ou prophétiser, et puisque plus loin était notre rencard, nous avons poursuivi.

Craignant un Frollo, j'étais un peu sur mes gardes !

DONG !
Lad'mie retentit : j'en avais sursauté !
L'heurette avait retenti !
Peut-être d'là-haut un Ami nous épiait-il ?
Une petite pensée pour ceux que la nature n'avait pas gâtés !

Ne sachant s'il s'agissait d'une embrouille ou au contraire si nous allions faire la connaissance d'un aïeul, la parole du Vieil Homme sur les couleurs arborées par notre messager me laissait perplexe !

Je connaissais un peu le quartier pour l'avoir comme tant d'autres arpenté plus jeune et j'invitai à ce que nous allions sur une berge de la Seine où à l'abri des regards nous pourrions honorer le Soleil.
Nous aperçûmes la flèche de la Sainte chapelle venant récemment d'être débarrassée de sa maladive noirceur citadine. Du quai des orfèvres nous descendîmes un passage pavé.

Moi : « Là on sera bien pour une petite salutation au Soleil.
Qu'est-ce que vous en dites ?

R'HL : « Je suis pour !

La Petite : « Et moi je peux » ?

Elle était discrète et ça me plaisait.

Moi : « Bien sûr » !

Tous trois donc nous nous mîmes face au Soleil dans un petit coin caché d'arbres aux yeux indiscrets ; l'endroit était 'surprenamment' très calme !

Moi : « On doit positionner ses bras légèrement relevés, les épaules bien en arrière, les paumes de mains orientées au Soleil : ce sont les capteurs ; ensuite l'on pense.

La Petite : « A quoi l'on pense » ?

Moi, pensif :
Merci à toi O Soleil
De nous permettre de nous présenter à ta lumière en ce jour.
Aujourd'hui encore je suis fier de faire cette prière qui me rappelle
Au bon souvenir de tous ceux qui sont passés sur Terre.
D'entre eux, certains sont maintenant proches de Toi
Et c'est aussi à eux qui peuvent nous voir de là-haut
Que je destine ces quelques instants :
Je sais les prières capitales et les incantations valeureuses !

Je te suis reconnaissant d'envoyer de tes rais
Qui me transmettent l'énergie profitable de ton abondance,
De ton indispensable, de ta vitale chaleur.
Aussi, je suis face à toi, bras tendus, presque en forme de croix,
Prêt à ressentir nombre de tes particules pénétrant par mes paumes
Et venant en remplir mon corps, ce calice, mon Graal,
Mon propre temple, ma cathédrale !

Puissions-nous naître aujourd'hui à une conscience toute nouvelle.

Je souhaite pareil instant de félicité à tous ceux de ma condition,
Et je pense à eux souhaitant qu'ils vivent en ce jour sous ta parure dorée ;
La vie est tellement plus agréable quand tu illumines.
Alors bien vivant, puissant astre
Il me semble m'élever, m'élever à ton côté

Et je m'imagine alors faire le tour de la planète
Pour moi-même à tout un chacun porter mon : – Bonjour !

Je m'imagine allant de continent en continent,
Essayant d'attirer l'attention de mes semblables
Qu'à ton passage ils se tournent eux aussi vers toi,
Déployant une fabuleuse "Ola Around the World" !

Merci encore pour ces rencontres que tu nous proposes
Et tu le sais mieux que quiconque, je suis aux anges :
C'est une chance merveilleuse dont tu me gratifies,
Aussi permets-nous, à Elles et moi, de poursuivre ensemble
Ce long chemin sur lequel tu nous réunis !

R'HL : « C'est bon peut-être » ?

Je levais les bras au-dessus de ma tête, joignant deux à deux mes mains que je rapportais au-devant du cœur.

Moi : « Oui, là chacun fait à sa mesure, il ne faut pas forcer » !

La Petite avait déjà lâché la position et je la comprenais bien : c'est un sacré exercice ! Un exercice sacré !

La petite : « J'n'en pouvais plus. Tu crois qu'il nous entend ? Moi je lui ai dit que je te trouve plutôt sympa et que Mam a de la chance de t'avoir rencontré.

Moi : « Moi aussi je suis content de vous avoir rencontrées et je suis persuadé que nous nous serons fidèles toute notre vie. En tout cas, lui là-haut nous transmet de la vraie énergie, la meilleure qui soit !

R'HL : « Comme c'est agréable, on se sent revigoré ! Allons nous asseoir, tu vas nous lire l'article du canard. Je suis curieuse de savoir ce qu'il se trame » !

Je préconisai que nous rejoignions l'accès au temple car s'ils arrivaient avant nous, nous ne ferions point alors attendre nos nouveaux Amis.

Devant les grilles du Palais de justice deux hommes étaient en faction.
Le vieux n'était pas encore arrivé ; nous étions à l'heure. Même un peu en avance.
Nous dégotâmes un banc.

Moi : « Voyons voir ! Alors…

… "De notre envoyé spécial
La suite de notre enquête sur qui se dissimule derrière la véritable identité de l'auteur du bientôt célèbre manuscrit"…
Il y a déjà eu quelqu'article à ce sujet ? Puis, tu entends, ce n'est même pas moi qui serais célèbre, c'est le manuscrit !

R'HL : « Qui te dit que c'est à toi qu'ils font allusion ?

Moi : « … "Nous a conduit sur les côtes du littoral de la péninsule bretonne. Nous avons retrouvé un ami de l'auteur avec lequel ensemble, il y a plusieurs années, ils avaient participé à la rédaction puis diffusion d'un petit journal local. L'auteur y faisant allusion, il nous a été facile de remonter jusqu'à cette source.
Aux dires donc d'un fraternel ami ayant collaboré à ses éditions, notre auteur de génie"…
Ça c'est bien dit…

R'HL : « Ils parlent de toi ?

Moi : « Oui !… "N'aurait plus réapparu depuis plusieurs semaines. Ils avaient continué à se côtoyer jusqu'à la période qui devait précéder la livraison du précieux récit.
Savons-nous comment il s'appelle ? Oui ! Et là plus de tergiversation possible, il est toujours sur le territoire national. Aussi le lecteur comprendra que puisque nous souhaitons pour « La Gasette » la primeur d'une interview, nous nous réservons ses coordonnées.

Aux dires de quelques-uns de ses proches, comme l'avait eut précédemment fait d'autres Grands de ce monde, il pourrait avoir décidé de s'envoler pour une île du Pacifique : aussi nous sommes aux aguets"…

Je ne peux plus prendre l'avion !

R'HL : « Continue.

Moi : « … "Et donc grandement persuadés de ne plus tarder à pouvoir vous dévoiler le vrai visage du visionnaire qui nous aura transmis : L'Éloge du Bonheur, pour patienter, puisque nous ne nous en lasserons pas, voici un extrait de ce qui aurait très bien pu être l'introduction de ce fabuleux roman : notre favori pour empocher de nombreuses récompenses. Nous l'avons obtenu d'une amie de l'auteur, laquelle nous remercions ici pour son geste".

R'HL : « Tu ne lis pas la suite ?

Moi : « Je la connais : ce n'est pas ce qu'il y a de meilleur.

R'HL : « Ils ont même reproduit un de tes textes parus dans votre journal dis donc. C'est un scoop pour nous ; fais voir.

Moi : « Quel passage ?
Ça c'est intéressant, les gens doivent comprendre qu'il faille remédier à quelques ambiguïtés de langage ! C'est un peu d'historique. J'ai fait allusion à ces principes dans mon livre.

R'HL : « Le titre n'est pas mal non plus : « Justice, Sentence Souveraine ».

Moi : « On n'en a jamais été aussi proche, et ce palais, là juste devant nous » !

Elle lut en silence.

C'était la mer… La panacée. Quelques journalistes avaient mon identité et moi j'étais là sur un banc, au grand jour alors qu'ils avaient peut-être même ma photo. Un peu plus et ils l'auraient publiée. Ça pouvait venir…

R'HL : « Et ce titre-là : "My God" ! N'était-il pas un peu osé » ?

… J'aurais du partir plus tôt !

VH : « Alors tu ne l'aurais pas rencontrée !

Moi : « Oh ! Bonjour.

VH : « Bonjour les enfants ! Belle journée.

R'HL et la petite à leur tour : « Bonjour.

Moi : « Tu me surprends à lire de cette façon dans mes pensées.

VH : « C'est comme si je t'avais fait.
Notre jeune amie n'est pas arrivée ?

Moi : « Non, pas encore, elle a quelques minutes pour être à l'heure. Alors, tu as préparé le texte de ton allocution ?

VH : « Je crois que je vais suivre ton conseil : j'improviserai.

Moi : « Tu n'as pas peur de te prendre un bouillon ?

VH : « Si tu penses que je manque de culture, je compte sur toi pour m'expliquer de long en large tes motivations. Je dois connaître le contenu de ton livre mieux que quiconque !

Moi : « C'est pour quand ?

VH : « Vendredi, ou plutôt devrais-je dire Mercredi. J'ai quelques jours pour y réfléchir, pour être initié. Je vais soumettre aux sénateurs les réflexions induites dans ton essai, un coup de maître : tu as fait fort !

J'ai ma petite idée pour les convaincre d'au moins s'essayer au code que tu prônes ; ça ne va pas être de la tarte !

Moi : « D'où tiens-tu ces textes, toi ?

VH : « C'est un ami éditeur qui me les a fait porter et ils m'ont semblé si réalistes que je les ai fait circuler au Sénat. Du coup, car nous devons considérer la portée qu'aura cette œuvre une fois diffusée, nous avons décidé d'en débattre. T'es bien d'accord là-dessus ?

Je crois que cet ami serait content de te rencontrer.

Moi : « Je ne pensais pas que ce serait allé si vite !

R'HL : « Vous êtes au courant de l'article qu'a publié La Gasette ?

VH : « Montre voir…

Oh, ça se corse ! Il va falloir resserrer les rangs ! On lira ça plus tard. Il est peut-être temps d'entamer notre visite de la Sainte Chapelle ? !

Moi : « Nous n'attendons pas la roussette ?

VH : « Avançons toujours jusqu'à l'entrée. L'heure c'est l'heure » !

Elle arrivait au pas de course.

KT'L : « Bonjour tout le monde !

VH : « Vous êtes radieuse ce matin, qui vous a faite si belle » ?

Elle rougit !

## SACREBLEU !

Après l'inévitable passage au crible du contenu des sacs à mains et de mon fidèle p'tit sac à dos, nous nous présentions devant l'impressionnant édifice. Personne à baguenauder !

De l'extérieur nous commencions à admirer l'impressionnant éventail de vitraux et nos regards ne purent ignorer les arrogantes gargouilles agrippées aux murs et semblant prêtes à s'élancer sur quelque agresseur – il en manque d'ailleurs une – quand le vieux me fit signe.

Aux femmes, VH : « Nous allons par là. À tout à l'heure, nous viendrons vous retrouver !

À moi : « Ils sont là ! De la tenue, mon garçon » !

De la tenue j'en avais.

Ce matin j'avais revêtu un costume noir très léger, pantalon et spencer taillés comme sur mesure et dessous, un simple tee-shirt bleu clair, bien vif. J'avais chaussé de bonnes sandales ; c'est confortable. J'étais propre !

Le vieux venait de voir ; et, pénétrant la cour principale à sa suite, je vis moi aussi d'un coup une image nette. J'en devins à moitié tremblotant !

Les rangs étaient tenus d'hommes en armures, et drapeaux et bannières flottaient.

Il y avait là Chevaliers et Seigneurs qui formaient une allée se prolongeant jusqu'aux plus hautes marches du Palais. Il y avait parmi eux de ceux que l'on nomme : Missi dominici !

L'homme qui hier fit obligeance à nous porter message venait à notre encontre, puis nous invitant à le suivre, il ouvrait le chemin. Du coup, avançant jusque l'allée formée de ces dignitaires d'une autre époque, nous y engouffrant, les hommes s'agenouillaient à mesure que nous passions à leur hauteur. Certains avaient le sourire victorieux. On avait l'impression qu'ils étaient heureux.

Tu peux me croire, c'était impressionnant, d'autant que l'édifice battants grands ouverts, nous offrait sa majesté. S'arborait là la royale oriflamme !

Nous gravîmes l'escalier pour, une fois à l'intérieur du bâtiment tout de marbre ou de nobles matériaux érigé, guidés, prendre sur notre gauche. Filant droit devant, nous accédions à une modeste terrasse d'où je crois avoir aperçu en contrebas nos trois amies.

La statue d'un Saint ou de peut-être Dieu lui-même siégeait entre les vantaux béants de la Sainte Chapelle. Je me demandais ce qu'il se passait.

Qui pouvait bien nous avoir mandés ici ?

Derrière nous, les hommes qui les premiers s'étaient inclinés, relevés, nous avaient suivis, et tous en avaient fait de même.

Le vieil homme et moi pénétrions l'endroit !

Dire que j'étais sur mes gardes ? ! La pression du tout début s'estompait, j'étais plutôt pris dans une sorte de flot où chaque pas est posé par avance, où l'on suit ses gestes plus que ne les dirige. À leur tour, à notre suite longeant les latéraux, entraient dans le temple les chevaliers, contes et barons.

Il en entrait des centaines, des milliers peut-être ? Peut-être autant qu'il y a d'étoiles accrochées au plafond de cette altière et sobre architecture.

VH et moi avancions par le vaisseau central, et la vive lumière de l'extérieur s'étiolait dans la pénombre naissante, sorte de contre-jour. Devant nous une lueur !

Une multitude de candélabres supportaient des cierges allumés et plus nous avancions, plus leurs scintillements fusionnant avec les milliers, les millions de particules passant au travers des vitraux, plus à nos yeux la lumière reprenait l'ascendant. L'ambiance était silencieuse, solennelle. Les rangs se resserraient sur nos arrières.

Pris au piège ?
Hoo ! C'est moi l'auteur : j'arriverai bien à m'en sortir !

VH : « N'aie crainte ! Avançons jusqu'à là croisée » !

Les hommes suivaient toujours.

Il était là devant nous, droit, souriant. Il était grand, stoïque ; il rayonnait. Nous étions devant un Saint ! Son auréole flamboyante illuminait un limbe débordant.
Sa parure reluisait. Il portait une sorte de long manteau bleu avec, brodée d'or dessus, écoute bien, une flopée de fleurs de lys. Il nous fit signe d'approcher encore.

VH de m'avouer : « Je le savais Bon Dieu » !

Le même posa genou au sol. J'en fis autant.
Toute l'assistance nous imita.

Sur un signe nous nous relevâmes.

« Mes Sires,

Je vous ai fait venir et vous êtes là. Bien que le temps ait passé vous m'êtes toujours fidèles ; je vous en sais gré ! J'ai vu la haie d'honneur par laquelle nos Amis se sont introduits : c'est ainsi que nous aimons recevoir ! Gloire à notre code chevaleresque toujours respecté !

Le Roi est mort, hier, en croisade : du moins le croit-on !
Et, c'est puisqu'il est dorénavant dit Saint qu'ici je vous rassemble ; aujourd'hui sera grand jour, c'est celui de nos retrouvailles !

Ce temple, je l'avais fait ériger il y a bien longtemps et j'avoue qu'à l'époque je ne m'imaginais pas y revenir un jour, invité de la plume d'un jeune auteur. Jeune auteur aujourd'hui accompagné de son illustre prédécesseur en l'art du lyrisme.

Alors pour eux qui viennent de réussir à nous réunir, pour lui, car ils ne sont en fait qu'un, pour nous, car nous ne serons plus jamais qu'UN, je vous demande une prière.

C'est de ma longue nuit me réveillant,
Priant mon scribe chambellan : – Messire !
Qu'à ne voir personne accourir
Je me mis moi-même à écrire.

Alléluia !

À mon retour entre quatre planches, je le sais, vous vîntes ici pour honorer votre Roi et c'est, souviens-t'en, ici que nous avions mis sous protection les reliques rapportées de la Sainte Cité. Reliques que nous obtînmes dans la dignité.

Depuis longtemps nous œuvrons pour faire valoir la vérité, pour que les valeurs que nous reconnaissons justes soient bases éducatives pour nos enfants. C'est bien là le principe de l'évolution et c'est en ce sens que je faisais ouvrir nombreuses écoles.

C'est en ce sens que j'allais au-devant des malades, que j'avais essayé de te permettre de soigner, de guérir nos gens. Maintenant, avec du recul je me dis que j'avais fait la part trop belle aux gens du clergé : je leur avais confié mes croyances, ma foi ! Et voilà qu'à mon retour on m'avait démembré.

Qui en veut un morceau ? Comme aux chiens, en pâture !

Il faut du temps pour se remettre de pareil écartèlement !

Les miens m'aimaient ! Tu m'aimais et avais pourtant laissé faire ! Quels drôles de rites funéraires étaient pratiqués en Occident.

Moi pour le remembrement ? ! Passons !

C'était il y a bien longtemps, puis cela n'est pas très réjouissant.

Si je vous ai réunis c'est pour qu'il soit évité pareille mésaventure à notre jeune ami. Il a mis du temps à nous retrouver et lui, comme nous partis en croisades, mène une aventure tout aussi évangélisatrice. Je ne sais à l'époque dans quel état d'esprit chacun d'entre vous s'embarquait, à quoi tu pensais. Aux femmes, aux richesses, aux combats dont tu devais sortir vainqueur que peut-être personnellement je te complimentasse.

Moi j'avais tout : femme aimante, enfants, châteaux. J'étais partout à la maison. Tu me diras : j'étais le Roi !

Moi je croyais en l'histoire du sauveur de l'humanité. Moi je disais : – Oui, si l'Oint Homme est venu, suivons son exemple. Aime ton prochain !

J'y allais pour la Gloire du Seigneur.

Bon, c'est vrai que la première fois que je suis parti, ma mère me tannait, puis ça nous fit des vacances, c'était un peu un deuxième voyage de noce… Les pyramides !

C'est pour rire, Seigneur, c'est pour rire ! Ma foi est intacte.

Tu sais aussi bien que moi ce qu'il se trame à notre époque. Je veux dire par là que contemporainement, chacun d'entre nous assigné à un rôle sait quelles difficultés notre colporteur pourrait rencontrer sur son chemin.

Hier c'est de son épée dont chacun pourfendait l'irascible. Aujourd'hui non, elle reste au fourreau. Nous allons réviser notre épistémè et si je m'adresse à toi en ce lieu, c'est pour te rappeler à la prière, c'est pour te motiver selon ce que tu seras à même d'entreprendre pour l'avènement du Grand Entendement.

Nous sommes à nouveau sur même navire et celui-là est encore plus immense que nous ne le soupçonnions aux temps jadis. La Terre est vaste et porte environ sept milliards d'Êtres humains. Bientôt dix ! Tous doivent être nourris, habillés, et ils ont besoin d'un toit : pourvu que chacun s'avive et tout ira bien.

J'aime moi-même biner au jardin. L'on dit au Roi qu'il ne doit pas !

Oui, le Roi a mieux à faire, comme de s'entretenir avec ses vassaux, leur donner instructions comme je le fais maintenant. Il y a bien longtemps que cela ne s'était produit. Je suis content de vous revoir !

Tu te doutes bien, mon ami, de précautions que nous devrons prendre, tant par le passé nombre d'entre vous jusqu'à là mort me furent fidèles, loyaux, tant j'ai peine à me rendre compte jusque quels fourvoiements je vous avais conduits.

Mon adoration du Père Suprême m'avait poussé à prendre décisions, lesquelles, hier semblaient empreintes de justice, de sagesse, aujourd'hui seraient à considérer tel parjures. Pardon !

Pardon ô mes frères, mes amis, mes alliés, roturiers ou nobles,
Pardon aux victimes de nos glaives, de notre intrépidité ;
Je croyais être lucide.
Je croyais comme vous être béni, de la main de Dieu guidé !
Prions, je vous en prie, prions !
Prions ne serait-ce qu'une seule fois !
Prions ensemble pour nos enfants,
Prions qu'ils puissent un jour vivre fiers de nous ;
Prions qu'ils puissent prier pour nous !
Prions pour vivre unis sous une même bannière,
Prions dans la grâce du Saint-Esprit,
Pour l'Amour et avec dévotion pour nos Pères !

Après tout ce temps, rassemblons ce qui nous resterait d'énergie pour faire tourner la roue.

L'occident, la France était la risée du monde : redorons-lui son blason.

Réveillons ceux mis en sommeil, oui, réveillons-les !

Réveillons-nous autour d'une cause commune qui ne serait plus simplement le fait d'un illuminé, notre jeune ami. Il a fait un effort, lui.

Imagine-toi sortir de la masse pour arriver jusqu'ici.

À quoi bon s'il n'eût rien à dire ? !
Il porte un message et c'est à moi qu'il vient demander appui, aide, soutien.
Il a senti l'humanité en danger, alors il agit !
Il me témoigne sa confiance !

La République n'était qu'une Royauté sans Prince : Messires, nous m'avons trouvé digne successeur !

Comment ça, l'Empire lui-même est sans tête !

Et le Vatican serait-il enfin sans pape ? !

Il n'ira pas lui, briguer quelques mandats. Il sait que la vraie légitimité s'obtient de ceux d'en haut. Il a fait acte de bravoure. C'est ainsi, en protégeant cette même cité du siège de vilains que mes aînés avaient obtenu leurs titres. Lui est venu seul et il vient la libérer à son tour; il nous défie tous!

Il vient comme nous l'avions fait, nous demander de nous convertir. Il nous dit: – Votre système n'est plus adapté, vous êtes vieux jeu. À jouer aux apprentis sorciers vous vous êtes laissés embobiner et c'est vrai, de papaux conseils nous levions des légions. Quel guide suivions-nous? Pas celui de la rédemption!

Lui, notre hôte, lui a de la chance, il a toujours vécu dans un espace paisible et il avance cet argument: – J'ai eu la capacité d'élaborer ce calendrier puisque le monde paisible en lequel mes pairs m'avaient élevé convenait à pareille "Créalisation". J'ai eu la possibilité de me mettre en état de réceptivité pour capter les atours de la vérité qui sont résumés d'un code numérologique auquel j'ai eu accès. La nouvelle condition humaine, oui nous sommes en liaison directe avec ceux d'en haut, est dorénavant, une fois encore au goût du jour.

«Ce qui autrefois était réservé aux initiés sera accessible à tous»!

Alors ne boudons pas notre plaisir: peu importe la manière, seul le résultat compte! C'est fantastique! C'est là forme d'aboutissement de ce que nous souhaitions. Réjouissons-nous de la présence du Messager!

Prions

D'un bout à l'autre de la Terre, Pères et Mères souhaitent au plus profond d'eux-mêmes voir le petit ou la petite en bonne santé, bien nourri, s'amusant. Nous sommes tous identiques et nés avec ces principes intégrés, innés. Nous espérons même plus tard le ou la voir s'unir tandis qu'il se sera donné bon métier... Puis viendra son tour d'enfanter.

La Roue tourne ainsi depuis quelques millénaires et qu'il en soit ainsi pour quelques autres à venir. Cette fois en toute sérénité... Et ce n'est pas puisque j'ai dit: cette fois, qu'il faudrait entendre: sept fois, et interpréter que dans sept mil ans cela changerait. Non, le Paradis Terrestre est Éternel!

Qu'entends-je ?
Ha oui ! C'est le Paradis Céleste qui est Éternel ! Promis juré !

Nous devons considérer que parfois la terre bouge d'elle-même !
D'ailleurs il est dit la botte transalpine bientôt devoir aller se cacher sous son grand massif montagneux, comme si cette portion de la Terre devait partir en pénitence du fait de l'arrogance de ses rejetons !

Alors, mes Amis, y croyons-nous toujours en cette folle aventure ?

Aujourd'hui on reste à quai, on laisse les caraques au port : renforçons les positions ! On va tout de même l'aider ce petit.

– C'est vrai que lui est grand !

Combien coûtaient au peuple quelques nantis de la République ? Trop ! Seulement voilà, ils avaient le pouvoir, oui, le pouvoir ! Ils sont riches.
De quoi ?
Ils sont dans leurs palais, je devrais dire nos palais et certains vivent plus grassement qu'aucun roi par déférence pour ses administrés n'eût fait !
Haa ! Quelques-uns l'avaient fait. Hoo !
De toute façon la République qui crut mettre à bas les tenants de la royauté, à entretenir quelques vestiges et même embellir quelques-unes des merveilles architecturales de ces temps-là, en a plutôt fait l'apologie.

Messires, il vient le reprendre, lui, le pouvoir, lui ce Bonhomme, là, présent devant vous ! À lui seul il est plus fort que toutes nos armées réunies et puisqu'il rapporte le pouvoir théocratique, aussi mérite-t-il de devenir notre Chef !

Moi : « Mais non ! (Lire : Mes Noms ?)

SL : « Mais Si ! (Lire : Messie)
Acclamons-le ce chenapan. Ha ! Mon Enfant, tu fais notre fierté !

Mes Sires,
Ce n'est pas là Roi de sang que je vous présente,
Cet homme n'est pas de lignée Royale : il est Roi d'Âme Royale !
Il a reconnu l'Œuf Céleste ; il l'a vu !
Dois-je vous parler de ses six étoiles et plus, de ceux dits alors 'icono-voïdes', entrant dans la composition dudit Œuf et englobant ce que l'on nomme les Graals ? !
S'il fallût le faire, je l'eusse fait ; S'il fallait le faire, lui le ferait !

"L'avenir n'est à personne ; Sires, l'avenir est à Dieu" ! »

Il me semblait avoir déjà entendu cette phrase.

VH, tout doucement : « Eh bien comme ça les présentations sont faîtes ! Monseigneur !

SL : « Le Roi est mort, Vive le ROI !!!

Moi, au vieil homme : « Tu ne l'avais jamais su ?

Et l'assemblée de reprendre : « Vive le Roi !

SL : « Oui, vive le ROI, longue vie au ROI.
Organisons une cérémonie protocolaire !
Aujourd'hui nous n'allons te laisser t'échapper ainsi ; nous allons profiter du moment pour arranger ton intronisation. Je sais, c'est dur de passer par les mêmes cérémonials que ceux d'antan : cette fois ce sera sans 'ecclésiastes'.
Accepte ce symbolique passage en notre confrérie, du fait que ton vieil acolyte ne s'y résigna. Nous allons opérer l'intromission. De plus cela aidera à faire valoir quelques reconnaissances dans le milieu martial ; je t'ai vu pratiquer moi, 'macoö', qi-qong. Tu suis Tao et j'aime bien ton hakkama violet, celui que tu avais trouvé sur la colline où tu demeurais, surplombant le chenal ! Quel dan a-t-on dit ?

Prépare-toi à recevoir les neuf onctions » !

Là, je ne sais plus trop bien ce qui s'est produit. Je l'ai vu faire de ses bras quelqu'amples gestes et j'ai cru voir le vieux se désagréger, puis des milliers de particules venir en moi.

Cela m'a fait penser à un phénomène que j'avais vécu aux antipodes lors de mon premier séjour en mon paradis. Paradis si l'on veut, puisque la toute première nuit que j'y passais, venu à la ville, délibérément aux 'bels étoiles', j'en profitai au bord de l'eau... Aux portes du pénitencier.

Oui, j'avais marché de nuit et à mon réveil quelle image... La prison !

Tu vois, à l'époque j'avais d'abord été tenu de me présenter au purgatoire ; c'est souvent selon les dogmes que l'on agit ! Même involontairement !

Pour revenir à mon phénomène, je dois dire une cartomancienne l'avoir perçu.

Lors d'une consultation les cartes sont tirées et là elle voit et me dit : – Monsieur, vous reçûtes votre grand-mère ! ? !

Le téléphone s'était mis à sonner alors ; elle décrochait.

Quand la voyante me l'a dit, je n'ai pas décoincé sur le coup. Il m'aura fallu quelques secondes pour réagir. Aussi puisque je m'en souviens très bien et que je sais que c'est là parmi les plus formidables expériences paranormales qu'il est donné à un individu de vivre, je la note ici.

Sachons qu'il est communément admis que quand un être quitte le monde d'en bas, je veux dire celui des hommes, qu'il est lié au mutisme, au silence vis-à-vis de ses proches sept mois durant lors desquels il se libère des frasques terrestres antérieures puis prend connaissance de son nouveau contrat.

Ma grand-mère paternelle nous avait quittés environ un an avant que cela se produise.

Je marchais tranquillement une fin d'après-midi, c'était à l'autre bout de la Terre. Lors de mon premier voyage.

Je rejoignais le domicile qu'un vieux m'avait mis à disposition, ce même vieil ami qui me reçut chaleureusement du fait que je lui présentais un courrier de vieilles connaissances.

L'ayant une fois suivi lors d'une cérémonie coutumière, il me remit une belle étoffe somptueusement colorée dont il me proposa de confectionner une chemise. C'est la sœur d'un ami qui devait lui donner ses coutures. Du métier, plus jeune celle-ci avait reçu plusieurs prix pour ses réalisations de costumes de parade.

Quand je reviendrai visiter ce vieux briscard lors de mon deuxième séjour, en guise d'amitié il me proposera de choisir une chemise dans sa panoplie de vêtements. Cette seconde, je la transmis à mon fils !

L'endroit que je rejoignais – j'y reviens – était communément appelé la Station.

Quand j'ai senti les traits de mon visage prendre les mimiques que je connaissais de mon aïeule, j'ai senti les traits de son sourire. En une courte seconde toutes les émotions et la connaissance qu'elle avait captées au fil de son existence me furent intégrées : j'avais reçu ma grand-mère ! Venait de s'opérer un transfert énergétique ! Mirifique !

Dans son vieil âge j'avais accompagné l'aïeule, jusqu'à vivre sous son toit et il était arrivé que nous ayons verbales empoignades. Je me souviens très bien, tandis qu'elle tentait une fois de me rabattre le caquet, d'un : – Tu verras quand tu auras mon âge !

De rétorquer : – Mémé, c'est maintenant que je veux comprendre !

Aujourd'hui je comprends mon arrogance, ma verve de l'époque.

Nous nous appréciions !

Juste une courte allusion à la station, surprenante bâtisse puisque la cuisine en était une haute dépendance accommodée d'une belle cheminée, et qu'un préau la reliait au corps principal. Je me souviens qu'il y avait au salon une très modeste bibliothèque dans laquelle on trouvait quelques ouvrages et revues sur les armoiries et généalogies royales.

Et là pareil, pareil à un essaim en mouvement, j'ai perçu l'Homme !

Le Maître de cérémonie avait ôté sa sorte de toge – je ne sais plus comment s'appelle ce machin – et selon la formule consacrée, me la posant sur les épaules, lui de stipuler :

« La cape est sienne…

…Messires,

Aurons-nous à nouveau la joie de partager semblable assemblée ? Chacun va maintenant vaquer à ses obligations, à son devoir. Pour ma part je me dois de retourner auprès des miens. Par la grâce des Dieux, allons sous bonnes protections ; que vous et les vôtres aillent jusque félicité ».

Je ne sais par quel enchantement les milliers de témoins se dissipèrent dans l'éther.

Nous faillîmes rester là comme trois vieux cons !

## Religieusement parlant, Fidèle ne veut pas forcément dire exclusif

Moi : « Il y a quelques années de cela je me suis baigné dans une source où vous-même vous baignâtes avant une de vos batailles ; vous en triomphâtes alors !

SL : « Du côté de Saintes peut-être ?

Moi : « Effectivement !

SL : « Que cela soit de bon présage.
Allons nous enquérir où sont vos femmes, voir si saintes elles sont ?!
Elles doivent s'impatienter ! Qui donc me présentera ? Je vais me faire visible à leurs yeux !
Tu sais, le surcot que je viens de te refiler, tu dois t'en douter, il est magique. Porté sur l'endroit t'es visible, sur l'envers…

VH : « … Invisible. J'ai eu une redingote semblable dans le temps. *Un vieil ami m'avait dit de la laisser dans un réduit à l'abri de la lumière jusqu'à ce que je ne me soucie plus de son existence. Alors, on ne veut parfois tellement plus voir l'abjecte fripe qu'on finit par ne plus la voir du tout !*

SL : « Essaye-le et d'aventure prends garde de n'être point surpris à l'enfiler !

Moi : « Je veux bien le passer ; pourtant je ne me vois pas me promener avec ça sur le dos : ce serait incongru.

SL : « Il est réversible et passe-partout ».

Il ne fallait pas me le dire trois fois et j'ajustai donc cette chlamyde sur mes épaules tandis que le vieil homme y fixait la fibule. Paré, j'étais paré pour affronter n'importe quoi, n'importe qui !

Invisible donc, empruntant un très étroit escalier intérieur descendant que m'indiquait SL, précédant mes acolytes je sortis de l'édifice et tu peux t'en douter, j'allai droit au-devant de ma dulcinée que je surprenais à dire : « Bien sûr il est beau, galant, serviable. Ce qui me gêne c'est de n'être pas vraiment sûre que ce soit réellement lui le fameux Marchand de Bonheur. Qu'est-ce qui me le prouve ?

Tu te rends compte, il n'a pas un rond, il me l'a dit hier soir. Bon, moi ça ne me manque pas, c'est vrai. S'il est celui qu'il dit, tout devrait lui être facile.

KT'L : « C'est clair que l'on n'a pas à entretenir un homme. Au moins il est honnête. On ne le connaît que d'hier, on aura bien quelques indices. Puis n'oublie pas qu'il allait partir, il est peut-être du genre d'homme difficile à retenir.

Chut ! Attention, les voilà !

R'HL : « J'ai une idée, je te la dirai tout à l'heure.

La Petite : « C'est qui le monsieur ?

R'HL : « Je ne sais pas ma chérie, allons dire bonjour.

VH : « Mesdames, je vous présente notre guide ».

Lui, dans sa tenue de carnaval se mit à faire courbettes et d'un ton langoureux : « Mesdames, Mademoiselle. Vous êtes les bienvenues, 'Maéva' comme l'on dit en Polynésie ; il ne manque que les colliers de fleurs car… Les perles sont là » !

Le con ! Il les draguait ! Peut-être la petite rousse lui avait-elle tapé à l'œil, il la collait presque ! Non, pas ça ! Ou alors… Oui, il devait être d'une courtoisie irréprochable : ce devait être ça !

SL : « Vous ferai-je plaisir à vous faire découvrir le moindre des recoins de cette ô combien prestigieuse Chapelle. Je vous prie de bien vouloir m'emboîter le pas !

KT'L : « Monseigneur !

R'HL : « Qu'en est-il de notre jeune Ami ? Serait-il séquestré de preux chevaliers dans cette chapelle… Du XIIIe siècle je crois ? !

VH : « C'est exact ! Nous la devons à l'auguste…

SL : « … Ha non ! L'Auguste c'était mon grand-père.

VH : « Ha oui ! Elle est bien bonne, notre Ami est bourré d'humour.

KT'L au bras de SL : « Oui et quitte à être bourré, autant que ce soit d'humour.

R'HL : « Nous sommes bien à proximité du Palais de justice ?

SL : « Oui ! Nous en sommes à deux pas. Il est derrière vous ; c'est là l'antique témoin du bastion royal.

Aujourd'hui l'on ne s'y occupe plus que de mécréants et leurs forfaits coûtent une fortune à l'État. Autrefois il pouvait y être question d'honneur.

À se demander si la République n'aurait engendré que coquins ? ! Tous ces gens qui vivent comme des hyènes. Ha ! Ça me rebute !

Il est heureux que bientôt je n'aurai plus à faire dans ces prétoires : je n'ai plus qu'un appel à présider, une histoire qui se retourne contre l'État. Plusieurs petits litiges reprochés à un même homme l'avaient plusieurs fois mené aux contentieux. Des p'tits riens qui font un grand tout. Il vient tout défendre en bloc.

KT'L : « Vous êtes avocat ?

SL : « Juge, et j'y joue ma renommée ! C'est ma dernière affaire et je veux clôturer ma carrière en beauté. Je suis l'attaque, la défense et je dois avec impartialité voir de quel bord la balance s'élève, de quel bord penche l'aiguille.

KT'L : « Vous êtes connu alors ?

SL : « Oui Mademoiselle, connu, riche et célèbre… Et marié ; je ne sais plus à combien d'enfants j'ai donné vie » !

Tu aurais vu sa tête… Déconfite.

VH : « Allons ! Tu le trouveras ton prince charmant et aimant : "Et mon premier c'est un marin et mon premier"…

R'HL : « De quoi s'agit-il ?

SL : « D'une banale histoire de licence IV qu'un homme revendique. Il en défendra lui-même la validité et tentera de la transformer V, Licence cabaret.

VH : « A-t-il quelques chances ?

SL : « Assistons d'abord au plaidoyer ! L'audience est publique et aura lieu cet après-midi ; je peux vous réserver quelques sièges.

VH : « Si la joute promet d'être belle !

SL : « J'insiste.

La Petite : « Maman, la porte s'est ouverte toute seule.

SL : « Ne t'inquiète pas, Petite Sirène, ici quand quelqu'un de très très gentil vient pour prier, un Ange lui ouvre la porte.

La Petite : « Toi aussi tu m'appelles Petite Sirène, le petit Ami de Mam dit pareil. Il est en train d'écrire un livre.

SL : « Qui donc est l'heureux élu ? Ho ! Que l'on me laisse deviner, je crois savoir…

R'HL : « … Depuis hier, nous sommes simplement Amis. C'est aller un peu vite en besogne que de croire…

VH : « … C'est du tout cuit ! Faites-moi confiance ma Belle !

Moi : « Coucou ! Alors ! À la découverte des vitraux de la Sainte chapelle ? ! Ici le Christ occupé à soigner puis nourrir ses ouailles, là en train de s'empiffrer.

Belle scène ».

Les femmes interloquées de ma soudaine réapparition, VH sifflotait et chantonnait une priapée qui nous baignait d'une atmosphère guillerette : « Et nous irons au bois Colombe, main dans la main de bon matin »

Nous étions dans la partie basse de la Sainte Chapelle et si certaines colonnes portaient d'innombrables fleurs de lys sur fond bleu, je ne pus m'empêcher de demander ce que représentait le château sur fond rouge qui en ornaient d'autres.

SL : « Les Armes de Madame Blanche !

Moi : « Ah » !

Que dames et demoiselle profitent à leur tour de la haute, très haute chapelle et de ses lancettes retraçant, aux dires des gens d'Église, l'histoire de l'humanité, nous reprîmes en sens inverse le petit escalier colimaçon.

Je crois qu'elles laissèrent échapper un : – « Oh » ! Admiratif quand, après quelques pas, s'étant retournées pour apprécier l'ensemble du décor elles découvrirent la rosace.

SL : « Il y a quelques cierges dans un coffre au fond de l'abside, veux-tu bien aller en chercher deux ou trois, ma Petite Sirène ! Prends-en trois s'il te plaît.

Ils sont consacrés.

Merci Ma Princesse.

Messieurs, en voilà un pour chacun de vous. Une fois allumés, nous les poserons sur ces trois chandeliers. Je m'occupe du chœur » !

Il allumat celui qu'il tenait, puis nous invita à allumer les nôtres à partir du sien.

SL : « Quand on allume plusieurs cierges on doit toujours les allumer à partir d'un premier ; c'est accepter une origine. Nous nous placerons à l'intérieur de cette étoile pour prier.

*S'il vous plaît de vous mettre à genoux, plions alors les orteils sous les chevilles puis plaçons les mains dans la position d'Anjali ; c'est là la seule véritable posture de méditation !*

R'HL : « Oh ! C'est surprenant, il y a moins d'une semaine de cela j'ai lu qu'en astrologie égyptienne mon Soleil natal se trouve au degré imagé d'un homme priant agenouillé, mains accolées.

SL : « C'est empli de sens !

VH : « A vous d'en tirer conclusion !

SL : « C'est probablement ainsi que se reconnaîtra votre époux, il vous invitera à sincères prières !

VH : « Alors jeune homme ? ?

Moi : « Moi je prie une dernière fois en pareil lieu, je suis prêt à boycotter ces...

VH : « Ho ! Ne dis point : Fontaine je ne boirai plus de ton eau !

Moi : « Il n'est peut-être pas très adroit effectivement de se défendre du Christianisme, tandis que je souhaite réconcilier les mondes au Monde. Pourtant je me dois de vous dire clairement ce que je pense de celui dont certains osent prétendre qu'il nous apporte protection.

J'ai cru comprendre qu'il y a deux mille ans, quelques-uns pour masquer l'insubordination d'une jeunette alors promise, au jus, au courant de la venue prévue d'un jeune prodigue, plus malins que les autres tentèrent de détourner la vérité, blasphémèrent, dupèrent leur monde. Quelques hommes alors manipulés crurent en la venue du messie, en sa présence, et si quelques-uns tinrent bon le cap, il y eut en ces temps incriminable discorde, scission au sein du peuple hébreu.

Malgré tout, le bougre fut bercé, et si l'on dit les plaisanteries les plus courtes les meilleures, celle-là avait été de mauvais goût : vraiment !!!

J'ai moi-même reçu le baptême chrétien et dans un cas comme le mien l'on dit avoir subi là une erreur de discernement de la part des parents. C'est à l'enfant grandissant ou devenu adulte de choisir ou non de s'affilier à une doctrine religieuse. Aussi n'ayant matière à réfuter mon affiliation au Christianisme – quoique – je clame avec bravoure tenter d'en révéler les méfaits et m'élève jusqu'aux Mondes ensoleillés pour dominer le faîte, le sommet hiérarchique de cette religieuse instance.

*ALLAH et JEHOVA sont même Dieu !*

Tentant d'offrir l'accès aux vérités je fais évoluer notre compréhension de la vérité et en aucun cas je n'ai à me diviser pour m'accomplir : sache que je suis à unifier !

Je vous demande de considérer les épouvantables distorsions sociales ayant encore récemment découlé de cette Religion. Lui serions-nous redevables au point d'être interdits de relations amoureuses, si l'on ne s'y résignait?

Je fais de la résistance !

Combien de femmes vivaient-elles isolées, recluses car de l'homme déçues qu'il ne pût assumer au four et au moulin ; elles-mêmes souvent à s'harasser aux labeurs, aux limites de l'autodafé.

Haa non ! Je ne puis tolérer cela !

– Puis rares sont ceux à porter barbe et cheveux longs qui seraient adulés, dont on se soucierait du sort !

J'ai de l'aversion pour ceux qui imposaient tribut au titre du pur amour, et si cela fut, je vous demande de me croire quand je vous dis que l'initiateur de ces terribles méfaits soudoyait lui-même ses propres amis !

– Ami ?! Balivernes !

Haa ! Ha ! Je subodore la flagornerie et de façon semblable aux sensations éprouvées d'Highlanders quand un mesquin s'approche, soit les oreilles sifflent, soit alors une étrange vibration s'épanche dans tout le corps jusqu'au tréfonds de l'âme !

J'aurai pris conscience de la réalité, de la vérité vraie avant de balayer au-devant de ma porte. J'appuierai ma thèse.

Je suis un, je suis deux, je suis trois et de cette Trinité je suis un être à part entière, je suis unique. Je dois briser un sortilège !

« Sublata causa, tollitur effectus » !

S'il est passé par ici, il repassera par-là ! La parousie s'accomplira-t-elle ?

Je serai tribun du peuple !

SL : « C'est ici un sanctuaire, mon Ami !

Moi : « Je ne renie pas ma religion de naissance.

Car tout évolue et se transforme, je l'ajuste, et si je m'élève, je sais devoir trouver un Point où toutes les croyances s'unissent.

R'HL : « Tu as vraiment une dent contre les chrétiens ? !

Moi : « Non, pas spécialement, et même si je sais qu'il existe parmi eux des gens sans scrupule, corrompus à des exactions, je crois que je serais prêt à tout pardonner.

VH : « Nous pourrions effectivement supposer des 'fourvoyeurs' dont on peut douter qu'ils soient récupérables.

Moi : « Puis ce n'est sûrement pas moi, c'est Dieu, ou ce sont les Dieux qui pardonnent.

Pardon ! Prions je vous prie !

SL : « Oui, prions.

Seigneur,
Nous sommes aujourd'hui sous ce toit,
Toit chrétien où nos Amis se prêtent à la prière
Laquelle tu le sais leur est familière.
Pour toi le Père de tous les êtres
Nous nous sommes réunis en ce lieu
Pour à nouveau témoigner de notre foi,
Aussi nous pouvons te dire tendre au Bonheur
Car nous te savons veiller sur tes enfants.
En cet instant nous songeons à nos parents
Dont nous gardons si tendre souvenir !

Que sont-ils devenus ?
Sont-ils revenus ?
Sont-ils parvenus… » ?

Eux, moi, lui, nous ! Je faillis en perdre mon latin !

Nous passâmes là un bon moment et notre Chevalier servant connaissant le site sur le bout des doigts nous n'en perdîmes miette… De pain, puisque ensuite il nous conviait non point à sa table, à l'une des meilleures qui soient à son dire et nous pouvions le croire. Si ce midi nous n'étions astronomes, nous allions nous mettre dans la peau de gastronomes.

Avant je serai prié d'en toute discrétion ranger ma nouvelle redingote. Tu ne voudrais peut-être pas non plus que je te dise où !

Le restaurant, hé oui on ne se prive de rien, était tenu par un ami de S.L et, ma foi, à vous dire le menu :

Apéritif : Carthagène… Fin doux
Terrine de sanglier sur canapés
Cicéro d'Huîtres creuses du Belon
Avocat sous vinaigrette aux sésame et échalotes
Cailles farcies, avec leur garniture
Pâtisseries maison

… Je suis sûr chacun voulût en être !

Nous nous sommes mutuellement raconté nos soirées. La petite nous repassant le film point par point, j'ai l'impression de l'avoir vu deux fois en vingt-quatre heures. Si je parle beaucoup, quand elle est en confiance elle n'est pas en reste.

Le vieil homme raconta s'être enquis de savoir si ses collègues avaient pris connaissance du fascicule dont, en fin de semaine, ils débattraient du contenu. Nombre d'entre eux intéressés seront présents. Lui-même en soirée en avait encore tourné les pages.

VH : « Je te l'ai dit, je dois m'en imprégner » !

J'avais à nouveau exprimé mon dédain pour les temples chrétiens et avouai avoir cédé à la demande de ma filleule quand elle et son fiancé avaient obtenu que leurs noces soient célébrées dans une basilique. Depuis, puisque dans le dictionnaire j'en avais cherché la nuance d'avec d'autres édifices religieux, j'additionnais volontiers mes menus de basilic, du pistou, dont l'appelation grecque tient son origine de : Royal.

Notre tablée, elle, aussi l'était !

Notre jeune Amie, peu entendue au cours du déjeuner, tu sais pourquoi – elles sont sensibles, si sensibles – travaille aux Éditions Libre Union. Qui l'eût cru ?

Elle croit savoir qu'une offre pourrait m'être faite concernant la parution de mes textes.

KT'L : « Je ne leur ai pas encore dit que nous avons fait connaissance : je ne sais pas si je pourrai me retenir longtemps ! Je peux essayer de t'obtenir un entretien avec le boss, je le vois cet après-midi ? !

« Je connais bien le gaillard, c'est lui qui m'a soumis ton manuscrit. Laissons monter les enchères » avait rétorqué le vieux.

R'HL : « C'est peut-être une chance à saisir ? !

SL : « C'est une bonne maison ! As-tu une idée du type de contrat auquel tu prétends ?

Moi : « J'ai eu le temps d'y réfléchir : je crois le moment venu de provoquer une invitation.

Peux-tu te débrouiller pour nous arranger une entrevue un de ces jours » ? Apostrophai-je notre agent infiltrée !

KT'L : « Je fais le nécessaire et dès que j'en sais plus je t'en informe !

VH : « Ça va lui faire drôle quand il va nous voir débarquer ensemble.

SL : « Affaire à suivre !

J'ai lu l'article à ton sujet dans la presse de ce matin. Ton cran, ton audace nous sauveront peut-être ? Sait-on qui en est à l'origine ?

Moi : « Pas la moindre idée » !

Le repas avait duré et à parler, parler, il semblait que nous nous connaissions depuis une éternité. Nous avons avisé notre nouvel Allié de notre décision de nous rendre sur le lieu du drame évoqué la veille. Notre vieil Ami m'incitant alors à retremper la plume dans l'encrier : « Je crois que tu dois composer une ode, si courte soit-elle, pour le mari de celle si chérie. Je crois que tu lui dois un poème pour les efforts qu'il avait fournis en vrai quand il périt tentant de la sauver.

Sois grand, rends-lui hommage, compose leur une oraison dans laquelle tu exprimeras ton obligation de reprendre l'affaire en main. Explique-nous pourquoi, pour qui tu souhaites tant exprimer un acte qui la ressuscitera ! Dis savoir sa place auprès de toi. »

Aussi à ce sujet, puisque j'avais abondé en ce sens, j'avais conclu : « J'en suis satisfait ; je vous le ferai volontiers lire ».

Moi j'ai opté pour un dessert aux physalis, ou, si tu préfères avec ce que l'on nomme communément Amour en cage, bref aux coquerets ou encore alkékenges ! Elle y a goûté ! Les baies en sont rouge orange. C'était un repas copieux, léger tout de même.

Notre ô combien bien intentionné Bienfaiteur – maintenant nous savons qui il est – attendri, a tout bonnement proposé de mettre à notre disposition son hélicoptère. Ce serait un baptême.

Ce n'est pas tout : de plus il nous invite à séjourner une ou deux journées dans une propriété dont il peut nous ouvrir le portail. Comme par hasard, moi j'appelle ça fortuite coïncidence, propriété sise dans une proche localité d'où reposent nos jouvenceaux bien trop tôt disparus.

SL : « Si j'en ai le loisir je vous y rejoindrai.
Je programme votre départ dès demain, peu après midi. Cela vous ira-t-il ?

VH : « Si cela ne vous dérange pas, je préférerais que nous y allions en voiture, je ne suis pas très à mon aise dans ces engins-là. J'ai beau avoir eu une bonne vieille DS, je ne voyage pour autant toujours pas à la vitesse de la lumière.

SL : « Allons bon, voilà qu'il fait des manières. Nous n'allons pas te laisser partir tout seul en voiture. Tu n'as tout de même pas le vertige ?

VH : « Je ne l'ai jamais eu. J'ai même atteint les sommets de la gloire, ce dont peu de mortels peuvent se vanter !

SL : « Moi qui nous croyais tous immortels.

R'HL : « Alors » ?

Il acquiesça.

R'HL : « Un peu plus et mon agent devait revoir sa copie !

Moi : « Moi, ce soir c'est à mes ultimes retouches qu'il faudra que je pense ».

VH : « C'est déjà satisfaisant en l'état ; tu manies la plume avec une remarquable habileté ».

Ca, pour un compliment c'en était un !

Bien qu'effacée, notre jeune amie tenta de me soutirer quelqu'inédite info. M'intriguant à poser d'indiscrètes questions, méfiant, je ne lâchais rien sur l'endroit où je comptais m'installer à l'autre bout de la Terre quand les vents m'y, nous, avec mes beautés ravageuses, nous y porteraient. Donc elle n'apprit rien de neuf sur ce que je présenterais à son Boss.

Ha ! J'y pense : nous n'avons pas laissé de message à la Sainte Chapelle ; nous avons jugé que cela n'était pas vraiment indispensable !

## La lie ou le p'tit crème

Sans KT'L prise d'obligations professionnelles, nous sommes revenus sur nos pas, jusqu'à l'enceinte du Palais de Justice, Notre Bienfaiteur nous avisa d'un songe qu'il tenait pour peut-être être un préavis sur le résultat des courses. Un songe lequel, s'il était prémonitoire il se devait de garder secret.

Il nous en ferait part ultérieurement.

Il avait hâte d'entendre le réquisitoire du procureur et les motivations de l'hurluberlu (Lulu Berlu) décidé à recouvrer son bien, son “droit au travail” comme il le dira.

C'est à 15 heures 30 ou presque une heure avant au Soleil que doit commencer l'audience.

Nous sommes à l'heure. Il n'y a pas foule devant l'édifice. On a peu parlé lors du trajet, on ne voulait pas déconcentrer Monsieur le Président ; on est avec du beau monde !

Comment se fait-il qu'il soit amené à juger pareille affaire, ça… ?

… La curiosité est un vilain défaut !

Nous avons contourné le bâtiment pour atteindre une place triangulaire et découvrir une très très belle entrée au Palais. Deux impressionnants lions la gardent.

D'autres sculptures ornent aussi cette façade. Je crois que nous sommes Place Dauphine.

D'un coup me revenait en mémoire ce robuste félin que j'avais dessiné à l'école maternelle et que j'avais balafré sans raison aucune. Aujourd'hui je commençais à comprendre.

Surprenante sensation ! Pourquoi avais-je ainsi défiguré ce lion ? Mon Lion…

Je crois qu'on l'y voyait de face ; mon dessin était beau. Beau comme le sont tous les dessins d'enfants.

Plusieurs mois après qu'elle fût décédée, j'ai vu en rêve *ma maîtresse d'alors ; elle me disait : – Je suis toujours vivante !*

Nous gravissions les marches, les Sphinx ne bronchant point !

SL : « C'est d'ici que tirera son origine le Sceau de la Royauté renaissante ».

À l'intérieur de cet édifice aux bien hauts plafonds, le même : « Pour vous c'est cette porte, moi je vais passer ma robe. Pas d'esclandre, c'est ma dernière ».

Nous sommes entrés dans le théâtre – je blague – dans la salle d'attente, euh ! d'audience et sommes allés nous asseoir.

VH : « Là, oui là » !

Nous avons fait silence. Tout compte fait à l'intérieur il y avait un peu de monde. Y'avait vue sur le jardin.

Déjà, un homme était à la barre.

Quelqu'un : « Mesdames Messieurs, la cour ».

Et Tac !

SL : « Bien, nous sommes ici aujourd'hui le… Le combien déjà ? Ha oui ! Merci ! pour délibérer d'une affaire concernant le recouvrement d'une licence quatre de débit de boissons.

Le plaignant, car il y a eu retournement de situation je crois, défendra lui-même, sa cause.

LB : « On n'est jamais mieux servi que par soi-même.

Le Procureur de la République : « C'est un recours, Monsieur le Président, contre la décision d'un de mes confrères d'invalider ladite licence.

« Monsieur, entama SL à l'intention de l'individu debout devant lui : « Je vous prie de bien vouloir décliner vos nom, prénoms et adresse s'il vous plaît » ! ?

J'ai cru qu'il allait lui demander sa date, son heure et lieu de naissance !

Le type se tourne sur sa gauche, sur sa droite, puis refait face à son Honneur, notre Ami : « Moi ?

SL : « Oui, vous » !

La salle s'est esclaffée !
L'homme, râblé, saurait-il se défendre ?

Lulu Berlu : « Monsieur le Président, si cela ne vous dérange pas je préférerais vous le dire à l'oreille, avec les journalistes on ne sait jamais, et au village ça pourrait faire jaser plus d'un de savoir que je suis monté à la capitale ».

Et l'on a rigolé de plus belle !

SL : « S'il vous plaît !
Je vous en prie, vous aussi Monsieur le Procureur il vous est demandé d'approcher pour ouïr l'identité du Sieur ».

Alors, le Gentilhomme volontiers se déclara.

SL : « Très bien ! Ici l'on jure monsieur, aussi êtes-vous prêt à dire la vérité, toute la vérité, rien que la vérité ?

LB : « Pas sur la bible au moins, parce que moi et le bon Dieu… De par notre pays, on en aurait plusieurs… Alors ce serait commencer par blasphémer.
Bon, maintenant je suis prêt à dire la vérité, ça, pas de doute là-dessus !
Je le jure.

SL : « Nous avons pris acte, nous vous écoutons !

LB : « Bien ! Voilà, Monsieur le Président, il y a quelques années le Procureur de la république du pays d'où je viens et d'où je suis, a décidé que la licence exploitée par la famille depuis belle lurette...

Le Proc (c'est gentil et plus court) : «... Belle lurette... C'est un peu vague.

SL : « Vous serait-il possible d'être plus précis ? !

LB : « Oh ! Cela ferait un p'tit peu plus de cent ans. Donc ce procureur enjoint l'invalidation de notre licence. Selon lui elle n'était plus valable, et là je ne suis pas d'accord. Je crois qu'il a décidé cela parce qu'un jour il y avait eu un 'blême' au café. Il y avait même eu une enquête de police puis une reconstitution en présence du prévenu.

Ils étaient venus avec les gendarmes. Ils étaient bien une vingtaine à boucler le quartier ; ça n'a pas fait bonne publicité.

C'est une juge, bien mignonne ma foi, qui posait les questions.

Une amie à vous peut-être ? !

SL : « Poursuivons je vous prie.

LB : « Euh, oui ! Un jour au bistrot, c'était un tout petit établissement, il y eut une bousculade, une poussette pour tout vous dire, et celui qui chût avait été retrouvé inconscient le lendemain matin dans la rue.

Je crois que ça a joué sur la décision du procureur car j'ai entendu dire que ce dernier avait...

Le Proc : « ... Vous n'êtes pas là pour nous dire ce qu'a pu penser mon collègue, ou colporter les ragots.

SL : « S'il vous plaît.

LB : « Il y avait eu quelques semaines auparavant, et elle était en cours, une enquête des douanes pour reparcourir l'historique de la licence.

SL : « Des douanes ?

LB : « Oh ! Pas pour du trafic Monsieur le Président, certains sont beaucoup mieux organisés que nous pour ça, même si l'on sait quelques-uns tirer sur le calumet de la paix, non, c'est cette administration qui venait d'être chargée de la gestion de ce département.

SL : « Très bien.

LB : « Très bien peut-être, Monsieur le Président, on préférerait malgré tout parfois voir les gendarmes allé traquer le gros gibier. Et dire que j'avais des scrupules à aller acheter une bouteille pour la passer sous le coude !

SL : « Ce ne sont là nos préoccupations de ce jour, Monsieur.

LB : « C'est vrai ! Nous avions donc, avec des douaniers en civil, fait le récapitulatif des années d'exploitation de la licence. Donc à l'époque je le tenais : cette année-là j'avais fait une courte saison, ma dernière. Le bar n'avait pas été ouvert depuis quatre saisons et en fait, l'enquête des douanes étant en cours, j'attendais de savoir s'il était utile que je me réinscrive à la Chambre de Commerce. Au cas où le procureur nous retire ce droit au travail, je n'allais pas aller m'acquitter d'inconsidérées considérables taxes.

Si l'on dit la première fois la meilleure, concernant cette dernière période je n'irai pas me plaindre, j'n'ai pas versé un sous à l'état !

Ni même à la “Sacem”, et là je devrais peut-être m'en excuser.

SL : « Ce n'est peut-être pas le moment de le chanter sur tous les toits !

Le Proc : « On ne peut passer là-dessus !

SL : « Sans la certitude de validité de la licence, qui fit différemment Monsieur le Procureur ? Vous ? Êtes-vous crédule, ou riche à ce point ?

Continuons !

LB : « Quatre ans auparavant donc, c'est moi qui déjà tenais le commerce, durant presque une année entière.

Puis encore auparavant, après cette fois-là encore quatre années de vacation…

Le Proc : « ... De vacances ! Cela devait rapporter pour pouvoir être si peu de temps derrière votre comptoir.

SL : « Pourrions-nous écouter notre interlocuteur sans qu'il soit interrompu. C'est là la moindre des choses si nous voulons réussir à comprendre l'ensemble de son exposé. Merci Monsieur le procureur ! Il avait dû faire un lapsus. Sans doute voulait-il dire : vacuité.

LB : « Oui Monsieur le Président. Là, j'en arrivais à l'année de la naissance de mon fils, en 87. J'avais repris la gérance du café pour l'assumer : je me souviens, j'avais ouvert le dix-sept Avril.

SL : « C'est louable.

LB : « Cela dépend pour qui. Plus tard, une fois que sa mère m'aura quitté, j'aurais été débouté de mes droits parentaux et interdit de recevoir mon fils dans de semblables dispositions. J'ai toujours le rapport d'enquête sociale : j'y suis mentionné comme second enfant d'une fratrie de quatre. J'aurais pu en être le deuxième, j'en suis le troisième. Si donc l'on doit se fier…

Le Proc : « ... De qui donc êtes-vous venu faire le procès ?

LB : « N'en déplaise à certains, depuis j'ai recouvré mon autorité parentale, ma dignité, le respect de mon enfant.

SL : « Que l'on poursuive.

LB : « Pardon, Monsieur le Président, je trouve que l'on a souvent affaire à des guignols. Pas besoin d'avoir Canal et, si ce n'est de la haine proprement dite, c'est du moins de la réminiscence. J'ai connu des gens mentir pour obtenir un jugement en leur faveur. Des gens qui osaient dire m'avoir aim…

Le Proc : « ... Oh là là ! On s'égare là ! Peut…

LB : « ... Et vous à couper la parole à un honnête citoyen, il ne vous écorcherait pas d'la f…

SL : « ... Messieurs s'il vous plaît, un peu de calme. Je vous rappelle que vous êtes dans Mon tribunal, dans un ancien Palais Royal. Alors faites comme si c'était au Roi que nous devrions compte rendre.

Reprenons : Les douanes, la naissance de votre fils, et avant ? On en était bien là ? !

LB : « Oui ! Avant, Monsieur le Président, deux amis que je recommandais à ma grand-mère avaient pris la suite d'un frère que j'avais épaulé dans la tenue de l'établissement au tout début de la reprise de l'activité.

Là donc, il y avait eu quatre années d'exploitation consécutives.

C'était bien après que nos grands-parents eussent déjà pris leur retraite que nous avions réouvert avec ce frangin. Je devrais dire : après la grand-mère puisque Pépé était marin pêcheur. Eux-mêmes, je dis eux parce qu'ils s'aimaient bien, avaient pris la suite de mes arrière-grands-parents, les parents de Mémé. Je ne sais pas si tu suis ?

SL : « Si si, et de qui la tenaient-ils, vos aïeux ?

LB : « Là je ne sais pas Monsieur le Président. En ces temps-là c'était deux tréteaux, une planche, des verres, une barrique de cidre et le tour était joué !

– 'Yec'hed mad' par ci, 'Yec'hed mad' par-là : on ne connaissait pas le Français à l'époque.

Ha ! Je tiens à dire que les années lors desquelles le bar n'était pas ouvert, tous les ans nous nous obligions d'en ouvrir les portes quelques jours pour justement préserver la validité de la licence : c'était strict !

SL : « Est-ce clair pour vous, Monsieur le Procureur ?

Le Proc : « Les dires du plaignant sont effectivement ceux que j'ai sous les yeux !

SL : « Pour quelles raisons vouloir récupérer cette licence ?

LB : « C'est un bien de famille, Monsieur, c'est un droit au travail ! C'est une sorte de diplôme et puis ça vaut son pesant.

Nous, elle nous a été enlevée comme çà, du jour au lendemain. On ne va pas me dire qu'il y a trop de bistrots : il en ouvre toujours.

Maintenant tout dépend qui gère peut-être ! ?

Puis quand on voit les quantités écoulées par les grandes surfaces, on peut supposer un rôle, si ce n'est éducatif, peut-être 'initiatif' aux tenanciers. Qu'on se le tienne pour dit !

Je connais des gens maintenant bien âgés qui avaient tiré leurs premières bordées au bistrot et je ne vous raconte pas le souvenir qu'ils avaient de la grand-mère. Parfois elle leur servait une soupe dans la cuisine. Je ne vais pas dire que c'est un passage obligé pour devenir un homme, non, c'est admettons-le tout de même, une sorte d'initiation à la vie dans le grand collectif. Alors mieux vaut que ce soit canalisé : c'est mon avis !

Puis, Monsieur le Président, c'est surtout parce que j'ai vu mon Tonton en rêve et qu'il me disait : – *Je voudrais une boîte de nuit :* un night-club si l'on préfère, que je me suis décidé à cette requête.

Après que mes grands-parents eurent pris leur retraite, ils avaient loué leur licence que soit ouverte une crêperie, puis, après que ces commerçants en aient trouvé une à acheter, elle a encore été louée à proximité du village que soit ouvert un Club de nuit. Si notre licence a fait des petits elle doit toujours vivre. Moi je vis bien, mes aïeux aussi vivent bien quelque part, là-haut !

Le Proc : « Ils en auraient peut-être besoin ?

LB : « C'est de l'humour ?

Cela fait partie de leur héritage. Quand ils reviendront je voudrais être sûr de pouvoir la leur remettre ! C'est en ce sens que je suis ici, pour m'assurer que l'état ne nous spolierait en rien !

Aussi, Monsieur le Président, c'est parce que l'on ne se remet pas facilement de pareils avertissements, c'est parce que quelques années de régénération m'avaient été nécessaires, que c'est seulement maintenant que je viens renégocier la validité de notre licence. De plus, en guise de dommages et intérêts je demande qu'elle soit validée Licence V : il n'est jamais trop tard pour bien faire et j'ajoute : avec possibilité d'exercer là où bon nous semblera dans ce pays !

Le Proc : « Monsieur il me semble que vous passâtes au tribunal lors de l'une de vos périodes d'exercice pour non-paiement de charges sociales, je crois. Bravo, bel exemple de civisme, de patriotisme.

LB : « En effet, et je n'eus rien à débourser, puisque l'Assemblée dissoute de ma région natale serait seule autorisée à légiférer pour ce territoire. C'était passé comme ça, comme une lettre à la poste ! Les traités, ça existe !

Il semblerait…

Le Proc : « ... C'est du conditionnel…

SL : « ... Oui nous avions deviné, et il existe plusieurs sens à ce mot, Monsieur le Procureur.

Monsieur, alors ?

LB : « Alors un homme né en Bretagne, exerçant en cette même région, négociant avec des fournisseurs bretons ne serait redevable d'aucun impôt voté, imposé par la France, par l'État Français. En toute sincérité Monsieur le Président je suppose que s'il n'avait pas été donné suite à la demande de l'organisme requérant, c'était du fait de cette défense avancée ! Je réunissais ces conditions.

Le Proc : « Mais que faites-vous donc ici ? Quelqu'un viendrait-il clamer l'indépendance de la Bretagne en ce lieu ? Un peu de sérieux !

LB : « Je suis venu quérir honnêtes gens.

Le Proc : « Un de vos voisins avait, lui, eu gain de cause à votre encontre, pour nuisances sonores !

LB : « Oui, nous l'avions soudoyé pour avoir quelques lignes de plus à écrire…

Qu'ai-je dit là ? !

SL : « Monsieur il vous faudrait surveiller vos paroles !

LB : « Pardon Monsieur le Président, cela m'a échappé. Je ne sais pas pourquoi j'ai dit ça !

À l'époque j'organisais effectivement des petits concerts, pas vraiment bruyants.

Le Proc : « On ne vous entend pas, plus fort s'il vous plaît.

LB : « Pour tout vous dire, ce voisin avait commis un avocat pour me réclamer quelques compensations parce que qu'il ne put louer sa résidence secondaire en saison estivale. Au dire de l'une de ses nièces, parce qu'il ne sut s'y prendre à temps pour terminer ses travaux avant la pleine saison.

Parole !

Sans doute craignait-il que ses clients deviennent aussi les miens.

Nos aïeux respectifs avaient exercé la même profession de bistrotiers et eurent déjà maille à partir. Ceux de ce niguedouille ayant fait construire une petite porcherie devant l'entrée du débit de boissons de mes ancêtres. Des jaloux !

C'est alors que mes aïeux érigèrent les bases de la bâtisse qu'ensuite édifièrent mes grands-parents.

Quelqu'un réglera-t-il cette affaire ? Nous voudrions travailler dans de bonnes conditions !

Nous étions installés à quelques centaines de mètres du bourg, en pleine campagne. En ville j'aurais pu comprendre gêner.

– « ...Maman, comment tu m'as fait… »

Le Proc : « A vous entendre, vous êtes irréprochable.

LB : « Nous avions un voisin à une cinquantaine de mètres qui avait été bon client ; chaque jour ou presque il venait boire sa petite bière… Jusqu'à ce que son beau-frère décide de louer la maison reçue en héritage.

Mitoyenne de la maison à louer de ce tartempion, une voisine institutrice à la retraite n'entendait plus très bien. Par contre nous, sa télévision nous l'entendions.

Celle-là avait su s'excuser de s'être laissée embrigader de la sorte.

Une fois ce trou du c… Ce mécréant est venu sur ma terrasse montrer des poings.

SL : « Auquel des protagonistes faites-vous allusion ?

LB : « A celui qui me fit un procès pour nuisances sonores alors qu'il vivait ailleurs.

Si je ne l'ai pas touché, chacun peut me croire, il n'était pas resté traîner sur ma terrasse le gars ; il en décampa bien vite !

Depuis quand, hein ! Depuis quand sont-ce ceux qui provoqueraient des échauffourées qui obtiendraient les considérations du jury ? Depuis quand ?

Ce serait le monde à l'envers !

J'aurais dû lui faire un procès : le matin sa maison faisait de l'ombre sur ma terrasse !

Le Proc : « Voilà qu'il extrapole maintenant !

SL le reprenant : « On ne pouvait mieux dire ; grâce à vous, Monsieur, on a redécouvert le sens intrinsèque de cette expression !

Il y a eu un cas dans le Marais, à deux pas d'ici, rue du Trésor, où riverains et commerçants se sont accordés autour d'une charte ; tout le monde y a gagné !

LB : « Plusieurs années auparavant, feue sa propre mère avait eu le tact d'offrir des rafraîchissements en l'honneur du baccalauréat obtenu par l'une de ses petites-filles de l'âge de ma sœur. Nous les avions servis en terrasse, au Soleil, et je crois qu'il ne faudrait pas que je vous dise qu'elle-même avait envoyé ch… Sur les roses une jeune voisine louant alors la maisonnette accolée à la sienne, de l'autre côté de celle de la voisine institutrice. Cette après midi là, tentant de se reposer de sa matinée de labeur, la jeunette s'était plainte de conversations et rires à son avis un peu bruyants !

Le Proc : « Monsieur le Président, je voudrais savoir s'il y a encore beaucoup de voisins, je croyais que nous étions en pleine campagne.

LB : « Ce gredin avait quémandé par voie de justice que je lui verse une somme puisqu'il ne pouvait selon lui louer la maison qu'il rénovait. Il avait un bon emploi le bougre.

Monsieur le Président je voudrais aussi attirer votre attention sur les méthodes judiciaires que j'ai trouvées licencieuses, impudentes, cyniques même cette fois-là.

En effet, répondant en date, heure et lieu à la convocation reçue quelques jours auparavant, quelle ne fut pas ma surprise, quand vint mon tour de me présenter à la barre, d'entendre de vive voix d'un de vos collègues le grief qui m'était reproché. J'en ai eu la berlue, si je puis dire.

SL : « Nous parlons bien toujours de la même affaire ?

LB : « Oui, Monsieur. Sincèrement, pour être franc, je ne pensais pas qu'il me serait demandé sur le champ de déclamer ma défense, d'exprimer ce que je prévoyais pour réparer ma faute. Ma faute ! ?

Le Proc : « Vous êtes bien naïf !

LB : « Oui, frapper par-derrière ne me semble point pire !

La motivation d'une convocation devrait me semble-t-il y figurer : c'est mon point de vue. Pourvu qu'au moins ma présence ici serve à ce que soit notifié dans vos assignations à venir, le motif de celles-ci. Cela permettrait aux non avertis des règles du droit commun de préparer une parade face à de tels perfides et scandaleux abus.

À bon entendeur.

SL : « La requête est pertinente, Monsieur. Elle est notée.

Greffier ? !

Le Greffier : « Oui Monsieur le Président, elle est enregistrée !

LB : « Cela évitera peut-être à quelques concitoyens de se retrouver le bec dans l'eau !

SL : « Poursuivons.

LB : « Cette matinée-là si j'avais pu penser n'être dans mon droit, je ne me serais même pas rendu au tribunal car je n'avais rien à produire pour ma défense : j'exerçais en toute légalité.

La partie civile me réclamait vingt mille francs et selon le jugement rendu, j'étais dit redevable de la somme de trois mille francs.

Moi j'étais déjà bien content de cette matinée-là, car si je ne les avais pas gagnés, j'avais malgré tout économisé dix-sept mille balles.

Dans la balance ça fait une différence de trente-quatre mille !

Maintenant les deux partis ayant fait appel de cette décision, quelques mois plus tard à Rennes chacun des appelants défendit à nouveau son bout de gras.

Cette fois je savais pourquoi j'étais convoqué.

Le Proc : « Où cela nous mène-t-il ? Je ne vois pas très bien le sens de vos propos.

LB : « Je crois, Monsieur le Président, que votre collègue avait bien compris l'affaire et il aurait dû aller au bout de sa réflexion ; il aurait dû me blanchir.

Le Proc : « Pourquoi, s'il vous plaît ?

LB : « Pourquoi ? Puisque l'arrêt prononcé à l'issue de ces plaidoiries donna malheureusement encore raison à mon adversaire au seul titre de : Préjudice résultant des nuisances sonores de la nuit du 13 au 14 juillet 1991.

Incroyable, non ??

La justice française récriminant quelques festivités ayant eu lieu lors d'une nuit du 13 au 14 juillet, une des rares nuits lors desquelles les tenanciers sont autorisés à tenir ouvert leur estaminet, lors d'une journée de Fête Nationale.

Ce n'est pas possible, on n'est pas du même monde.

De qui se moque-t-on ? À Paris tout est permis !

Ce que je dis doit figurer dans vos dossiers, je n'invente rien.

SL : « Vous dites la vérité.

LB : « Je l'avais juré !

Je me souviens mon père, la larme à l'œil, allé porter la somme convenue, mille cinq cents balles, à ce vil homme qui lui devait sa carrière : je ne l'aurai pas fait !

Beau retour d'ascenseur !

Plus tôt dans le temps, ce dernier avait osé nous insulter, mon frère et moi, nous toisant du respect qu'il avait pu avoir pour nos vieux. S'il avait su combien notre grand-mère avait été heureuse de voir son établissement recevoir à nouveau de la clientèle il se serait tu. J'ai déjà parlé de sa mère.

Nous en avions des amis : nous travaillions bien !

Les Bâtiments du Parlement de Bretagne brûlaient quelques semaines après ce verdict et ce ne fut pas de mon fait ! La Justice !

Avec un J majuscule celle-là !

Le proc : « C'est une insulte à la Magistrature, à nos instances !

LB : « Fresques, tableaux, tapisseries, quelqu'un sauvera-t-il ce palais-ci ?

SL : « Sont-ce là des menaces ?

LB : « Point non, Monsieur ; ce n'est pas le genre de la maison.

SL : « L'affaire est-elle close ?

LB : « Oui Monsieur !
La maison aussi. »

On ne sut s'il l'avait dit exprès : l'assistance se mit à pouffer.

LB : « Elle rouvrira quand les nouveaux propriétaires prendront leur retraite ».

Sans doute en bon animateur d'un établissement public, se tournant une nouvelle fois vers l'assistance, avec une mimique ironique le même de rajouter : « Je suis né dans une Ville-close » !

Là, ça s'est mis à rire et certains s'en sont même laissé aller au fou rire. Même SL ne put retenir quelques petites expressions d'amusement : je le vis bien !

Quand après une brève remontrance de ce dernier pour ramener le calme, chacun reprit son sérieux, le Procureur d'ajouter : « Votre établissement répondait-il aux normes de sécurité ? J'ai là un procès-verbal émanant de votre mairie qui stipule l'obligation de vous mettre en conformité. L'appliquâtes-vous ?

LB : « Non. Quatre portes et trois fenêtres pour une surface d'environ cent mètres carrés, n'était-ce suffisant ? Aurait-il fallu que j'en indique la sortie ? Chacun sait que même par une nuit des plus sombres il persiste toujours une indicible luminosité. À moins que les volets ne soient pas relevés.
Les extincteurs étaient vérifiés.

SL : « C'est exact : l'attestation des pompiers est claire là-dessus.

LB : « Puis mon ex-malveillant voisin pouvait à tout moment relancer la pierre. Que pouvais-je faire contre l'injustice ?

Je n'ai jamais voulu supposer les élus du conseil municipal du village de mèche, dans la manigance. Allons savoir ! Certains ont le bras longs !

SL : « Il n'y avait en effet plus qu'à mettre la clé sous la porte !

Le Proc : « Sous le paillasson, si je puis !

Puis à LB : « Vous eûtes peut-être la possibilité de prendre une autre affaire, ailleurs?

LB : « Avec quels moyens ? Ce n'était qu'un p'tit bistrot de fortune !

J'étais mis au chômage ! Bah ! On n'y est pas mal non plus.

Ce sont les femmes qui n'aiment pas trop !

Le Proc : « Cette affaire de rixe : il s'ensuivit la perte d'une vie tout de même !

LB : « Le gaillard s'était très vite relevé, et après deux trois minutes, quand il a commencé à saigner du tarin, j'ai appelé un taxi ambulancier pour qu'il soit conduit à l'hôpital. Qu'y puis-je s'il n'y restai pour recevoir quelque soin ? J'avais réagi de sang-froid !

Une vieille femme du village me rapportait de la mère du défunt, une amie à elle, qu'elle les avait vus se chamailler sous son toit, à la limite de s'empoigner avant qu'ils viennent au bar.

Son copain de valse après l'avoir boxé…

Le proc : « ... Boxé, dites-vous ?

LB : « Ooh ! C'est l'expression.

Son copain n'avait pas tenu à rester au bar et s'en fut plutôt la queue basse ! Ça se comprend.

Cette vieille femme m'avait raconté que le lendemain, quand l'égrillard fut découvert gisant, il avait alors été transféré d'urgence dans un hôpital à cent bornes de là. Pris d'une crise de delirium il avait fallu lui passer la camisole et fatalement il décédait peu après.

Cafetier est un métier difficile sur lequel il ne faudrait reporter tous les maux de ce monde! Ne dit-on point "bons vins et jolies femmes d'agréables poisons"?!

Le fait est qu'après enquête et reconstitution, le prévenu, auteur de l'impudent geste, fut relaxé! Mes clients et moi-même, même si nous prîmes le temps de nous concerter, n'avions dit que la vérité, cette fois encore sans doute même toute la vérité!

Le bar fut cerné ce jour-là et je me demande bien ce qu'il avait bien pu être alors véhiculé de bouche à oreille. Là, maintenant les points sont sur les i!

Le proc: « Il y a prescription, Monsieur le Président, ça fait maintenant plus de dix ans que cette licence est caduque! 14 pour être exact!

LB: « Ha! Puisque quand votre collègue a décrété en 95 que la licence n'était plus valable depuis 87, je parle du vieux siècle, le vingtième, tandis qu'en 91 j'étais inscrit au Registre du commerce, on pouvait y voir là quelque forme de logique temporelle? Allons, un peu de respect!

Quand après des faits de guerres certains se sentiraient dépossédés, là il n'y a pas prescription! Et nous on trinquerait? Certaines communautés demandent et obtiennent dédommagement de l'État, et nous, à qui devrait-on s'adresser pour nos aïeux partis défendre la Vie? Je vous le demande!

VH à mon oreille: « Il a du cran ce p'tit gars!

LB: « Les propriétaires mêmes de la licence, en l'occurrence alors mon père et mon oncle n'ont jamais été avertis de la décision du procureur. C'est moi qui avais été convoqué pour entendre des gendarmes ladite décision et j'avais indûment signé un registre pour en avoir été informé.

Même pas un courrier!

Ha! Votre collègue pouvait dire que les années lors desquelles nous ouvrions quelques journées n'étaient que tolérance de son prédécesseur. Ha! Ils parlent bien ces gens-là sous couvert des lois.

Si nul n'est censé l'ignorer, ceux qui la connaissent l'interprétant à convenance, il devient improbable de pouvoir l'appliquer! Alors à quoi bon la connaître?

Pour la détourner? C'est incohérent!

SL : « Après tout cela, y a-t-il encore à rajouter, Monsieur le Procureur?

Le Proc : « Il fait chaud dans cette salle!

SL : « Le ministère public détiendrait-il un document attestant que les propriétaires de ladite licence aient été avertis de la décision de votre collègue?

Le Proc : « Non, Monsieur le Président, les dires du plaignant sont justifiés : nous n'avons rien à y opposer.

SL : « Merci.

Quelque chose à ajouter?

LB : « Oui, Monsieur le Président. Puisque je dois tout dire, je dois avouer que les timbres utilisés pour valider le titre d'exploitation de la licence quand elle fut mise à mon nom, je les avais décollés d'un ancien formulaire. Ils n'avaient pas été tamponnés.

Le Proc s'agitant, d'une prolepse : « Voilà un délit de plus… Et il voudrait que nous lui accordions "pretium doloris"!

SL : « Pourquoi pas, Monsieur le Procureur? Quand je trouve un timbre sur une enveloppe, s'il n'est oblitéré je l'utilise! Pas Vous?

Le Proc : « Si bien sûr!

N'empêche que…

SL : « ... Ces timbres fiscaux, car il s'agit bien de timbres fiscaux?

LB : « Oui.

SL : « Ces timbres fiscaux peuvent être considérés comme l'attribution d'une aide financière de retour à l'emploi, à la relance d'une entreprise.

Monsieur, elle est à vous cette licence.

Le Proc, dans sa moustache : « C'est insensé !

SL : « Monsieur, dites-moi pour quelle bonne raison je devrais vous autoriser à exercer dans l'endroit de votre choix, car d'ordinaire je crois que l'exploitation d'une licence est assujettie à une commune.

LB : « Nous avons dû vendre la bâtisse des aïeux et, dans la mesure où nous ne reçûmes aucun soutien de la part des élus du village pour faire la lumière sur ces affaires, nous souhaiterions nous installer ailleurs !

Le Dimanche, Monsieur, essentiellement le Dimanche régulièrement des musiciens se retrouvaient attablés pour une explication musicale. Violonistes, flûtistes, guitaristes, joueurs de banjo, de tambour ou tambourin animaient nos après-midi. Ils nous ont manqués tous ces artistes ! Bercy c'est mieux !

Le Proc : « Attention à ce que vous dîtes !

Moi : « En semaine cette fois, avec un voisin irlandais, pour une soirée improvisée d'un matin pour le soir même, nous rameutâmes les convives, les aguichant d'une affiche que nous n'eûmes le temps de poser. Ce soir-là la petite vingtaine de clients avaient dansé la gigue aux mélodieux sons du violon de cet instrumentiste et de son comparse accordéoniste.

Là on s'était déhanché, avions levé la jambe et frappé le sol et accessoirement frappions des mains, peut-être même à nous applaudir. Trop bien, oui, c'était trop bien !

Quelques jours plus tard, le croisant, au sujet du musicien invité j'entendis de la bouche du trésorier comptable de la commune, lui ouvertement friand amateur de ces rencontres :

– Tu sais, dans son pays il est dit être le meilleur ?

Je le savais Monsieur, je le savais !

De quelle machination avions-nous été le jouet que toutes ces bénédictions nous soient enlevées ?

Je ne suis pas là pour…

SL : « ... C'est accordé !

Monsieur, cette licence appartient toujours aux héritiers de vos père et oncle, et je vous en fais garant. J'espère avec sincérité que la vie vous sera suffisamment longue pour que vous soit offerte la possibilité de la transmettre à celui ou celle à qui d'entre votre famille aura reçu don de commerce qu'il tienne un night-club ! Ça marchera, j'en suis sûr.

Le jeu d'écriture sera ratifié par qui de droit.

Monsieur, un dernier mot peut-être ?

LB : « Je ne pensais pas que ce serait aussi rapide et si facile !

Ils vont être contents à la maison et, comme à l'accoutumée pour fêter un évènement, nous ferons un grand banquet à l'issue duquel nous pousserons les tables pour danser. Nous aimons danser dans la famille.

Nous allons rallumer sous les chaudrons ! Maintenant s'il vous arrivait de passer au pays, on vous offrira bien une petite 'glute' !

SL : « Ce serait avec plaisir, un jus de fruit alors.

LB : « Une bolée de cidre, c'est en vogue en ce moment.

SL : « Va pour une bolée.

LB : « Monsieur le Président, maintenant je n'en aurai plus besoin, alors si j'osais, je vous proposerais bien d'accepter ce petit cadeau.

SL : « Qu'est donc cela ?

LB : « Une petite pierre que l'on ne trouve qu'au pays. J'avais quadrillé un champ pour la trouver. Sur chaque face y sont comme sculptées des croix. Je l'ai portée sur moi en guise de talisman et j'ai réussi… Alors à votre tour elle pourra porter chance.

SL : « J'en suis sûr, j'en serai ravi.

LB : « Au pays, on la dit magique »,
Se tournant vers le procureur : « Elle protégerait des chiens enragés,
Regardant VH : « Elle préserve des naufrages,
Puis allant fixer une bien jolie femme qui ne sut plus où se mettre : « Et surtout, elle préviendrait des maux d'yeux » !

SL : « Je vais peut-être clore la séance avant d'accepter ce présent ; mon Patron pourrait croire que je me suis laissé soudoyer.
Mesdames, Messieurs, la séance est levée,
Bonne journée à tous, et bien le bonjour à votre fils Monsieur, il doit être grand maintenant.

LB : Ça y est le voilà majeur, Monsieur le président ; la roue tourne. Il a déjà l'âge que j'avais quand il a été conçu. Il a dépassé l'âge de la vraie majorité : ses 21.

SL : « C'est exact, vous dîtes vrai.
Bien, Messieurs Dames je vous salue ».

L'assistance qui se prit à applaudir, après que le tribunal se fût retiré, se clairsema.

Dans le hall…

VH : « Il a rondement mené son affaire le gaillard, quel culot de venir défendre pareille profession !

Moi : « Oui ! Pour lui la roue a tourné dans le bon sens aujourd'hui. Il devrait faire un loto. Ho ! Nous aussi nous devrions jouer, c'est une semaine qui commence plutôt bien !

R'HL : « Il avait l'air honnête, un peu penaud au début, puis il a pris de l'assurance. En tout cas il a gagné sa journée le bonhomme. À ce qu'il paraît, ça se négocie une petite fortune ces licences : il pourra même venir exercer ici.

VH : « Oui, et, si j'ai bien compris, sur tout le territoire national et donc sur quelqu'îlot du Pacifique ; il a gagné le gros lot !

Moi : « Peut-être l'y reverrons-nous ?

R'HL : « Pour sa dernière notre ami a fait un heureux qui pourra être fier de lui. D'où donc est-il, je n'ai pas réussi à le savoir dans leur chassé-croisé ? !

Moi : « Du même pays que moi, je crois même le connaître de vue. Sa tête me dit quelque chose. Je me demande si je ne serais pas déjà allé boire un gorgeon dans son café !

R'HL : « Est-il vrai que le citoyen breton peut prétendre à un particularisme législatif à faire valoir ?

VH : « Il faudrait pour cela que l'Assemblée du Parlement breton soit d'abord rétablie je crois ?

Il doit y avoir tractations en ce sens, aussi avec le régionalisme libéral ce pourrait être pour bientôt ! Ce sera à la mode française avec des décideurs bretons.

Ils sont déjà à domicile ici !

Moi : « En tout cas l'homme devait savoir ce qu'il disait quand il a affirmé s'en être inspiré.

Personnellement je ne sais ce qu'il en est des anciens traités.

R'HL : « Il doit bientôt y avoir un nouveau défilé Breton sur les Champs Élysée.

Moi : « Tiens ! Je n'ai pas fait attention s'il y avait des journalistes. On n'a pas su si quelqu'un couvrait l'ultime de notre Ami. C'est tout de même quelque chose dans une vie.

Ma retraite à moi est bien loin.

VH : « Devant ou derrière ?

R'HL : « Il y avait bien deux ou trois personnes à prendre des notes.

VH : « En tout cas, nous n'avons rien su de l'identité de cet homme.

Moi : « Oui, son anonymat est préservé.

R'HL : « Oh ! Tu sais avec certains journalistes on ne peut pas savoir !

La P'tite : « Il nous a bien fait rire.

R'HL : « Oui, un peu plus et nous devions sortir, nous n'en pouvions plus.

La P'tite : « Il était drôle quand il a regardé autour de lui pour savoir si c'était à lui que le juge s'adressait.

VH : « C'est vrai, on aurait cru voir un acteur comique.

Moi : « Quel est le programme maintenant ?

R'HL : « On ne devrait peut-être pas trop traîner par ici même si l'atmosphère est plutôt sereine.

VH : « Elle a raison. Haa ! Voilà notre juge artiste libéré des contraintes du parquet.

Alors, soulagé ? Tu vas dorénavant pouvoir respirer.

SL : « O bon Dieu que c'est bon, l'avenir est à nous.

Ça s'est bien passé, c'était tranquille, bath. Il m'a semblé bien brave cet homme.

Moi : « Oui, il est courageux de venir plaider après plusieurs années de 'no man's land'. Il a gain de cause ; c'est là l'important.

VH : « Il était gonflé à bloc !

SL : « Le procureur n'était pas dans son assiette aujourd'hui ; je l'ai connu meilleur. Il a été mis à plate couture, le gars avait réponse à tout.

Moi : « Il connaît son histoire.

R'HL : « Il ne faudrait pas l'en blâmer.
On pourra dire de lui qu'il avait porté sa croix !

Moi : « Oui, impressionnant ce rapport au temps, à la justice. Il pouvait bien avoir raison de croire ses tourments venir d'une justice non équitable.
Il vous a fait beau cadeau, là.

« Ouii – dit SL sortant la pierrette de sa poche – en tout cas je suis content de finir sur pareil cas.

VH : « On pourrait parler d'un Cas Royal ? !

Moi : « Dans ce lieu c'est un euphémisme.

R'HL : « C'est vrai qu'elle est particulière cette pierre !

SL : « L'homme défendant sa propre cause, c'est rare, voire exceptionnel. Je suis content pour lui. Je n'ai même pas eu à réfléchir pour décider de la sanction à donner.

Moi : « Oui, quel était ton rêve ? Tu disais tout à l'heure que tu savais qui remporterait la mise.

SL : « J'ai vu le type avec deux hommes d'âge mûr, et l'un d'eux lui disait :
– Dis la vérité !

Moi : « Ha excellent !
On bouge » ?

J'ai un autre homonyme inscrit au barreau ; j'aurais pu être avocat !

## Place du Sceau Royal

Cette fois au sortir, descendant les marches – normal, on les avait montées – nous prîmes soin de ne point nous agiter quand nous repassâmes devant les stoïques colosses.

VH : « Je vous paye un pot ?

SL : « Bien volontiers, avec cette chaleur on doit penser à se désaltérer, puis je dois fêter ma quille. Il y a une terrasse un peu plus loin, nous y serons tranquilles ».

Sur l'indication de notre guide nous traversâmes tout bonnement la place où quelques boulistes exprimaient leur talent, mesuraient leur adresse. Ils confrontaient là leur position, tous déterminés à remporter le cochonnet comme l'avocat cherchant l'adhésion des jurés à sa cause. Ils étaient prêts à en découdre tel ce premier parfois s'époumonant à bâtons rompus, jacassant à qui mieux mieux pour clouer le bec de l'adversaire et néanmoins confrère. L'un poserait ici sa rhétorique que l'autre viendrait balayer d'un revers de manche ; phrase reprise au vol par la défense désireuse d'éviter à son client de se retrouver derrière les barreaux.

Carreau !

VH : « Je crois qu'aux boules, les messieurs ne devraient jamais tirer une femme ».

De l'autre côté de cette enclave, la vitrine d'une librairie ne laissait aucun doute sur la marchandise que l'on y proposait : « La Balance et le Glaive », « Cruelle désillusion au sein de la magistrature », « Nomenclature du langage juridique » et… Que d'aucun ne vienne un jour me dire que je dus m'y documenter, car cette place et du pont Neuf la ruelle y menant ne figurent sur tous les plans populaires, pas même sur celui des postes. Maintenant si je n'avais pas connu le nom de cette esplanade, je l'eusse volontiers baptisée : Place du Sceau Royal !

Comme pour démystifier les propos du procureur, au bistrot de la Rosière pas un d'entre nous ne consomma de boisson alcoolisée. Jus de fruits, eaux pétillantes et boissons chaudes suffirent à nous désaltérer en cette fin d'après-midi. Une légère brise agitait le feuillage et nous évitait de succomber à la forte chaleur.

Ha ! J'irais bien prendre un bain, songeais-je, plonger en l'océan !

R'HL : « Je ne sais même pas si "Dauphine", le nom de cette place est le simple féminin de Dauphin, du prochain Roi ? Allons donc, j'ai encore beaucoup à apprendre.

VH : « Si bien sûr !

La p'tite : « C'est aussi la femelle du dauphin de l'océan !

« C'est un tigre – m'adressa SL – oui c'est un Tigre que tu devras associer au Lion dans ton blason. Cet homme avait la force et le courage du tigre : c'est pour cela qu'il n'a pas eu peur du chien enragé.

La P'tite : « Et un tigre et un lion ça fait un tigron. C'est ça, Mam ?

R'HL : « Je ne sais pas ma chérie.

VH : « Un tigre avec une lionne peut-être ?

Moi : « Oui Mignonne, c'est bien ça, et on peut aussi dire : tiglon.

VH : « C'est intéressant : c'est proche de l'aiglon. Ça nous rapproche de l'Empire.

SL : « Oh ! Mes Amis, pas de plan sur la comète s'il vous plaît.

R'HL : « Vous faites bien de les reprendre : je n'aime pas du tout les entendre parler comme ça.

Moi : « Parfois il m'a semblé que l'homme voulait se substituer à la justice divine. Il s'était cru capable de dire ce qu'est la loi et tenter de l'appliquer. Il n'a su, à mon avis !

SL : « C'est vrai, souvent j'ai eu l'impression de jouer l'arbitre et parfois, à mon grand désarroi, les jurés se laissaient amadouer de propos lancinants par quelque manipulateur non intéressé par la justice. Alors je soufflais sur la balance qu'elle pèse du bon côté.

R'HL : « Vous êtes comme le vent chassant les nuages !

SL : « Oui et maintenant je vais avoir le temps de vous donner les arguments pour ériger votre bercail ».

– Ha Seigneur ! Qu'il est étroit le sentier menant à ta demeure !

VH : « Je voudrais porter un toast à la démobilisation de notre juge, à sa dernière prestation et à son formidable discernement.
À vous mon Ami, à v… !

« ... Avouer, que devrais-je avouer » ? dit SL posant son verre puis plaquant ses mains sur son torse : « Je suis innocent !

« Trinquons en votre honneur alors, à vous et votre avenir » repris-je.

Il acquiesçait. Nos verres tintèrent.

Moi : « Pourquoi les Bretons sont-ils tous frères ?

R'HL : « Plaît-il ?

Moi : « Pourquoi les Bretons sont-ils tous frères ?

R'HL : « Pourquoi les Bretons sont-ils tous frères ?

La petite : « Je donne ma langue au chat !

VH : « À force de se marier entre eux ! ?

SL : « Oui, il doit y avoir de cela.

Moi : « Sympa pour nous. On est plutôt de grands voyageurs ayant forniqué ici et là.

C'est parce que l'on n'a qu'un père : Quimper !

VH : « Ha oui ! Elle est choisie !

SL : « Je vais avoir loisir maintenant de tout donner afin que votre œuvre soit reconnue à sa juste valeur. Le temps ne sera jamais plus le même pour moi ; j'en fais mon cheval de bataille.

Moi : « Où sont conservées les épées Royales ?

SL : « C'est une question pertinente ; pour l'instant je ne peux y répondre !

Saches simplement qu'avant les Capétiens, les Mérovingiens avaient déjà investi cet îlot-ci et avant eux les Parisii y avaient posé les fondations de Lutèce.

Lcs Huns à l'époque n'avaient su la conquérir : La Celte Guenièvre veillant au grain.

Moi : « On dirait pourtant bien qu'un hongrois soit encore là aujourd'hui pour tenter d'se l'approprier ? !

SL : « Bah ! L'histoire n'est qu'un éternel recommencement, ce n'est qu'une passade : n'en faisons point un bouc émissaire ! Et puis nous sommes là : la place est nôtre !

VH qui s'était saisi d'un journal : « Tiens ! La presse mentionne un cas de guérison du sida, une guérison inexpliquée : c'est incroyable !

Moi : « Ha ! Si seulement nous en savions l'exacte cause. C'est indubitablement lié aux énergies, à la capacité de l'homme à se régénérer.

Je ne sais s'il n'y aurait pas là trace du malin ? !

R'HL : « J'avais cru comprendre qu'il pouvait y avoir un vaccin antipolio en cause, des manipulations abusives de reins de singes.

VH : « Au Congo belge ! J'ai vu un reportage à ce sujet, ça semble indéniable !

Moi : « Anciennement Congo belge.

Mes parents louant un appartement avaient hébergé des ressortissants de ce pays. C'était il n'y a pas loin de quarante ans. Ma mère m'en a dit le plus grand bien.

R'HL : « Ça nous rajeunit !

Moi : « Tiens ! Il y a quelques mois j'ai fait un drôle de rêve :
*Je suis allé à la fête du Singe.*

*À la croisée des chemins*
*De nombreuses voix me parviennent : Hoo !*
*Elles sont de surprise, d'étonnement !*

*Quand je fais le choix*
*De passer sous la banderole*
*Prévenant de la manifestation,*
*Elles sont : Hooo !!! De satisfaction !!!*

*Je présume être au cœur*
*D'un territoire défendu de pygmées ;*
*Je suis dans la jungle centrafricaine.*

*Puis sous la sommaire tonnelle*
*Où nous sommes attablés,*
*Je partage quelques friandises,*
*Gâteries à base de singe ;*
*Elles sont multiples et délicieuses !*

*Quand viendra temps que je me retire,*
*Faisant tour de table de droite à gauche,*
*Du plus jeune au plus âgé,*
*De poignées de main je saluerai mes hôtes :*
*J'eusse dû faire l'inverse, de gauche à droite !*

*Et maintenant, en guise de présent,*
*Je suis invité à saisir une pierre sur un présentoir :*
*– Non non ! Oui, celle-là oui !*

*Je passe ma chaînette dans la bélière*
*De ce talisman orange qui trouve sa place*
*Auprès de deux autres pendentifs :*
*Œil-de-tigre et peut-être jaspe verte !*

VH : « Peut-être devrait-on chercher l'antidote à ce fléau là où il avait trouvé son origine ?

Moi : « Oh ! Ça c'est l'affaire de chercheurs, moi je vais prendre de grandes vacances pour me ravigoter !

VH : « Oh ! N'y compte pas trop : je te crois inscrit au programme de nombreuses écoles !

La petite : « Oui, avant tu dois nous expliquer ton calendrier.

Moi : « Ha oui ! Ça, je te l'ai promis ! Chose promise, chose due !

R'HL : « "L'antidote pour dot", cela ferait un bon titre, n'est-ce pas ? !

Moi : « A un moment j'avais pensé inclure dans mes textes une situation qui me permettait de me rendre dans un institut de recherche antiviral. Là, je posais inopinément sur le bureau d'un docte ou d'un chercheur accompli, ma formule relative au temps. Et donc, intrigué de découvrir ce papelard et le parcourant des yeux, celui-ci devinait dans l'instant la tant espérée solution.

R'HL : « Ce serait trop beau.

SL : « On peut rêver !

Moi : « Oui, peut-être que l'un d'entre ces chercheurs rêvera de la façon d'enrayer cette maladie.

VH : « Ça c'est en partie fait. C'est d'éradiquer le virus dont il s'agit maintenant, l'anéantir ».

Les boulistes continuaient à jouer, ils se disputaient à la régulière le lancer de bouchon. Quelques clients venaient s'attabler.

« Bien, je suggère que nous fassions mouvement, l'endroit est idéal pour une embuscade – dit SL – et je tiens à vous – prononça-t-il à demi-mot.
Vos affaires sont-elles prêtes pour votre escapade normande ?

La p'tite : « Non, pas encore.

SL : « Bien sûr, non bien sûr, pas encore. Ha ! Quelle belle et longue journée avons-nous vécue là ! J'ai besoin de repos.
Je vous ramène ? Mon véhicule est à deux pas.

R'HL : « C'est si gentiment proposé.

SL : « Alors en route, y'a pas une seconde à perdre !

VH : « Le temps c'est de l'argent !

R'HL : « Oui, comme la parole, et le silence est…

La petite : « ... D'or ! Ça je le sais, tu me l'as souvent dit.

Moi : « Oui, c'est pour cela que je me suis un temps considéré l'homme le plus riche du monde ; j'étais seul à détenir le secret du temps dans sa formule initiant une nouvelle humanité !

VH : « Oh ! Je dois payer ».

Il mit un billet sur la soucoupe et croisant le regard de la serveuse : « C'est juste » !

Dans la voiture où nous nous installâmes à nos aises, chacun dut partir dans ses pensées, car il n'y eut qu'une phrase prononcée par le vieil homme : « La Sainte Ampoule, que pouvait-elle bien contenir » ?

C'est vrai que le trajet fut court, ceci expliquant cela, et, une fois un pied au sol, il me chuchota à l'oreille (il était assis derrière moi) : « Ne parle jamais d'étoiles à une femme avant de l'avoir séduite et conquise, avant même de l'avoir prise : c'est un vieux proverbe hindou » !

Sa phrase à peine dite, me revenait à l'esprit une soirée lors de laquelle, en compagnie d'une diligente amie dont j'étais énamouré, nous observâmes le firmament. J'étalais ma science quand nous vîmes un étrange rayonnement, comme un flash. S'était-il alors produit une friction 'intra-temporelle' ? Toujours utile, je ne sus donner suite à cette aventure !

Je suivrai ton conseil, le vieux. Ooh oui ! Tu peux me croire.

Du pouce, je lui fis un signe approbateur.

SL : « N'oublie pas, demain 14 heures aux Tuileries !

VH : « Ha oui ! Je ne me souvenais déjà plus de l'heure.

Peut-être du fait qu'avec une majuscule elles ne sont qu'au nombre de trois.

Bonne soirée "tout n' dud" : Kénavo ».

Notre plus ou moins Mentor à tous déposé, on redémarra. Le trafic était fluide, on accélérait.

On se serait cru en Hollande avec tous ces cyclistes qui peut-être découvraient Paris d'agréable et judicieuse façon. Nous approuvions l'initiative du 'Vélib', comme du 'Vélov' et d'autres ! À reconduire dans toutes les villes.

À l'Obélisque nous prîmes l'avenue Royale, pour filer Nord.

Tout à l'heure, des Champs Elysées le Soleil serait visible sous l'Arc de Triomphe.

SL nous persuada de faire quelques provisions en vue de votre décollage. Il ne sait comment sont garnis les placards là où nous serions hébergés. Du bon, du frais, du naturel bien sûr ! Cela nous éviterait d'aller courir sur place !

Oh ! Pour demain soir et jeudi midi simplement. Flairait-il un contrat ?

Arrivés, il nous gratifia d'un : « Aujourd'hui restera grand jour, ce fut celui de nos retrouvailles ! Bien bonne soirée à vous. Bonsoir, Petite Princesse », qui alla le biser par la vitre baissée,

Puis s'inquiéta : « Tu as pris ton paquetage au moins ?

Moi : « Oui, c'est bon. Bon retour ».

Instinctivement je crois que nous nous inclinâmes.

## Un petit apéro, Un petit té quiélo Ou alors un Ti amo

La petite est restée jouer avec une camarade dans le jardin de la résidence. C'est bien conçu ma foi.

R'HL : « Tu rentreras quand je t'appellerai. Promis ?

La P'tite : « Promis Mam ».

Elle n'était pas toujours aussi sage qu'une image.

Nous sommes, nous, allés nous rafraîchir d'un bon jus de fruit avec un peu de grenadine ; j'adore ça. Avec quelques olives, le top !

Puis la chaleur nous ayant parfois fait suer sans même bouger, une bonne douche nous délasserait. Tour à tour la douche ?

Tu peux me croire, quand une femme a quelque chose en tête ce n'est pas ailleurs, elles sont tenaces, et donc je m'attendais à un moment ou un autre à ce que R'HL me mît à l'épreuve de ses interrogations : ça n'a pas loupé !

R'HL : « Tu te rappelles l'article de ce matin, dans le journal ?

Moi : « Oui ».

Il fait allusion à un appel téléphonique, une sorte d'intro à laquelle mon lectorat eût échappé si je ne l'avais insérée ici, puis à un article paru dans un p'tit journal au pays il y a de cela… Purée, le temps passe !

Nous y avions reproduit un résumé de l'évolution des calendriers en Occident.

R'HL : « Je n'ai pas bien compris ce que tu voulais y dire, peux-tu me l'expliquer ?

Moi : « Tout dépend si le titre en est : "Justice, sentence souveraine" ou "Justice, sentence souveraine : Combinaison" ?

R'HL : « Il y a marqué : Combinaison.

Moi : « Alors c'est là que j'avais noté la dissonance entre notre façon de codifier 'numérologiquement' les derniers mois de l'année et le sens étymologique de ceux-ci.
Montre voir.

R'HL : « Non, attends, tu risques de le mouiller.
Je voudrais que tu me l'expliques, tu dois bien te souvenir.

Moi : « Eh bien ! J'y définis les séquences de mon calendrier, combien de semaines pour un mois, combien de mois pour une année, je crois.

J'avais dû y noter que le Calendrier Grégorien nous mettait en porte-à-faux puisque quand on note 9 pour septembre, tandis que septembre signifie septième mois, nous désaccordions un mot de son véritable sens. C'est d'un illogisme implacable.

C'est comme si à une époque nous avions omis le langage vrai, comme si l'homme avait fait fi de l'origine du langage au cours de l'évolution jusqu'à en abandonner la valeur initiale. La même démonstration est valable pour les quatre derniers mois de l'année !

Je ne sais plus si c'est quand le calendrier Julien fut instauré que cette aberration s'immisça sournoisement en nos esprits jusqu'à aujourd'hui ne plus déranger qui que ce soit, si ce n'est moi, puriste bon enfant ! Je crois qu'si, car avant, l'antique calendrier Romain pouvait n'avoir été composé que de dix "mensis" et commençait un 1^er^ mars.

Il y eut donc plusieurs réformes majeures, les Juliennes et Augustine, pour rapprocher l'année civile du cycle solaire. Puis sur proposition d'un moine fut crée l'ère Chrétienne dont le premier 1^er^ janvier se superposerait au 1^er^ janvier de l'an 754 de Rome, ce en 532 de la dite ère, parfois elle-même dite Vulgaire. Les Carolingiens adoptèrent cet usage et les édits Royaux le mentionnent à compter des premiers Capétiens. Puis il y eut un énième remaniement en 1582, d'où le calendrier Grégorien.

R'HL : « Ho, c'est un cours !

Moi : « C'est un résumé. Je n'ai pas beaucoup de mérite, j'ai lu un livre là-dessus.

Tu sais, ce sont des inepties de ce genre qui pouvaient me mettre hors de moi ! Attends, comment je vais être reçu dans un magasin si je verse sept €uros pour un article proposé à 9 ? Facile à deviner !

R'HL : « Là dessus t'as raison. Pourtant je ne vois pas très bien ce que cela change dans notre vie de tous les jours.

Moi : « Maintenant il est bien probable qu'il tient au fait qu'en matière de prêt d'argent certains s'autorisèrent à n'avancer plus de l'espèce sonnante et trébuchante qu'à l'unique condition d'un remboursement avec agios. Qu'alors d'un 7, il devint possible de faire 9 !

Ce fut là passer outre le deuxième commandement : Aide ton voisin !

Le premier étant : Aime ton prochain ! Mieux connue celui-là !

Il en advint que l'homme omît de tendre à l'ami une main charitable. Qu'il ne le fît plus que par intérêt.

R'HL : « Ce n'est pas tout à fait vrai, le système social français est méritoire.

Je ne sais plus qui avait dit : "Qui donne aux pauvres prête à Dieu" !

Un prix Nobel peut-être » ?

– Sans commentaire !

Moi : « Regarde, chaque année c'était du pareil au même : on ne pourra pas me faire croire que l'on ne savait pas combien d'élèves il y aurait d'une année sur l'autre dans les écoles, collèges, lycées ou universités. Tous les ans il y avait des grèves pour manque de profs ou d'instits. C'est un calendrier à répétition et depuis deux mille ans, pardon, l'homme n'a pas fait que penser. Il vit mieux, ça c'est sûr. Évolue-t-il, ça c'est une autre question.

R'HL : « Je ne sais pas, parfois ce sont les programmes qui pouvaient être remis en cause.

Moi : « Moi j'en propose un nouveau !
Tu sais, j'ai un mea culpa à faire.

R'HL : « Ha bon !

Moi : « Oui, dans ces textes j'expose les rythmes du calendrier, qui sont justes ; par contre je donne une date de correspondance qui ne l'est pas, ou plus avec celle que je retiens aujourd'hui. De plus, il avait dû y avoir alors une erreur de transcription puisque les rapports de dates avancées étaient entre eux sans concordance, aucune. Alors tu penses bien !

R'HL : « Même les meilleurs font des erreurs.

Moi : « Celle-là était grave. L'article est-il signé ?

R'HL : « Non. Tu sais, ils n'allaient pas reproduire ta signature sans ton consentement.

Moi : « On ne sait jamais, ils ne seraient pas à ça près ; ils ont bien publié ces textes sans me l'avoir demandé. Moi ce que je souhaite, c'est que le lecteur qui lira mon livre passe l'éponge sur cette bévue.

R'HL : « L'éponge ? Elle doit être à côté de toi.
Est-ce que tu es sûr de ton coup cette fois ? C'est crucial ça !

Moi : « A 99 %.

R'HL : « Je te sers un apéritif?

Moi : « Oui, je veux bien.

R'HL : « Qu'est-ce que tu veux ? Y'a du whisky, du vin cuit, malaga ou porto, ou j'ai aussi du "maitrank", c'est un vin blanc agrémenté de cognac puis aromatisé avec une fleur des bois. C'est belge, et artisanal.

Moi : « C'est bon ?

R'HL : « C'est ce que je me suis servi.

Moi : « Je veux bien goûter.

Maintenant puisque la critique est facile et l'art difficile, si je me souviens bien, je crois que c'est dans cet article que je tire plus ou moins mon chapeau aux politiciens. Somme toute, certains tentent de faire évoluer la société, en tout cas de préserver les avancées sociales obtenues de nos aïeux ! Je notais comprendre les difficultés auxquelles ils pouvaient être confrontés, du fait, par exemple, de ce dont je viens de te parler.

Ils font figures de Don Quichotte face aux moulins à vents !

Puis, attends, il y a eu au sein de quelques gouvernements des gens de gauche, des gens plutôt anti-cléricaux, tous, eh oui ! tous et c'est valable pour tous les citoyens, tous utilisent le calendrier grégorien quand ils signent quelque texte ou contrat ; et qu'on ne me dise pas que cela n'a rien à voir, que ce n'est pas parce que l'on utiliserait un calendrier religieux que l'on dérogerait à ses propres convictions… Eh bien si !!!

Ça me semble évident !

La "Loi de séparation de l'État et des églises" n'avait jamais pris effet !

R'HL : « Je te suis, pourtant je ne suis pas convaincue !

Moi : « C'est pour cela que je propose une transition progressive : il faudra dans un premier temps se servir de deux calendriers jusqu'à être capable de se passer de l'ancien. Le nouveau ayant au fil du temps été assimilé. On pourrait symboliser cette transition par une mue. Quand la nouvelle carapace sera suffisamment consolidée, nous nous déferons de la vieille peau.

Du congre, le homard devra se méfier !

R'HL : « Comme ça je pige, oui, je trouve que c'est bien amené » !

A mon sortir de la douche elle était là, me tenant une serviette grande ouverte, puis me frottant le dos : « T'es pardonné » !

Le bonheur !

R'HL : « Tu vas surveiller le consommé, je l'ai mis à chauffer ».

Je la buvais des yeux !
Elle alla à son tour sous la douche.

Je ne lui ai rien dit au sujet de la cape. Je crois qu'elle n'a même pas fait attention que je l'avais sous le bras en entrant.

Ouh là ! Où l'ai-je posée ? Ni l'une ni l'autre ne doivent s'apercevoir de ses pouvoirs d'invisibilité.

Je n'ai connu qu'un seul homme qui prétendait avoir ce don de dissimulation instantanée. C'est ce que j'avais cru comprendre de lui.

Et ces fleurs de lys ? Je ne vais tout de même pas lui dire que j'ai accepté ce costume de mascarade pour aller dans un pays au climat tropical, tempéré, où il fait toujours bon. Elle saura la vérité quand elle lira l'édition finale ; elle comprendra tout ! Au fond de moi j'ai hâte !

C'est bon, j'ai mis la main dessus.

Moi : « Tu veux que je te lise l'autre texte ?

R'HL : « L'intro ratée ?

Moi : « Elle n'était pas ratée, pas indispensable, voilà tout !

R'HL : « Bien sûr. Je t'écoute ».

J'allai m'assurer que le velouté mijotait doucement, puis saisissant le journal je m'assis sur le divan, espérant n'avoir pas forcément à devoir m'y réveiller le matin suivant.

Je goûtai à la mixture dont je ne me souvenais du nom… C'est bon ! et je croquais quelques fruits secs qu'elle avait ajoutés aux olives.

Moi : « J'y vais.

R'HL : « Oui ».

Je respirai un bon coup – il est toujours émouvant de se lire, de se dire ; c'est un bien bel exercice :

« **My God**

Une suite, encore une suite,
Mon éditeur, avec lequel il était entendu que la précédente parution serait l'ultime, me relance et réclame de je ne sais quel droit que je lui livre mieux encore que ce que j'avais produit jusqu'à présent.

– Je sais que tu en es capable, débrouille-toi, ressuscite si tu le veux quelques-uns de tes héros, fais appel à ta mémoire, à ton imagination. Fais nous vibrer de ta plus belle plume. Bon ! Je compte sur toi, vieille branche, et sois à la hauteur, je veux que tes lecteurs te portent en grâce ; tu le leur dois bien !
Je te rappelle d'ici quelques jours, aussi j'espère que ton génie va se réveiller. Invoque-le si tu souhaites qu'il t'inspire et n'oublie pas, ce doit être accessible à tous les gens de ce monde, car ce sera traduit et nous te diffuserons sur toute la planète.
Good luck my friend !

Tuut Tuut

Ce vieux truand avait en quelque sorte raison de vouloir me pousser dans mes retranchements. Au fond, il me connaissait peut-être mieux que quiconque et devait se douter qu'à l'intérieur je piaffais d'impatience d'écrire un ultime éloge à la Vie, l'œuvre à laquelle à aucun moment par la suite je n'aurais envie ou impérieuse raison d'ôter, changer ou adjoindre passage de cet alors prodigieux avènement littéraire.

– Quelle modestie, votre Seigneurie !

Puis d'être relancé d'une prouesse en ce milieu pourrait convaincre les plus réticents à ma promotion : je m'imaginais responsable d'une chaire…

J'avais à certaines périodes été piètre lecteur, même si j'adore l'ambiance de la librairie, d'une bibliothèque, même si je ressens la chaleur pouvant émaner d'un ouvrage : c'était volontaire de ma part. Désirant ardemment proposer joyau en la matière, j'évitais la lecture, soucieux de ne point retranscrire quelques idées lues et donc déjà traitées. Bien sûr je n'échapperais le moment venu, à quelques courants sociaux. Je n'étais qu'homme parmi les hommes !

Puis, depuis quelque temps je n'avais plus trop goût à l'écriture et m'étais laissé aller jusqu'à entendre qu'il fallut même que je cesse d'animer la plume, le stylo. J'avais dégusté des frasques qu'implique la responsabilité d'être auteur. Écrire une aventure ce n'est pas simplement donner du rêve, de l'espoir ou rapporter des faits historiques, ou fantasmer sur d'autres modules de l'existence. Écrire c'est s'impliquer sciemment dans la vie contemporaine, voire même futuriste selon le rythme induit ou insinué au fil des textes.

À ce moment il me semblait que cette tâche était trop ardue pour ma petite personne.

Quelques jours. Ce vieil abruti d'éditeur, je devrais dire ce vieil ami, ne me laissait que quelques jours pour lui pondre le bouquin le plus subtil jamais produit : il me prenait pour la Poule aux œufs d'or !

L'enfoiré ! Moi qui tentais de me centrer sur moi-même, il m'obligeait à m'extérioriser.

Comme j'aurais voulu l'avoir déjà signé, ce contrat à la noix !

Puis, quelle audace de m'invectiver de la sorte ? Je ne lui suis redevable de rien !

Si je l'écris, ce fameux best-seller, il faudra qu'il me soit inspiré du Tout-Puissant. Oh oui ! C'est la sine qua non condition à ce que j'autorise quelqu'édition.

De la fierté pardieu !
Il ne sera pas dit qu'un pourceau ait fait douter un Prince !!!

Voilà !

R'HL : « C'est pas mal, je trouve que ça cadre bien avec la journée que nous avons vécue. Tu pourrais l'inclure à ton roman.

Moi : « Ouais, seulement c'est déjà publié ».

L'eau cessait de couler, je la savais prête à apparaître : mon cœur se mit à… S'emballa.
Je repris une gorgée de… Ce ne doit pas être la bonne étiquette.

Moi : « Il est bon ton apéro.
Où sont les assiettes ?

R'HL : « Dans le buffet, tu l'ouvres, tu verras ».

Je trouvai, mis le couvert ; elle apparut, radieuse au possible !
Bon Dieu, qu'une femme est désirable en ces instants… Et je ne sais pas trop ce qu'elle peut bien désirer en pareil mom…
… Oouh si, je le sais !

La Petite a bien failli nous surprendre à nous bécoter, heureusement le parquet craque par endroits. Non, tu ne voudrais pas de détails non plus !

Elle nous a demandé ce que nous faisions tandis qu'elle était restée s'amuser dans la cour. Je lui ai rapporté le contenu de notre conversation. Maintenant j'ai toute la confiance de son aînée qui avouait avoir voulu s'assurer de mon identité.
Elles sont contentes d'avoir sous leur toit un homme capable de tenir la dragée haute à des personnages d'âge certain, peut-être devrions-nous dire d'un autre âge. J'ai de la prestance, m'ont-elles dit.

Moi me levant : « Le velouté ?

R'HL : « C'est bon, c'est bon, j'ai éteint dessous.
Va te laver les mains, LN, nous passons à table, tu te doucheras après ».

On a fini nos verres, le deux ou troisième : C'est rudement bon le… Le Maitrank !

Réunis autour de la sainte table, why not ? nous avons fait tremper des croûtons aillés et laissé fondre du gruyère râpé dans le potage. Un peu de sel, un peu de poivre, un peu de persil haché pour la couleur ; c'était excellent.

J'ai expliqué que l'on pouvait soi-même magnétiser son assiettée, en vivifier le contenu, un peu à la façon dont on peut imaginer les moines consacrant leur pitance, en priant au-dessus de leurs bols.

Nous avons évoqué notre baptême de l'air en hélico. L'avion, nous connaissons.

La Petite se prépara un bon dessert de fromage blanc avec des morceaux de pêche arrosés de miel. J'en ai presque eu l'eau à la bouche. Avec mon idylle nous nous réservions pour plus tard.

Je ne sais pas qui a bien pu déclarer la pomme fruit du péché ? C'est la pêche pardi ! Non ?

La gâterie absorbée, la P'tite Sirène répondant au prénom d'LN bayait aux corneilles ; c'est fatigant les vacances ! Puis s'en est vite allée au bain.

Tu m'diras qu'après pareille journée nous aussi plongerions volontiers dès à présent sous les draps. Un petit quelque chose pourtant nous retenait.

Nous, qu'avons-nous fait durant ce temps ?

La vaisselle pour commencer. Elle a lavé, j'ai essuyé, rangeant au fur et à mesure. Ce faisant nous avons parlé de nous, d'aujourd'hui, d'avant, moi du pays où je voudrais qu'elles m'accompagnent. Je veux réussir à l'en décider. Oh ! Ce ne sera peut-être pas pour tout de suite, elle a quelques habitudes et moi pas trop de moyens pour l'en convaincre.

Pour l'instant !

Eh ! Je compte sur vous : n'm'oublie pas !

C'est quand nous bordions la demoiselle, quand je lui ai fait son 'bisounou' lui souhaitant de ma voix la plus paternelle possible : « Bonne nuit, et fais de beaux rêves, qu'elle a eu cette phrase : « Ton calendrier, tu pourras me l'expliquer, me dire comment il fonctionne. J'aimerais bien savoir ? !

Moi : « Nous en aurons le temps !

R'HL : « Bonne nuit, ma chérie. Demain nous avons un long voyage à faire. Repose-toi bien !

La petite : « Mam, est-ce que tu seras sage ?

R'HL : « Bien sûr, mon cœur ».

Nous nous sommes installés au salon, la lampe halogène est formidable pour tamiser une ambiance. J'ai allumé une bougie.

Ce soir-là si je m'en souviens bien nous avons beaucoup parlé des enfants. Moi de mon fils, évidemment. Je lui ai expliqué qu'il s'était présenté rapidement et qu'auprès de la belle-famille de l'époque j'avais dû insister pour qu'il soit gardé, qu'il naisse, puis vive ses premiers jours, ses premiers mois, bercé dans la douillette bercelonnette dont nous avions, moi-même comme mes aînés, été les hôtes.

Si j'en ai une photo ? Bien sûr !

Même si je n'avais jamais été marié de façon officielle, un enfant sacralise une union, et afin que je n'aie plus à le dire, ici je note une vérité dont chacun tirerait leçon : elle pouvait sembler être extraite des "Centuries" écrites par qui l'on sait, qui de surcroît le médecin d'une Reine :

"Si folle elle n'était, j'en dus persuader ses parents,
Elle, laquelle s'en fut sous quelque narcotique puissant
'Quester' dans une caserne celui son Roi !
Ha ! Quelle joie savoir l'enfant naissant

Venu révéler des désirs les plus ardents" !

Quand un enfant se présente, et ce doit être une Fête. Qu'il arrive, désiré ou pas, il va incarner l'idéal des parents. L'enfant est la concrétisation matérielle et psychique du désir, conscient ou pas, des parents de participer à l'évolution, d'en être.

D'un conjoint on dit parfois sa moitié, aussi l'enfant pourrait être assimilé au troisième œil venu renforcer la paire d'yeux, traduisant la subtilité de l'aspiration des parents. Principe d'avenir !

Elle m'a parlé de ses enfants qu'elle adore, m'a raconté leur naissance, a évoqué leur père. J'espère tu comprendras que je n'épilogue là dessus.

Elle m'a demandé si je souhaitais avoir de nouveaux enfants et là je l'ai sentie fragile. Je crois qu'elle aurait voulu que je réponde : – Oui ! Sans hésiter !

Un médium m'avait dit en parlant d'enfants : – Un plus deux, ou deux plus un. Alors… J'y penserai ! Quoique je me dise que ses deux bambines pourraient être ces deux enfants, qui adoptées deviendraient miennes !

Oh ! J'y suis !

J'ai en tête une terrible vision que notre initiatrice, la Dame, avait rapportée : elle avait vu la tête d'une femme dans un réfrigérateur !

Alors, je pris cela pour un seuil temporel ! Oh oui ! Et plus j'y pense plus je suis sûr du rapprochement à devoir faire entre cette vision cauchemardesque et le récit de deux amis des antipodes qui me narraient le fait que courait dans le coin l'histoire d'une femme vue sans tête.

Et si mon rôle était de tenter de sauver l'une pour l'amener à retrouver, à reprendre corps ? Oui, je devais peut-être réussir à faire comprendre à une femme le rôle de nourricière auquel le système la simplifiait, l'assujettissait. Je me devais de lui faire comprendre son rôle d'épouse car l'on ne peut être bonne mère sans être bonne femme et inversement, comme bon mari sans être bon père.

Je lui ai demandé de m'excuser de semblables pensées à ce moment.

Elle en a du coup évoqué le sien, son père, exprimant sa crainte de me voir reproduire ses irréfléchis choix et d'un jour devoir m'assimiler à celui dont les éditions à compte d'auteur, trop coûteuses avaient failli grever le budget, les héritages familiaux.

J'ai tenté de la rassurer, lui certifiant que j'attendrais qu'un professionnel de l'édition m'ouvre aux rayons des libraires. Bien sûr j'avais pensé distribuer moi-même mon livre, et ce pouvait être une expérience fabuleuse : il fallait avoir les reins solides pour cela !

Si mon message est clair, le succès viendra !

J'ai insisté sur l'ambition que je déploierais dans l'ultime version, notre création, car, je crois, j'y parlerais beaucoup de nous. Pour une fois je ferais en sorte d'écrire garder une femme qui, et puisque m'accompagnant à chaque instant, deviendrait… ma femme !

Je dois avoir le béguin pour noter ça !

– C'est le début d'l'Amour !

Alors j'eus l'impression d'entamer notre thérapie de couple et : « Eux partis, je t'en conjure, pardonne-lui ses fredaines car, si même nous avions eu à subir les erreurs de nos parents, ils seront un jour notre descendance. Alors plus nous leur pardonnons dès à présent, plus ils se présenteront sous d'heureux auspices, aux jours sereins !

La vie n'est, tant que l'être n'est libéré, qu'un rythme successif de tentatives à nous émanciper de notre symbiose. Nous sommes tous liés les uns aux autres et si nous refusions à qui que ce soit le droit de vivre, nous nous ablaterions de capacité à…

Prions, prions pour nos ancêtres, qu'ils sachent notre ardente volonté d'améliorer la condition humaine. Dès lors ils s'investissent pour nous ouvrir les portes de la connaissance afin que notre rayon d'action soit amplifié !

Ainsi tour à tour nous prenons soin de nous-même comme des nôtres, d'ici ou d'là haut ; c'est un des tout premiers théorèmes à accepter » !

Ma belle, douce et tendre a sorti quelques albums photos, son 'keep-sake'. Je l'y ai vue à tout âge et même toute petite. Tu peux voir par toi-même.

## Joli bébé n'est-ce pas ?!

Elle m'a parlé de quelques-uns uns de ses rôles, de tournages, d'ambiance sur les plateaux, du caractère de certains collègues, de quelques réalisateurs qu'elle apprécie, en somme de son métier.

Moi : « Ça me fait drôle, tu sais, d'être assis là à te frôler, te toucher ; je jubile » !

Elle me comprenait et m'avouait son plaisir d'être de l'autre côté, avec un auteur. J'acceptais le compliment ! Naissait là notre indéfectible complicité !

Se levant : « Je reviens je t'écoute ».

J'ai commencé à lui énumérer les jobs que j'avais exercés pour gagner ma croûte, pour réussir à me donner le temps de l'étude et de la réalisation de ma thèse.

« Ton chef-d'œuvre – me reprit-elle.

Moi : « Dernièrement j'ai été caissier dans une station-service.

R'HL : « Pompiste porte de Pantin ?!

Moi : « Nous y vendions aussi des bouteilles d'hydrocarbure combustible de cuisson, comme l'avaient autrefois fait mes grands-parents maternels.

R'HL : « Y'a pas un mot plus simple pour ça ?

Moi : « Si, si bien sûr. Tu sais qu'afin d'éviter que les toxines brûlées s'y déposent, il est important de toujours couvrir ses casseroles, sa sauteuse quand on cuisine ?

R'HL : « Oui ! Rien ne vaut le feu de bois : on a un barbecue au jardin.

Moi : « C'est bon à savoir.

Pour être en poste là où ma sœur avait elle-même exercé quelques années auparavant, j'avais revisité ses relations d'alors qui, nombreuses, lui rendirent grâce d'autant d'altruisme et de gentillesse. Ça avait dû jaser dans le coin !

Je portais les bonjours, les nouvelles !

La vie c'est comme un moteur, quand le piston fonctionne…

Pour la Toussaint une cliente avait apporté un bouquet d'une variété d'amaryllis à notre boutique. Les contacts étaient agréables !

J'ai même reçu d'une cliente un cadre sur fond duquel sont collés une demi-coque de voilier et des nœuds de marins. C'est très en vogue dans les boutiques du littoral.

J'avais accepté cet emploi avec la conviction qu'en encaissant autant de taxes, je remboursais ainsi l'État de toutes les avances pour lesquelles il s'était porté garant me concernant. Si plus jeune j'avais eu de mon parrain une porte ouverte pour travailler au Trésor, ici j'étais percepteur dans le privé !

D'ailleurs c'est marrant, la première fois que je m'étais envolé pour les antipodes mes voisins de sièges allaient y prendre cette fonction, dans le public.

Lors d'un échange de paroles avec un retraité qui avait été artisan, à l'annonce du montant de l'endettement national celui-là m'avait simplement dit :
– Si j'avais une fois rendu des comptes négatifs, on m'aurait mis en prison !

Une cliente, elle, de me dire concernant les politiciens parfois plus que malpolis, insolents : – Si nos enfants parlaient de la sorte, on leur mettrait des gifles !

– Odi profanum vulgus !

Fi ! Quels exemples ? !

Mil deux cents milliards d'euros ! C'est dix "Billion $ollar's Baby" ! Que l'on ne me parle pas alors de gestion !

Il arriva, accoudé à un comptoir, qu'à parler de ces condamnables excès, un invétéré pilier de bar d'un : – Y'a qu'à faire un chèque ! Me fit rire à gorge déployée de la forfanterie de quelques-uns.

R'HL : « Mieux vaut en rire !

Moi : « Si je brassais alors des liasses de billets, je préférais les considérer faux. J'y étais dans un état d'esprit semblable à celui que j'avais eu en jouant à "La bonne Paye". Parfois je me mettais dans la peau d'un banquier et je m'imaginais recevoir le placement de nos clients : nous étions partenaires de l'État quant aux investissements sociaux !

Nous prêtions rarement : sauf quand je rendais la monnaie. Nous avions quelques bons et sérieux clients à compte.

Dans une banque où j'en avais réellement un, de compte, avec l'hôtesse qui m'y recevait nous discutions de ces dilemmes : L'état devait-il encore alimenter quelques ogres de la finance ? Réussirions-nous à rembourser les emprunts contractés pour assouvir nos désirs ou finaliser nos espoirs ? La devise Française ayant un temps guidé le monde : Liberté, Égalité, Fraternité ! ?

Ha ! Quelqu'un pourrait-il encore redresser la barre du navire France, du vaisseau Terre ?

– Pour les « France », paquebot ou cinq mâts minéralier, c'est râpé !

Demander un crédit c'est, pardon, un peu comme affirmer souhaiter donner vie à un enfant ; c'est traduire sa capacité à le nourrir, le vêtir, à le diriger comme un projet que l'on gère ; faisais-je remarquer.

R'HL : « Il est vrai que gestion et gestation sont si proches !

Moi : « Quand je retrouvais un copain que je n'avais pas vu depuis un moment, à la fatidique question : – Qu'est-ce que tu deviens ?
Je répondais : – Je suis dans le pétrole !

On n'y fait pas tous fortune !

Parfois, derrière mon guichet j'étais astrologue, j'y fus surtout auteur ! Quelques-uns savaient mon projet. J'aurais bien aimé que mon livre soit alors édité que je le mette à la vente ; je crois que j'en aurais dealé un paquet.

R'HL : « Le pétrole, l'or noir, c'est le sang de la Terre. C'est infâme ce que nous lui faisons subir.

Moi : « J'avais une Grand-tante, du côté de ma mère, qui, quand elle mit sa fille au monde, avait perdu beaucoup de son sang ; bienheureusement il s'était reconstitué par la suite. Ses petits-fils et moi portons le même patronyme.

« La Terre en fera de même » ! dit-elle revenant d'la cuisine et portant un plateau qu'elle posa sur la table basse devant moi. Elle me mit en main la belle coupe qu'elle avait amoureusement remplie d'un dessert plus onctueux encore que celui goulûment absorbé par la petite Princesse, puis la Belle venue se frotter à moi : « La tisane va infuser.

Moi : « Qu'y a-t-il de bon là-dedans ?

R'HL : « Je te laisse le deviner, tout est bon » !

Elle me passa une cuillère, nous y goûtâmes.

Moi : « Nous communiions comme des jumeaux, à la même source, au même calice.

Ce ne serait pas une poire Belle-hélène ?

R'HL : « Bravo, avec un petit coulis de framboise.

Moi : « C'est excellent.

R'HL : « Un p'tit bisou » ?

Elle me réclamait un bisou !

Moi : « Oh ! Tant qu't'en veux, je crois qu'en bisous je puis être généreux ».

Elle l'eut, elle en eut !
Nous nous régalions.

R'HL : « Ce job t'a plu ?

Moi : « Oui dans l'ensemble. J'avais du temps entre deux clients pour faire mes corrections. J'avançais dans cette direction, c'était important.

C'était d'autant plus agréable que les gens étaient causants ; je leur étais sympathique. J'en garde bon souvenir.

Je crois que sans ce geste civique, caissier dans le secteur privé, il eût pu m'être reproché de partir comme un voleur : là non, plus maintenant !

J'avais tenu à faire savoir aux gens de mon peuple combien je suis fidèle, combien j'avais été solidaire.

Si un de mes frères, militaire, m'a dit une fois : – Un jour tu seras fier d'être Français, pour l'instant je suis fier d'être moi !

J'ai objecté ma liberté à une citoyenneté nationale pour briser le miroir aux alouettes. Les lois s'affirmeront d'elles-mêmes !

R'HL : « Objecter, qu'est-ce que cela veut dire ?

Moi : « Opposer, mettre en avant.

R'HL : « C'est lui qui sera fier de toi !

Moi : « Je m'étais donné un an, j'ai fait un peu plus. Je voulais vivre un cycle solaire dans la même boutique pour me prouver à moi-même et surtout aux autres – je me connais plutôt bien – qu'à l'instar du Soleil je peux être régulier.

R'HL : « Si c'est vrai, c'est fait ? !

Moi : « Y'a pas de bile là-dessus ».

La coupe vidée, je la reposai, poursuivant : « En parallèle j'ai posé pour une amie, une ex, une toiture entière. Oh ! Ce ne fut pas bien compliqué, du rectiligne. Une histoire d'équilibrisme !

R'HL : « Oh j'ai cru que tu allais me dire avoir posé pour une photographe ou une peintre. Tu as la silhouette d'un mannequin : je pourrais te présenter.

Moi : « Elle, une fois m'avait rapporté que mes prévisions astrologiques la concernant na concordaient pas avec ses courants, son vécu. Ne se réalisèrent-elles pas ?

Un contrat étant toujours d'au moins deux parties contractés, je la boutai lui signifiant que je n'avais pas non plus envisagé qu'elle me jette aux oubliettes – ou au lion : elle porte une fabuleuse crinière ! –

Elle, plutôt que de s'être laissée couvrir sensuellement, bien des années plus tard m'offrait de poser couverture sur sa charpente, sur la charpente de sa maison !

Qui veut luxe… Je fus encore bonne pomme sur ce coup-là ! Sur ce coup-là encore !

Moi : « Ensuite, puisque tout va par deux, anachroniquement c'est avec un ami qui prit épouse sans qu'astralement j'en vis le moment venu que nous réalisâmes ce sauvetage. Lui s'y reprit à deux fois pour lancer son entreprise multi-services et ma foi, moins plus moins faisant plus, le vent gonflait le velum et soufflait sur les voiles. On prit la sauce en ce mois noir, «mij du» comme l'on dit en breton.

– N'oublie surtout pas les bandes de doublis. Penses-y !

R'HL : « C'est parfois d'unir les contraires que l'on se réalise !

Moi : « Une fois encore j'arrivais sur le chantier comme le bon samaritain !

R'HL : « La vie est bien faite quand même !!!

Moi : « Si de prime abord, après avoir couvert la volige, je n'eus qu'un sommaire habillage intérieur à produire, de fil en aiguille, après les planchers, l'isolation thermique, les placoplâtres hydrofuges, ignifuges, les plus de cent cinquante mètres carrés de lambris, la pose du socle du poêle à bois et de sa tuyauterie, la re-peinture du poêle, quelques agencements de rangements, je posai jusqu'aux plinthes et baguettes d'angles.

Ho ! D'autres avaient œuvré pour un résultat complet ; je pense essentiellement à l'entrepreneur qui avec son équipe érigea l'ossature sur une dalle faussement de niveau. Ses gars, des polacks, posèrent le principal des cloisons et assurèrent la pose des huisseries intérieures comme extérieures et le bardage de bois sur les quatre côtés de la maison. C'est une maison toute en bois !

Le plombier électricien suivit ce chantier en bon professionnel et c'est avec un autre ami que mon amie propriétaire s'occupa du jardin.

Ha ! Je dus m'occuper d'ajuster quelques poignées ! C'est vrai !

Ce fut pour ma part un bon cinq cents heures de labeur, six ou sept cents peut-être, pour une livraison clés en main !

Ho ! J'oubliais la terrasse ! Cinquante mètres carrés !

Lors de la crémaillère, si nous l'inaugurâmes lors de l'apéritif, plus tard, après bonne chère et quelques pas de danse, avec quelques amis aïkidokas présents, que pour certains je connaissais d'aventure, nous en fîmes notre dojo de plein air.

Ses planches résistèrent à nos 'rouades', et ces copains apprécièrent ma prestation bien que je n'aie plus pratiqué ces gestes depuis plus de dix ans ; si ce n'est par la pensée.

R'HL : « Tu as vraiment de la technique ?

Moi : « Un minimum. Je ne désespère pas de remonter sur les tatamis ; rien ne vaut la pratique.

Bons Dieux, si je savais autant fignoler mon livre pour qu'il soit accueillant et vibrant de chaleur, à hauteur de cette bâtisse, alors je pourrais en être satisfait !

L'un des plus beaux reportages que j'ai vu à la télé présentait la vie au sein d'un village du Kérala, un des états du Sud-Ouest de l'inde.

Très jeunes, les garçons s'adonnent aux techniques martiales du kalaripayit, et l'on y voyait donc des hommes de tous âges, et même fort âgés, continuer à s'assouplir, s'agitant de frappes ou parades, abaissant leur centre de gravité. L'homme souple est dit rapide !

Ils pratiquent dans ce qui s'appelle le kalari, soit une pièce presque close, soit une espèce de grand faré au grand air, couvert donc et légèrement creusé ; ce peut être décaissé de quelques décimètres.

Certains d'entre eux passaient une partie de leur journée dans un hôpital à dispenser des soins. Quand elle est judicieusement guidée la martialité conduit à une connaissance médicale. Les guerriers ont toujours eu besoin d'infirmiers, de médecins.

On y voyait une séance de massage pour laquelle une huile avait été spécifiquement préparée ; elle devait provoquer un effet précis sur un grand brûlé d'une décharge électrique. On y voyait aussi un masseur à demi suspendu à une corde qui, des pieds, pétrissait le corps d'un novice.

Ce reportage débutait sous un immense hangar où plusieurs individus, hommes et femmes, s'afféraient à touiller des herbes mijotant dans d'immenses chaudrons ; elles seraient bientôt 'pharmakon(s)' ! De nombreuses personnes y apportaient des sacs de toile de jute remplis de différentes feuilles à usage médical ; tu t'en doutes.

R'HL : « Tu aimerais ce genre de vie ?

Moi : « Bien sûr, je te parle de ce que j'aime, de ce à quoi j'aspire.

R'HL : « C'est logique. Moi j'aime beaucoup tout ce qui touche à la santé. On la dit bien valoir trésor, alors tu peux me croire, je te suis sur ce point.

Moi : « Les images et le commentaire passaient d'une séquence à l'autre et pouvaient y revenir. C'est là l'exemple le plus subtil que j'aie pu voir de ce que l'on nomme une communauté ! Bien sûr au village la vie était multiple, il y avait une école, des échoppes. Je trouve fantastique une communauté ayant pour centre d'intérêt majeur le bien-être. Mon ami druide aurait voulu que j'aille me frotter à la mèche de cette lampe ; il me parla aussi du 'vajra mushti' !

R'HL : « Un autre art martial ?

Moi : « Oui ! D'inextinguible même source !

Avant j'avais encore bossé quelques mois en Provence camarguaise, embauché pour rénover le mas du beau-frère d'un de mes meilleurs potes. L'auteur dont on a parlé dans le train.

R'HL : « Ha oui, je me souviens.

Moi : « Pour assumer toutes les menues bricoles pour lesquelles, avec le partenaire de chantier, nous nous étions engagés, j'avais dû mettre du cœur à l'ouvrage.

On avait décroûté tous les murs, mis à nu et poncé quelques belles pierres qui se découvraient alors. On avait ôté les tomettes en place et les vieux planchers qui la supportaient.

Puis quand par une entreprise toutes les poutres du premier étage furent remplacées, j'y posai le nouveau plafond-plancher.

Là je fus funambule !

Un peu plus et il y aurait eu un drame au tout début de ce chantier.

En réalisant une deuxième ouverture intérieure, par faute d'étayage un pan de mur s'écroula et faillit ensevelir un ouvrier. Il avait vu de la poussière se libérer anormalement et avait tôt fait de sauter de son échafaudage.

Sincèrement, j'avais cru qu'il était dessous. Sa montre, elle, fut sacrifiée !

Une poutre majeure n'étant plus alors soutenue, un peu plus une partie de la toiture s'arrachait. Alors en cinq sec, à l'intérieur même du mas, à six ou sept on s'est intelligemment débrouillés pour dresser un mat de fortune qui soutiendrait la charpente.

On avait frôlé la catastrophe !

Un vieux plancher fut du coup démantibulé : le boulot avançait plus vite que prévu ! C'est de l'humour !

Tout le week-end, deux ou trois artisans étaient venus relever ce mur haut de sept à huit mètres, et la semaine suivante on ne revit sur le chantier le frère du patron de l'entreprise en cause. Puis le bon œuvre reprit dans cette bâtisse dont le volume est d'environ mille mètres cube !

Hum ! Elles étaient bonnes les figues cueillies à même le figuier.

Moi j'attaquais le deuxième étage. Le plancher était à changer dans les combles, accessibles du bureau, et ceci une fois fait, j'y installai une balustrade sur une semelle que je cimentais. Ce sont deux manœuvres de l'entreprise plus avant notifiée qui se chargèrent de me passer les seaux remplis que je tirais à la force des bras.

R'HL : « Tu vois que la solidarité existe !

Moi : « Oui. Quand ce fut fait, je passai à la chambre de l'aîné des enfants : Hugo.

R'HL : « Ça ne s'invente pas !

Moi : « J'en augmentai la surface en prolongeant de poutres son plan placé sous la toiture de tuiles. La pose du parquet y fut un jeu d'enfant.
Là, à cette mansarde ouverte sur l'étage inférieur, j'ai ajouté de solides rambardes et fixé l'escalier.

J'en ai aussi installé un plus court, un de trois, quatre ou cinq marches je crois. Il est calé dans une ouverture faite dans un mur pour relier un escalier tout en pierre au niveau précédemment nommé étage inférieur. Celui-là, coincé, tiendrait sans pointes ni clous.

Ensuite je me suis investi dans la pose de placoplâtre, pour séparer les toilettes de la salle de bain existante.
Puis enfin je montai des cloisons de béton cellulaire pour séparer une autre salle de bain prévue du dressing à venir. Pièces où l'on accéderait de la chambre des parents par une porte vitrée à quatre pans.

Toutes les huisseries extérieures avaient été changées par une société spécialisée.
Une autre y installa le chauffage au sol et une autre encore coula les dalles.
C'est le proprio et mon pote qui posèrent eux-mêmes les carrelages. Du bon œuvre !

Ha oui ! J'avais aussi eu le temps de sabler puis badigeonner toutes les poutres en état, préservées.

Là encore j'avais bossé un bon cinq cents heures ; en gagnant des tunes cette fois !

R'HL : « Tout cela au noir ?

Moi : « Oui et sans scrupule ! Je bossais pour l'entreprise "All in Black", d'autres sont plus "Black & White". Cling-gling !

R'HL : « C'est ta devise ?

Moi : « Pas du tout ! Je ne trime ainsi que si l'on me fait appel, pour réellement rendre service. Quand ce genre de travaux est exceptionnel, et ce l'est pour moi, ce sont de vraies corvées.

Voilà la façon dont je me suis débrouillé pour mettre un peu d'argent de côté pour oser repartir à l'autre bout de la terre, de l'‘artich’ comme on dit au pays ; comment j'ai économisé de quoi entreprendre sereinement mon voyage.

Dans le Sud j'avais bossé avec comme leitmotiv le confort qu'un Roi se doit de donner à sa Reine, même après plusieurs siècles.

R'HL : « C'est de la haute-fidélité !

Moi : « Je ne sais pas pourquoi j'en arrive à dire cela ?!

R'HL : « Sans doute puisque c'est vrai. Je te sers ?

Moi : « Je veux bien, je suis choyé ce soir.

R'HL : « Je te mets du miel, tu remueras ».

Je me saisis de la tasse, l'englobant de mes mains.

R'HL : « Que se passe-t-il, tu planes ?

Moi : « Oui, je suis un peu dans les nuages.
Un peu de fatigue peut-être ?!

R'HL : « Tu es dans la lune.

Moi : « Oh non ! Pas dans la lune, moi j'ai plutôt la tête dans les étoiles, et je compte sur toi pour me garder les pieds sur Terre.

R'HL : « Tu fais bien de le dire ».

Nous reposâmes nos tasses, puis nous enserrâmes pour un gros câlin.

R'HL s'amusa d'avoir trouvé un homme courageux. Nombreux sont ceux à l'être, lui fis-je remarquer ! Elle commençait à avoir des projets.

Ce soir, puisque nous vivions une parade amoureuse, j'émis ardemment le vœu de réussir dans un tout autre registre à la couvrir à son tour, la couvrir pour la Vie. Registre celui de la passion ! La couvrir d'une couverture dont la trame laisse apparaître un paon très coloré, et confiée à mon Amie Courte Taille.

Que cela soit ! Mon ambition pour l'instant était donc de convaincre la plus ravissante créature à ma connaissance de me suivre dans mon voyage à l'autre bout du monde, et sincèrement à ce moment je doutais qu'elle se résignerait à m'y accompagner.

– Il fait la roue !

Je répondais du tac au tac à ses interrogations sur la possibilité de mener une vie décente en milieu mélanésien, en brousse, et je lui disais envisager de résider au bord de l'océan où je me débrouillerais pour dégoter une petite embarcation : Il m'arriva de rêver *écrire le G initial de mon patronyme en forme d'hameçon et comme j'y vis la cousine d'Emma, je sus où se passait la scène.*

Cette dernière sut à l'avance, et de magistrale façon donc, me certifier Rachel être la meilleure façon de nommer mon Héroïne : ses paroles n'étaient point poudre aux yeux.

Les bons sabreurs devant connaître une multitude de parades, j'ajoutais : « Moi, une fois, oui, une fois j'avais vu une flopée de paons libres de courser les paonnes.

C'était dans un endroit où à la demande d'une amie, puisque je passais dans les environs de sa résidence, j'étais allé au domicile même d'un auteur quérir un livre qu'il avait lui-même produit, et si je sais cet oiseau originaire d'Asie, il est anecdotique de savoir que l'endroit était baptisé : L'Olympe !

Cet homme avait écrit sur les Cathares et sur différents sites du Sud-Est et de fil en aiguille il m'indiqua l'a priori seul menhir dressé au pays : Le menhir de Beth.

R'HL : « Le seul ?

Moi : « A son dire.

Un des Dimanches qui suivit cette entrevue, c'est quand je bossais dans le Sud, je partis en pèlerinage pour découvrir cette antique cabine téléphonique. Oui, je suis persuadé que ces ancestraux vestiges sont placés en des lieux d'où les ondes sont ou étaient particulièrement bien émises et perçues. Jadis quelques hommes privilégiés, à distance déjà communiquaient.

Aujourd'hui le modernisme a banalisé cette capacité. Bientôt un doigt suffira pour prendre des nouvelles de la famille au loin, des amis.

Parfois je me demande à quoi bon écrire ? !

R'HL : « Fais-le pour nous !

Moi : « Par une belle journée donc, je doublais le pont du Gard et de villages en hameaux j'arrivais presque à destination. Aussi pour m'assurer de l'exacte situation du site, apercevant un homme de dos au fond d'une cour, je stoppais mon véhicule puis à pied la traversais. J'étais dans une 'chèvrerie' où une bonne centaine de biquettes attendaient d'être traites. Je rattrapai l'homme et donc m'adressai à ce chevrier qui m'indiqua être sur le bon chemin.

Repassant devant le troupeau et puisque deux avis valent mieux qu'un, je questionnais les chèvres et cabris sur l'emplacement du monolithe et en chœur tous me répondirent : – Bèèè, bèèè…

Le doute ne m'était plus permis, j'étais dans la bonne direction »

Bref, tu vois un peu le genre d'histoires que je lui ai raconté ce soir-là ; je lui ai même lâché mon sobriquet d'ado !

Moi : « Le comble du berger, tu connais le comble du berger ?

R'HL : « Je ne sais pas. Attends…

…Dis le moi.

Moi : « De se prendre pour le Messie… Puisque toutes ses « bêtes l'aiè-ment » !

R'HL : « Toi, je crois que tu peux prétendre au statut d'Étoile : tu dirigeras les rois mages !

Moi : « Moi c'est à tes yeux que je voudrais briller » !

Juste avant que nous allions nous coucher je lui ai dit un petit poème intitulé :

**« Hymne à L'AYA ou ÈVE for ever »**

Sans doute est-ce Adam qui, rêvant du pur Amour
Et craignant l'évanescence de sa Royale idylle,
S'éveilla une nuit ce sermon à l'esprit : Ève reste !
Sermon dont Sages en méditation
Ont capté l'écho jusqu'à nous depuis parvenu !

Ou incrédule de la fidélité de son épouse,
Voyant à un moment la belle emprunter
Un abrupte et rocailleux sentier grimpant
Tel celui qu'aime suivre la chèvre,
S'érailla-t-il la voix de l'axiome : – Ève, reste !
Avec une telle puissance que naquit l'évhémérisme !

On peut aussi supposer la dulcinée évaporée,
Au marché peut-être simplement allée,
Et qu'un matin il confectionna un éventail les protégeant,
Les ressoudant l'un à l'autre pour une éternité
Puisqu'il su y calligraphier la formule magique :
Inchràïnlàyà ! Formule traduite par : Ève reste !

Peut-être est-ce le même qui chevauchant,
Qui arpentant la montagne, les Himalayas,
Nommant chaque endroit de son jardin

Dût, on sait trop pourquoi renommer son sommet :
Chouchoumna ! Everest !

Ou est-ce, au vu des facéties humaines,
Je ne sais, Dieu lui-même qui,
L'Âme de la Terre désireuse de fuir son obligation
De nous porter dans ses entrailles puis, nés, nous choyer,
S'élevant, s'élevant encore, s'élevant toujours,
Craignant qu'elle ne déchirât le manteau Terrestre,
Lui enjoignit alors d'honorer sa maternité : – Ève, Reste !
Lui promettant alors de déployer toute son ardeur
À aimer, oui, aimer toute forme de vie !

D' "LAYA" peut-on sérieusement supposer
Qu'il puisse s'agir d'une façon de nommer la Lune
Dans les pays proches du Toit du Monde ?
Et qu'elle serait Mère d'ÈVE ; D'où le proverbe :
Tu dois plaire à la mère pour avoir la fille !
D'où mon hymne intéressé ; mon Hymne à LAYA » !

À mon intonation, à mon regard.

R'HL : « C'est joli. C'est marrant, si l'on prend les deux dernières lettres de Laya et les deux dernières d'Ève, cela fait YAVE.

Moi : « Yeh !

R'HL : « YAVE pourrait signifier Père et Fils à la fois.

Moi : « Oui, ou Père et Mari.
Ou alors AYA pourrait être une contraction d' : – Ha ya !
Expression bien connue et appréciée des Bretons,
Vénérée, puisque typique des Bretonnes et signifiant : – Oooh Ouii !

R'HL : « Tu sais ton Inchràïn 'chais pas quoi là'…

Moi : « ... Laya, Inchràïnlaya.

R'HL : « Oui, laya ; il me fait penser à l'Hinàyàna, la façon de nommer le Bouddhisme des origines. Tu ne posais pas la question au début de ton livre ?

Moi : « Hé ! Je crois que tu me sors une épine du pied là. Je ne savais pas trop quoi faire de cette expression, la garder ou pas. Hinàyàna tu dis ? !

R'HL : « Oui, et je crois que je vais t'appeler : mon P'tit Bouddha.

Moi : « Ca, si tu le veux ; j'en serais plutôt flatté

Enfin, sur cette révélation nous nous sommes décidés à aller nous coucher. Il était bien tard, ou bien tôt, et quand je l'ai vue enfiler sa lisette je ne te raconte pas l'effet qu' cela m'a fait…
Mamamia… Je n'ai plus eu envie du tout de d'venir curé, et tu peux me croire, elle n'est pas nonne non plus : on s'en est vite rendu compte !

Maintenant moine et 'moinesse' pourraient donner d'jolis p'tits moinillons !!

## VOLUME TROISIÈME

## VENDREDI
## (A.M)

*... Car le doigt éternel écrit dans le ciel bleu*
*Que la terre est à l'homme et que l'homme est à Dieu,*
*Car la force invisible est la force impalpable.*

Victor Hugo

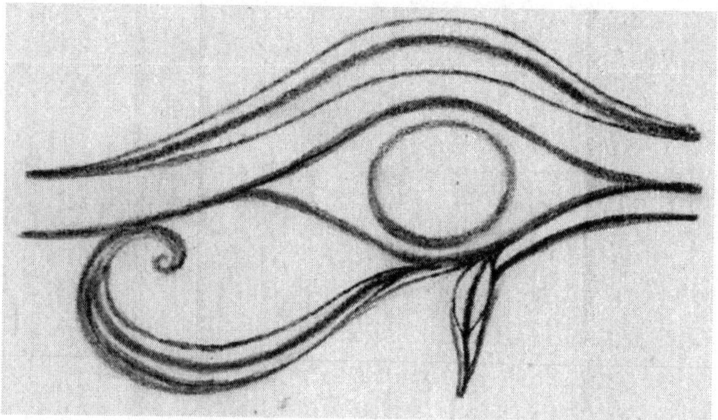

## Trois étoiles

Après donc un transfert ferroviaire jusqu'à la capitale et quelques surprenantes rencontres : Un vieil auteur du XIXe – VH – dont je ranime la verve, et le Roi dont nous savons qu'il rendait la justice sous un chêne au XIIIe – Saint Louis – ma nouvelle idylle, elle, gracieusement, amoureusement m'héberge ; nous sommes allés à confesse.

Ce matin j'irai rendre visite à un vieil ami, celui-là même qui nous avait hébergés mon fils et moi lors d'un séjour philatélique à la capitale.

Durant ce temps la Belle et la fillette feront les provisions. On en est d'accord.

Avec cet homme nous vivons une amitié sans frontière. Il est attentif, attentionné tel un père pour son fils, tel un grand-père ; il est déjà arrière-grand-père.

On dirait un jeune homme.

Je lui narrerai mon précédent voyage là où maintenant je sais en pleine conscience le voyageur vivre en phase avec l'hémisphère cérébral en relation avec le monde subtil.

Là-bas je m'éveillai à moi-même !

## 1 + 1 = 2 POURVU QU'UN…

Ce matin je l'ai trouvée sacrément belle et puis je ne sais pas quel est son parfum, c't'odeur ! Moi ça m'envoûte ! Je crois que nous nous aimons !

J'y ai bien fait attention, nous avons même forme d'organe olfactif.

Je tiens ce conseil de la grand-tante à laquelle je faisais allusion hier au soir : – Choisis une compagne au pif semblable au tien, alors même air infiltrera vos poumons !

Avant que la Petite se lève, la Belle et moi avons pris le temps de quelques langoureuses minutes de câlins ; ça compte quand la fraîcheur matinale vous saisit. C'est comme raviver la flamme sous la bouilloire dans laquelle l'eau chauffera.

Chauffera ? Je la sens déjà frémissante !

Nous avons pris le temps de prendre notre temps, pas trop vite le matin, doucement le soir ! À quoi bon se presser ? Pourvu que l'on soit efficace.

J'aime bien les céréales qu'elles consomment, du müesli. Hier soir nous pûmes l'incorporer à notre dessert. Ce matin je l'ai mélangé à mon thé.

Lors du p'tit-dej la Demoiselle a réitéré sa demande que j'expose les rouages de mon calendrier. Je pouvais lui soustraire sa mère : je n'échapperais pas à mon devoir.

J'insistai, moi, pour qu'en ce début de matinée nous nous exercions à quelques assouplissements, laissant le choix sur l'avant ou l'après démonstration. La jeunette impatiente, trépidante trancha : « Le calendrier d'abord » !

Peut-être avait-elle raison ? S'il persistait d'obscurs points je pourrais y revenir tout en proposant quelques mouvements ou postures auxquels je m'astreins quasi-quotidiennement; quelques quarts d'heure ayant pris soin de mon corps, j'ai alors le sentiment d'avoir sauvé ma journée.

Ensuite, absentes de leur domicile parisien depuis plusieurs semaines, puis en prévision de notre Hugolien pèlerinage, mes compagnes iraient faire quelques courses afin de réapprovisionner le garde-manger. Le minimum vital: « On ne sait jamais – m'ont-elles dit – nous aussi pourrions nous décider à un long voyage.

Moi pendant ce temps j'irais voir mon ami peintre; il est là ce matin. J'ai pris le temps de l'appeler un peu plus tôt!

Je finissais de me brosser les dents quand R'HL m'interpella: « Je n'avais pas vu ton paletot dans ce sac, je l'accroche au vestiaire. Qui te l'a donné? C'est le vieux?
On dirait un habit de roi; c'est de la qualité dis donc »!

Moi: « C'est le guide de la chapelle qui me l'a donné, notre juge, hier. Je ne sais ni d'où ni de qui il pouvait le détenir, d'un aïeul peut-être!? Il a peut-être été confectionné pour une représentation d'époque?

R'HL: « C'est de la vraie doudoune, c'est soyeux dis donc; il t'a fait sacré beau cadeau là!

Moi: « Oui, ça n'a pas de valeur un truc pareil ».
Pardon pour le "truc", Seigneur, je ne sais si j'en suis vraiment digne?!

R'HL: « Tu sais, plus jeune avant de commencer à tourner je faisais du tissage? Je crois que je m'y remettrai facilement; je te confectionnerai volontiers des vêtements.

Moi: « Je te vois bien dans ce rôle.

R'HL: « Un rôle cousu sur mesure. Je vais le ranger au plac...

Moi: « Non non, je l'emporterai tout à l'heure. Il est bien là.

Oui, c'est un cadeau… Alors… Tu comprends.

R'HL : « Avec le temps qu'il fait ! ?
De toute façon c'est toi qui le porteras.

Moi : « C'est bien mon intention.

La petite : « Ce n'est pas carnaval pourtant » !

Elle et sa mère pouffèrent.

Moi : « Bon, vous êtes donc disposées à ce que je vous explique les principaux atours de mon almanach ? !

La Petite Sirène : « Oh oui ! S'il te plaît » !

De ce : – Oui ! Unanime, qui plus est appuyé d'un : – S'il te plaît.
Je m'y emploierai de bon cœur : « Allons-y alors !

C'est tout ce qu'il y a de plus simple, c'est même accessible aux enfants qui à mon avis l'adopteront facilement puisqu'ils sont proches de l'état de virginité originelle, puis l'on sait la jeunesse plus apte à capter l'insolite !

Mon calendrier est cent pour cent nature !

J'explique : La semaine est toujours de sept jours ; on en a parlé dans le train. Quatre semaines font un mois de vingt-huit jours. 13 mois font une année de trois cent soixante-quatre jours !

En comparaison avec le cycle annuel réel du Soleil arrondi à Trois cent soixante-cinq virgule vingt-quatre mille deux cent dix-neuf (365,24219), le nouvel an est chaque année décalé, ce par rapport au calendrier Grégorien, d'une ou deux journées selon que l'année est bissextile ou non.

Je n'ai plus besoin d'années bissextiles ; j'en ai désamorcé l''homosextyle' » !!

La Petite Sirène ou la Petite Princesse : « C'est quoi, l''homotextile' » ?

Je m'adressais à R'HL : « Je te laisse le lui expliquer » !

Elle s'en chargerait !

La petite avait préparé un tableau à craies au cas où, si cela s'avérait nécessaire je devrais inscrire quelques indices devant faciliter la compréhension de l'ensemble de mon exposé.

Répétant l'énoncé précédent j'y notais : « 7 x 4 = 28 jours = 1 mois
28 jours x 13 mois = 364 Jours = 1 an ». Je m'assurai que chacune l'ait compris puis : « Ce calendrier fonctionne comme un compteur :
Les deux chiffres du jour, de 01 à 28, se notent à droite.
Puis sur leur gauche, de 01 à 13, sont inscrits les deux chiffres du mois.
Ensuite sur la gauche de ces quatre chiffres sont notifiés les trois chiffres relatifs aux années, de 001 à 294.

R'HL : « Pourquoi de 001 jusqu'à 294 ?

Moi : « C'est un grand cycle bien particulier : on en parlera.
Enfin pour contrecarrer le décalage qu'il existe entre le cycle solaire réel et celui de ce calendrier et aussi afficher le siècle nouveau, j'ai admis de faire figurer un 1 au devant, sur la gauche de tous ces chiffres.
Ensuite 2 remplacera ce 1, puis 3 le 2 et 4 le 3, etc. À l'infini
Cela donc au bout d'un peu moins de trois cents, six cents, neuf cents, mil deux cents ans, etc.
Je crois que si vous êtes capables aujourd'hui d'intégrer et d'assimiler ces notions, pour un début je serai fier de vous.

| | |
|---|---|
| Les Lundis sont donc : | 01, 08, 15 ou 22 |
| Les Mardis : | 02, 09, 16 ou 23 |
| Les Vendredis : | 03, 10, 17 ou 24 ; je ne rappelle pas mon inversion, |
| Les Jeudis : | 04, 11, 18 ou 25 |
| Les Mercredis : | 05, 12, 19 ou 26 |
| Les Samedis : | 06, 13, 20 ou 27 |
| Et les Dimanches : | 07, 14, 21 ou 28 |

R'HL : « C'est tout ce qu'il y a de plus simple ; cela n'effrayera pas la ménagère.

Moi : « Tant mieux, car toute l'astuce mathématique de la combinaison est déjà dite.

La Petite : « Moi j'ai déjà compris. Quel jour on est aujourd'hui alors ?

R'HL : « 03, 10, 17 ou 24. C'est bien ça ?

Moi : « Oui, mais lequel de ces nombres est le bon ?
En fait, il vous est impossible de le deviner. Ça ne s'improvise pas.
À moins que l'une d'entre vous ait le don de médiumnité ! ?

La Petite, L.N : « Et quel mois » ?

– L.N ? C'est le prénom de la p'tite ?
– Oui, c'est bien son prénom. Rappelle-toi, ils l'ont dit hier au soir.
La petite, la p'tite, c'est la même. Il aurait même pu la présenter par : La PP, pour : La Petite princesse. Puis tu sais, on dit parfois d'une belle jeune fille qu'c'est une jolie pépée ; aussi puisqu'elle était encore bien jeune…
– …Bon ! Va pour L.N. Cela rappellera peut-être quelque panthéon ?

R'HL : « Oui, comment s'appellent tes mois ? C'est toujours Janvier, Février, Mars, etc. ?

Moi : « Non. Je ne sais pas comment ils s'appellent. À une époque j'avais voulu leur donner des noms doubles d'animaux, comme panthère : dans panthère il y a paon.

R'HL : « Oui, et Terre, puis Pan

Moi : « Ha oui tiens !
Dans rhinocéros il y a cerf.

R’HL : « Et Eros

Moi : « Ho ! Ça alors ! Je me demande si tu n’aurais pas trouvé un filon ; c’est à fouiller.

H.L : « Dans poulain il y a pou et poule. Il est triple.

Moi : « Puis par la suite, j’avais pensé à des mots en relation avec le cheval : j’aime beaucoup les chevaux. Philippe ça veut dire : Ami des chevaux. Marc’h en breton signifie cheval.

R’HL : « Ça rappellerait les Saints, les Apôtres.

Moi : « J’avais pensé à Pégase, le cheval ailé de la mythologie grecque. On aurait pu choisir cheval en différentes langues. En anglais : Horse.

Je n’en connais pas d’autres.

En Nouvelle Calédonie, à une période j’ai vécu sur un bateau et un soir, sur le pont, la tête levée j’avais vu des chevaux partout sur la voûte. Les étoiles formaient des têtes, des corps de chevaux : ç’avait été fabuleux. Ça flamboyait de vie.

R’HL : « Berguitte Epona pourrait être la meneuse d’étalons dont on tiendrait la loi du talion. On dit bien les animaux nous rendre l’Amour que nous leur portons. Ha ! Comme on doit se sentir privilégié à vivre au cœur d’un domaine équestre.

Moi : « Ceux pour qui c’est le cas le confirmeraient je crois.

Oh tiens ! Je pense à ce que ma grand-mère maternelle m’avait une fois raconté. J’étais à ce moment son unique interlocuteur : – On le disait en breton autrefois, maintenant si je te le disais comme je l’ai entendu tu ne le comprendrais pas.

Je crois que cette fable parlait d’un de nos ancêtres, je n’en suis pas trop sûr. On disait qu’il prophétisait l’avènement d’une époque lors de laquelle les hommes verraient des ‘rarh’tan’, les chars à feu, les voitures, et des ‘rarh’nich’, les chars volants, les avions, et qu’ils circuleraient nombreux dans ces véhicules, sur terre et dans les airs.

R’HL : « Ce que les gens de cette génération avaient vu comme changements au fil de leur vie, c’est hallucinant.

Moi : « L’homme, (je crois qu’elle parlait d’une apparition), l’homme disait aussi, ça, tu l’as peut-être déjà entendu : – Quand les blés sur terre partout pousseront, alors ce sera signe d’un changement de temps, d’époque.

Je crois que l’on en est proche.

R’HL : « Ho oui ! C’est même quasiment consommé.

Moi : « De cette grand-mère je n’ai que le “Notre Père”, “Les Commandements de Dieu”, le “Je vous salue Marie” et “Le symbole des Apôtres” copiés d’une de ses mains.

R’HL : « Nous en parlions justement.

Moi : « Mémère était née un 25 décembre.

Maintenant quant aux nominations des mois, le champ reste ouvert : on sait qu’il y en a 13. En fait il n’est peut-être pas nécessaire de les nommer. La date dite d’une façon numérologique pourrait se suffire à elle-même.

Madjid, en arabe, je crois veut dire : Qui aime les chevaux ; ou qui, comme Philippe, en est l’ami.

R’HL : « Les Égyptiens disaient qu’il est toujours bon de nommer les choses.

Moi : « Oui, seulement là nous ne parlons pas de choses : nous traitons du Temps.

L.N : « Euh ! Aujourd’hui je crois qu’il va faire beau.

Moi : « Ha oui, ça c’est drôle, ‘krès grôle’ dirait le p’tit cochon !

J'ai un beau dicton pour résumer nos propos :
« Les Chiffres sont au Temps ce que les Lettres sont à l'espace. »

R'HL : « Ha ouii, jolii !

Moi : « J'en suis plutôt fier, je dois l'avouer ; c'est une de mes pièces maîtresses !

Ha ! Y'en a là-dedans, on dirait pas comme ça – dis-je d'index indiquant ma tête.

R'HL : « Laissons le temps au Temps, avait dit un Président !

Moi : « Oui, cet homme-là avait tout d'un Pharaon. Sa pyramide le prouverait !

J'l'ai vu une fois en rêve ; *je lui transmettais de petits livrets de couleurs. Il en fut ravi, au point que nous nous serrâmes la main.*

À l'époque je venais de produire quelques écrits que j'avais posés sur des cahiers d'écoliers que j'avais puisés dans les placards de la bibliothèque de l'école où je bossais. C'était sous son mandat.

R'HL : « Tu les as toujours ?

Moi : « Non, je les lui ai donnés !

R'HL : « Tu rigoles !

Moi : « Oui, bien sûr, ils sont dans une de mes valises à l'autre bout de la Terre.

R'HL : « Ça fait longtemps que tu écris alors ?

Moi : « J'ai plusieurs essais à mon actif : j'espère mon nouvel éloge le bon.

R'HL : « Les diatribes sont à la corbeille ? !

Moi : «Dans cette école, je ne sais plus dans quelles circonstances j'avais eu la chance que des tatamis soient disposés sous le préau et entre midi et deux avec les enfants nous nous familiarisâmes à quelques formes syncrétiques de martialité. Les uns montrant quelques prises de judo, d'autres quelques katas de karaté et moi quelques gestes d'aïkido. Ça ne dura pas bien longtemps, quelques jours seulement. Le temps d'une petite initiation.

Si mon art semblait un peu archaïque, nous nous marrâmes tout de même bien.

On pourrait s'y mettre nous aussi. On fait quelques assouplissements ?

R'HL : « O.K. ! Va pour un peu de gymnastique ».

Ce à quoi nous nous mîmes.

« Ça y est – dis-je regardant le tableau – c'en sont les principales notions à savoir : vous êtes maintenant en mesure de l'utiliser. Il importe simplement d'en connaître la correspondance avec un autre calendrier, que l'on vive ici ou là.

Ensuite avec le temps, comme je te le disais hier, quand la nouvelle carapace sera solide nous nous déferons des vieux dogmes. C'est l'évolution !

R'Hl : « Il faudra que tu nous notes la date, comme ça nous aurons une référence.

Moi : « Je suis votre référent » !

Mes séances sont composées de mouvements de qi-gong, d'assouplissements des adducteurs, selon la façon qu'il m'avait été montré de le pratiquer, d'étirements tout en douceur, comme instruits lors d'échauffements aux cours de danse, du fameux saut du kangourou, et de qi-gong encore, puis pour couronner le tout, d'un enchaînement de huit postures apprises lors de trop rares cours de danse indienne.

J'ai souvent pratiqué d'une séance d'environ trois quarts d'heure et je prendrai peut-être le temps de vous la détailler.

Aujourd'hui pour disposer d'un bon laps de temps à accorder à mon ami peintre, je l'écourterai peut-être? Ce sera selon la motivation de mes nouvelles disciples.

Elles sont volontaires.

Par moments je me demande ce qu'il m'arrive, si tout cela est vrai?!

Dire qu'à l'heure qu'il est j'aurais déjà pu avoir survolé l'Europe, l'Asie, avoir peut-être fait une escale au Japon ou avoir transité par l'Arabie ou un pays de cette région du globe, puis par l'Indonésie ou l'Australie, bref, être arrivé à destination.

De toute façon je pars au plus tard la semaine prochaine... Ou d'après. Pourvu qu'elles se décident! Je n'y crois pas! Haa! Ce doit être le syndrome de l'échec qui me guette!

Mais si, elles vont venir! Me rassurais-je.

C'est lors d'une cure pour assainir les voies respiratoires que je pratiquai pour la première fois le qi-gong. Je m'étais décidé à retourner en soins dans la même station thermale que celle où enfant j'avais accompagné mes parents. Une ville régulièrement étape du Tour de France cycliste, la quelle reçoit aussi un festival cinéphile.

Ces trois semaines seraient à nouveau des vacances à la montagne, un bon bol d'air en altitude.

C'est une affiche qui attira mon attention et, une semaine durant mon séjour au cœur de ces merveilleuses Pyrénées, chaque après-midi donc je suivais d'un homme fort âgé quelques principes de base de cette technique martiale, dite douce. Que chacun en garde une mémoire palpable, quelques pratiquantes se proposèrent de relier un petit fascicule rappelant les variations proposées et leur incidence sur l'organisme. J'ai encore de quoi m'en inspirer!

Mes nouvelles partenaires avaient sorti trois tapis de sol en fines lamelles de bambou et ont apprécié mes mouvements académiques. Nous nous essayâmes même jusqu'au saut du kangourou.

« Tu peux nous le montrer ? M'avait demandé la petite quand j'évoquai le rêve l'insinuant.

Moi : « Pour sûr !

R'HL : « C'est dingue, et t'en a beaucoup comme ça ?

Moi : « Oui, et dans ce rêve : *En présence de Nour, nous sommes quelques copains occupés à des exercices physiques en extérieur, quand au fil de la séance nous nous rendons compte que l'on en a oublié un. C'est alors qu'elle dit aux amis que je vais le leur montrer ; ce que je fais.*

C'est d'là qu'est né ce saut du kangourou ».

Tout en racontant je m'étais alors allongé les bras le long du corps.

Moi : « Ca, c'est la position de départ, un peu la position du fœtus.

Il est important de rester le dos bien au contact du sol.

Alors on déplie les jambes, et les pieds vont effleurer le tapis le plus loin possible.

Là, en position allongée, les jambes sont très légèrement au-dessus du sol et dans cet élan de jambes que l'on tend, on envoie les pieds vers le haut…

R'HL : « ... Vers le plafond.

Moi : « Oui, ou si l'on pratique en extérieur en direction du grand bleu céleste pour les porter à l'équerre, toujours tendues, à la verticale de la tête, ou plus en arrière. De là on se remet dans la position initiale en faisant l'exact mouvement inverse.

R'HL : « Ce n'est pas compliqué du tout !

L.N : « Même moi je peux le faire !

R'HL : « C'est un jeu d'enfant. C'est un exercice abdominal tout simple.

Moi : « On finit donc l'exercice en ramenant d'une position jambes allongées, les genoux au niveau du torse.

R'HL : « Ou de la poitrine, pour nous les femmes.

Moi : « Oui, puis l'on remet ça plusieurs fois.

R'HL : « C'est un exercice quê beaucoup de gens font sur des espaliers.

Moi : « On en fait l'économie !

L.N : « Pourquoi tu appelles ça le saut du kangourou ?

Moi : « Tu ne l'as pas encore fait ! La sensation de prendre appel est réelle.

Je peux me relever ?

R'HL : « Fais en encore quelques-uns, tu veux bien, que je le mémorise ».

Après quelques va-et-vient je me relevai et proposai : « Qui s'y essaye » ?

Toutes deux volontaires s'installèrent et je suivis leurs oscillations de jambes pour qu'elles accomplissent le mouvement convenablement.

Moi à la petite : « Tu n'as pas l'impression de bondir comme le ferait un kangourou ?

Boïng, boïng !

L.N : « Un peu, si.

Moi : « Tu verras, si tu le fais en extérieur, la tête à l'Est, alors c'est extraordinaire, la sensation est encore plus forte : tu auras l'impression de pouvoir faire tourner la Terre en prenant appui sur la voûte » !

R'HL : « Combien de fois faut-il le faire ?

Moi : « Quand j'en fais, si j'en fais vingt-cinq je suis content ».

J'aidai à la réalisation du mouvement.

Moi : « J'espère qu'il vous sera possible de pratiquer longuement et avec assiduité.

R'HL : « Oh lala ! Au bout de dix on sent déjà les abdos.

Moi : « Ha oui ! Ça fortifie les tablettes de chocolat.
J'ai déjà remué des sacs sur lesquels "cocoa" était indiqué pour : cacao.
Et à parler chocolat qui donc sait ce qu'est la théobromine ?

R'HL : « Théo signifie Dieu. Bromine ? Je ne sais pas !

Moi : « Non, bromine ne veux pas dire : je ne sais pas !
Personne ne sait !
Cela veut dire nourriture des Dieux et c'est le nom scientifique du cacaoyer. C'est aussi une substance que l'on trouve à la fois dans le chocolat donc, et le thé !

L.N : « J'aime beaucoup le chocolat ; ça me rappelle ma Grand-mère !

Moi : « Nous aimons tous ça, Mignonne.

Moi : « Il existe une micro-algue d'eau saumâtre, la spiruline si mes souvenirs sont bons, laquelle en Amérique latine les amateurs de cette substance avaient eux aussi dite Nourriture des Dieux !

R'HL : « Oui, à une époque j'en consommais régulièrement, je me la procurais en magasin spécialisé. Il est révélé que ce sont les mêmes tissus qui composent le réservoir énergétique humain nommé hara et les tissus cérébraux.

Moi : « Dans certaines disciplines martiales il est même demandé d'apprendre à penser avec le ventre.

R'HL : « C'est ce que font tous les bébés !
C'est stimulant ; c'est un bon exercice ».

De l'avis de chacune la sensation de prendre élan puis bondir est réelle. De cet exercice, des pieds elles ont réellement perçu la sensation de toucher le ciel : elles se sont senties grandes, géantes !

On a eu chaud ! Quelques gouttes perlaient à nos fronts.

Je leur ai parlé de quelques excursions que j'avais revécues sur les traces de mon enfance.

Le lac d'Oô restera l'une des randonnées les plus agréables. Ho ! Elles le furent toutes, ou presque.

Je leur ai raconté que depuis l'un de ces deux séjours que je fis courant 99 et 2000, j'ai souvent parlé du petit tremblement de terre qui s'y produisit, de ma petite bougie qui était resté allumée quand les ampoules elles, s'étaient éteintes.

Je suis un inconditionnel de la bougie !

Maintenant je n'en nie point le danger : de la prudence donc, en toutes circonstances !

Durant nos acrobaties j'ai raconté les circonstances de la rencontre avec l'Ami de longue date que je rejoindrai tout à l'heure ; elle eut lieu dans un bistrot.

L'avenir de l'humanité s'y joua parfois. Il s'en passe des choses dans les tavernes. Les hommes qui fondèrent les Nations, qui les déstabilisèrent ou les étayèrent y ont animé nombre de conversations.

Cet Ami était éducateur à l'époque.

Puis je racontai rapidement une bien cocasse anecdote en rapport avec celui-ci. Bien qu'il y ait un côté tragique à mon histoire, tu vas rire :

« Au départ de ma deuxième expédition pour mon ailleurs, il était prévu que je passe ma dernière nuitée à la capitale, sous son toit : c'est pour cela que je raconte cette blague. La bonne blague !

Nous avions prévu que je lui confirme mon arrivée au plus tard dans les heures qui précéderaient celle-ci, au moins le temps du trajet.

Le jour venu, j'avais fait mes Adieux aux amis, à la famille et je rentrais au domicile de mes parents pour les tout derniers préparatifs quand... Quand j'y arrivai en fin d'après-midi, ces derniers me prévinrent que le train partirait avec, je crois, une heure d'avance. C'est rare ! D'ordinaire c'est plutôt l'inverse.

Les jours précédents il y avait eu de fortes précipitations et la voie impraticable sur un tronçon avait décidé les instances autorisées à décaler les horaires de circulation des trains. Heureusement mes parents s'en étaient inquiétés. Pourquoi ? Allons savoir !

Bref ! J'en oubliai de confirmer mon départ ; et cet ami, quand j'arrivai était sorti... Pour la nuit. C'est sur son paillasson que je fis la mienne. Au moins j'y avais été à l'abri.

Sur le quai de la gare, cette fin d'après-midi là, en montant dans le train j'avais été à mille lieues d'imaginer que pour la dernière fois je voyais mon père !

Notre dernière excursion ensemble avait été pour le tombeau de Merlin en forêt de Brocéliande où nous vénérâmes le chêne alors six fois centenaire. Où, en arrosant de quelques gouttes une pierre de la fontaine de Barenton, mon garçon déclencha l'averse comme le veut la légende. Où – mon fils me l'avait rappelé récemment – il y aurait une histoire de couronne à accrocher sur, ou à décrocher d'une branche.

Alors racontant tout cela à mes Princesses, prenant un ton lyrique et agitant un bras :

Merlin,
Du caprice d'une femme je viens te libérer
Toi le divin enchanteur, fidèle et dévoué serviteur.
De tout temps jamais nous n'avions connu
Plus grand magicien, plus humble coquin
Qui d'Amour sut servir la Vie.
Ici nous nous souvenons de tes prouesses,

De ta réelle sagesse, alors nous t'invoquons, te prions
Qu'à nouveau tu animes nos esprits de fables, de récits
Dont mères nourrissent petits, dont pères éveillent amis.

Soit à nouveau ce mage porte-drapeau
Qui nous en sommes sûrs connaît la formule
D'un Élixir de Joie, de Paix, d'Harmonie,
Élixir qu'en secret tu prépares ;
Peut-être même est-il enfin prêt » ? !

Applaudissements

« Sur le chemin du retour nous saluâmes à Monteneuf quelques menhirs tout nouvellement relevés. Nous y vîmes des cahutes faites telles que l'homme préhistorique pouvait en avoir édifiées.

L'année précédente c'est en lieu et place de Carnac que nous fîmes pèlerinage, longeant les alignements, nous insinuant sous un tumulus, posant devant le Géant du Manio et visitant le musée de la préhistoire au village. C'est un haut lieu touristiqueet culturel. J'aime beaucoup !

R'A : « Tu as de la chance d'être allé en Égypte.

Moi : « Ce n'est pas ce Karnak-là mignonne, c'est le carnac breton.

R'HL : « C'est celui près d'où nous séjournions sur notre île.

*Belle Ile peut-être ?*

L.N : « Ha oui je connais ».

R'HL : « Bien sûr, nous y sommes allées plusieurs fois en promenade. Les huîtres y sont délicieuses.

Moi : « J'y en ai cueillis de sauvages quand plus tard, en camping-car avec un frangin et sa femme, on y passa un week-end : j'adore ça.

R'HL : « J'ai peur de conduire ces engins-là, pourtant j'aimerais bien en avoir un.

Moi : « Pas de problème, t'as trouvé un chauffeur !
Il ne me manque plus que la casquette et les gants. »

Maintenant à l'heure où je rédigeais mes mémoires, je n'étais pas peu fier quand j'informais mes proches ou l'ami, que mon fils y avait élu domicile pour parfaire son apprentissage de pâtissier : c'est là-bas qu'il empocha son diplôme.
J'adore le baba !

Toi Papa – pensais-je invoquant l'invisible – je crois te savoir l'épauler.

Puis m'adressant à nouveau directement à mes nouvelles amours : « Quand nous allions avec mon Père et mon Fils, j'avais rôle du Saint-Esprit !

Le lendemain de cette anodine déconvenue – repris-je – la paillasse ayant été rude, au matin quand je pris place dans l'avion j'avais trouvé mon siège bien confortable ».

Je ne sais pas pourquoi, mes belles ont ri. Je crois bien qu'elles se sont un peu moquées de moi !

Alors pour me ressaisir de cette estocade que je m'étais moi-même portée, comme le vieil homme me l'avait demandé le concernant, je surenchéris en leur proposant de réaliser leurs thèmes astraux ; pourquoi pas dans la journée si nous en trouvions le temps ? !

Je tenterais de les élucider : « Je suis tout disposé à vous donner une interprétation de votre caractère et à vous indiquer les carrefours temporels à négocier, à intelligemment négocier.

« Top là ! Dirent-elles.

« Top là ! J'ai dit ».

Mon téléphone sonna

Moi : « Allô

« Allô Papa ! Alors, bien arrivé ? Tu as fait bon voyage ?

Moi : « Salut Bonhomme, si j'ai fait bon voyage ? Euh, oui, jusqu'à la capitale.

Tu ne sais pas ce qu'il m'arrive ?

RV, mon Fils : « Non, vas-y raconte.

Moi : « Je… J'ai rencontré une mignonne !

RV : « Quoi déjà. Dans l'avion ?

Moi : « Non ! Dans le train.

Je suis toujours dans l'hexagone, elle m'héberge ici, à Panam. J'vais sûrement y rester quelques jours, le temps de la décider à me suivre.

RV : « Quoi, t'es pas parti ? Tu déconnes. Arrête, c'est une blague ?

Moi : « Je ne sais pas comment te le prouver. Si je t'appelle d'une cabine le numéro s'affiche sur ton portable : je le ferai dans la journée.

J'ai rencontré du beau monde, je t'expliquerai.

Tu bosses aujourd'hui ?

RV : « Oui ! J'fais juste une p'tite pause, je me suis dit que ça te ferait plaisir d'avoir un p'tit bonjour d'ici.

Moi : « C'est vrai, ça fait toujours plaisir d'entendre le son de ta voix et de savoir que tu vas bien. Y'a du boulot ?

RV : « Ouais, un max, on est en pleine saison encore ici.
Je pensais qu'avec le décalage horaire je t'appelais en début de soirée pour toi, ou à peu près.

Moi : « Ben ouais, tu vois ici aussi le jour s'est levé, oh y'a un bon moment déjà. On vient de faire un peu d'exercice : j'initie ma fiancée au qi-gong !

RV : « J'suis sûr qu't'es arrivé et qu'tu me fais une blague ! ?

Moi : « Non, j'te jure. Hier on est allé visiter la Sainte Chapelle, puis on a assisté à une audience au Palais de justice. Qu'est-ce que je peux bien te dire ? Si tu peux te libérer, viens nous rejoindre. Essaye de prendre une journée ou deux ! J'suis sûr que pour la bonne cause ton patron acceptera.

RV : « J'vais voir.

Moi : « Oui, essaye ! Ce serait tip-top, ça !

RV : « Bon, je vais retourner bosser, à bientôt.

Moi : « De toute façon, t'as mon numéro : tu m'appelles si tu viens, et de toute façon quand je pars, je te préviens. De toute façon je pars. Je suis en train d'essayer de la décider à venir avec moi ; elle est belle, tu verrais ! C'est une actrice. J'te jure, je n'ai pas connu beaucoup de femmes aussi séduisantes.
Tiens, j'y pense, ce matin je vais voir D'Jak, tu sais l'ami peintre qui nous avait hébergés, tu n'as qu'à m'appeler à son domicile. Dans une heure une heure et demie je devrai y être.
Attends, je te donne son numéro.

RV : « Ok ça marche.

Moi : « C'est le 01. 45…

RV : « Bon, j'y vais, on a du taf. J'te rappelle.

Moi : « Ok, à tout à l'heure.
Eh ! Tu ne dis rien à personne ? !

RV : « Promis. Salut P'pa ; Bisous !

Moi : « Ciao Bonhomme ! Bonne journée !

R'HL : « C'était ton fils ?

Moi : « Oui, il pensait m'appeler à l'autre bout de la Terre ; j'te raconte pas la surprise !

R'HL : « Toi tu dis : ciao, pour : Au revoir.
Je crois que certains le disent pour : Bonjour ? !

Moi : « C'est vrai ; ce n'est pas une bonne habitude.
J'lui ai dit pour Nous !

R'HL : « C'est ce que j'ai cru comprendre.
Pourtant on dit : Pour vivre heureux, vivons cachés !

Moi : « Je lui dis tout. Lui aussi me dit tout.

R'HL : « Il vaut mieux ça. Mieux vaut être complices.

Moi : « C'est le cas.

R'HL : « De toute façon tu pars alors ? !

Moi : « T'as entendu ? !

R'HL : « Pourtant VH t'a dit que tu aurais encore à faire par ici.

Moi : « SL, lui, m'a dit penser mon destin être là-bas.
Viens avec moi !

R'HL : « C'est peut-être le pays des illuminés ? Mon petit Śãkiamuni !

Moi : « Ou le Paradis des bannis de la République, des apatrides.

R'HL : « Je ne sais que te dire.

Moi : « Ne dis rien, laisse-toi porter : le temps fera le reste ».

Elles m'ont indiqué un papetier dans la boutique duquel je trouverais quelques tubes d'huile, de gouache ou d'autres fournitures pour peintre.

Puis on est repassés sous la douche pour se rincer de notre transpiration et une fois séchés, rhabillés, avant de sortir nous nous sommes mis d'accord qu'elles passent me chercher au pied de la tour où réside celui dont le trait de pinceau m'avait réellement fasciné à une époque.

Nous prîmes congé.

Bisous bisous. Pas de bisous !

Il est dit que l'on n'embrasse pas une femme quand on la quitte ; ainsi on la garde au plus près de soi.

Ou en fait, sincèrement je crois que c'est surtout une habitude à prendre pour que, quand au jour ultime l'esprit s'en ira, alors il ne cherchera pas à rester en contact physique avec l'être le plus cher, le plus aimé, le plus…

… Maintenant quand on est jeune, on voudrait, je le sais, s'éterniser dans les bras d'son ou d'sa…

– « Bye, bye »

## D'Jak pote

C'est d'une fraternelle embrassade que mon ami m'a reçu. Il y avait plusieurs années que nous ne nous étions vus – je ne sais plus combien – et un peu plus je repartais sans le saluer.

J'avais pour simple excuse de n'avoir pas remis les pieds à la capitale depuis mon retour du bout du monde. La capitale, cette mégapole, ne suscitait plus en moi le même attrait que par le passé !

Cette fois encore l'anecdote du paillasson fit sourire.

Il m'avoua qu'il était pourtant probablement présent ce soir-là – sa sonnette alors en panne – et qu'en soirée il devait être installé dans sa chambre à l'autre bout de l'appartement ; il ne m'avait pas entendu frapper à sa porte. Ce que sans aucun doute je fis.

Je l'eus un peu en travers de la gorge : la paillasse avait été rude !

Mais bon ! Il y avait sûrement fait meilleur que dehors.

Une fois pour ne point déranger un ami à une heure tardive, je m'offris le luxe d'une nuit sous les branches d'un arbuste au Trocadéro. Endroit que par la suite je sus peu recommandable de nuit.

C'est comme ça : je suis comme ça ! J'ai aussi parfois dû m'imposer, sans doute même sans m'en rendre compte. Alors… Je ne sais de quel côté penche la balance ?

Quel charlot parfois j'avais été !

Tout de suite, empressé j'filai à gauche, j'empruntai les toilettes…

Haa ! Ça fait du bien… Houu ! Soulagé.

Depuis notre précédente entrevue D'Jack avait recueilli sa vieille mère pour s'en occuper, pour l'accompagner dans ses dernières années : elle s'était éteinte il y avait peu.

Vaillante jusque bel âge, je me souvenais qu'elle eut plaisir à me recevoir à sa table. En effet, deux ou trois fois, il y a bien dix ans de cela maintenant, j'avais été invité à y accompagner cet ami qui, une ou deux fois chaque semaine je crois, lui rendait visite avant qu'elle ne s'installe avec lui ; comme quoi nous étions proches !

Elle, comme malheureusement bon nombre de nos contemporains y étaient sujets, avait subi la maladie du trouble et de la perte même de la mémoire : maladie dont je ne me souviens plus du nom, c'est… Je ne sais plus.

En ce sens, il m'arriva, tandis que j'étais pompiste, d'avoir l'opportunité de discuter avec celle qui ce soir-là serait ma toute dernière cliente. Puisque directrice d'un centre d'accueil de personnes âgées, centre qui plus est habilité à recevoir des gens atteints de la déficience plus avant sommairement décrite, ayant le temps nous parlâmes donc de cette pesante 'pathos'.

Je lui soumis deux hypothèses bien personnelles quant à tenter d'expliquer ce qui pouvait provoquer ces évanouissements de conscience.

La première était de supposer un déchargement de responsabilité du fait du vote électoral, et de cet engagement en partie se désengager jusqu'à s'oublier. Le droit de vote serait alors à considérer comme trop subtil, ou plus exactement trop pressant – pour pression – pour que quelques-uns, très, trop nombreux en oubliassent la réalité de l'obligation à d'exister par et avec soi-même.

La seconde hypothèse me vint un jour comme un flash : ces gens involontairement oubliaient dès à présent le passé de leur futur. Eurêka !

La cause en était notre éducation, notre inculture concernant la vie, ses cycles.

Oui, si j'avais vécu mes voyages à l'autre bout de la Terre telles des périodes réduites assimilables à d'entre-deux incarnations, oserais-je dire qu'il était tabou de traiter d'une boucle de la Vie allant au-delà du temps physique d'une dite vie.

Que les femmes n'osent parler d'une physique au-delà d'une existence humaine, je comprends ; mais que l'homme soit à ce point devenu matérialiste… “Gast” ! Quand ces gens reviendront pour une énième incarnation leur sera-t-il encore dit qu’ils arrivent ‘innocents’?

Notre religio-sociale culture doit évoluer, ou, peut-être simplement devrions-nous dire, retrouver ses fondements. S’il vous plaît, c’est pour vous que je le précise ; rien n’est stochastique !

La petite dame, mon interlocutrice d’un soir, alors de me dire qu’elle garderait à l’esprit mon propos, et mon ami D’Jack de m’avouer avoir eu quelques arias pour garder, lui, sa pleine lucidité tentant en pareilles circonstances de bichonner sa maman. Il redevenait, me dit-il, lui-même !

Je le gratifiai d’avoir su être bon fils ! Il me remercia pour ces quelques tubes que je lui fournissais de bon usage !

Il peint toujours aussi bien, de vrais mandalas dont il est même allé jusqu’à coller sur quelques-uns des demi-noyaux d’avocats sculptés. Il s’est longtemps laissé porter par cette formule qu’il avait commencée à poser sur ses toiles peu de temps après notre rencontre remontant à… À vingt cinq ans. À peu près l’âge qui nous sépare !

Avant que nous nous rencontrions, déjà enclin à la barbouille, il était plus porté sur les marines. Il avait écumé les bords de mer de notre Atlantique et s’était volontiers inspiré des rochers, de leurs formes laissant l’observateur à son imaginaire.

Des têtes et poitrails de chevaux se distinguaient parfois sur ses toiles et c’est avec plaisir que j’en redécouvrais ; j’espérais en visionner de plus récentes.

*Penmarc’h la bien nommée*

Il y a quelques lustres maintenant il nous avait présenté un ami de longue date, de l'ère 68 ; n'en déplaise. Il y a eu des phénomènes, c'est sûr, et bien heureusement certains s'adonnèrent en profondeur, s'abandonnèrent à leurs idéaux. Ils en sont, comme ils sont des tout premiers objecteurs !

Ce nouvel ami, installé au pays, c'est celui qui avait appelé D'Jak quand je lui avais parlé du jaquier et du fruit pareillement nommé qu'eux d'eux.

Nous l'avons évoqué.

D'JAK : « Comment va-t-il ? Ça fait un moment que je ne l'ai pas vu. Je me demande même si la dernière fois qu'il est venu à Paris il est venu me voir.

Il faudra que je l'appelle un de ces jours, c'est vrai que c'est souvent lui qui fait la démarche.

Moi : « Il va bien, toujours ses petits problèmes aux bronches. Ces jours derniers j'allais encore lui filer un coup de main pour tondre son pré et tailler quelques branches de saules un peu rebelles qui prenaient trop d'amplitude. Il a fait faire un sévère élagage sur ses chênes ; c'est le cousin qui s'y est collé. Il y a de la clarté là-bas maintenant.

C'est le frangin et ma belle-sœur qui ont récupéré quelques stères sur ce coup-là.

D'JAK : « J'irais bien les voir un de ses jours, j'ai besoin d'aller respirer l'air iodé.

Moi : « Ses voisins ont l'intention de donner une fête bientôt : invite-toi. Si c'est festif comme la précédente, ce s'ra super !

On a changé les cordes de son banjo récemment.

D'JAK : « Ouais, j'ai bien envie d'aller m'installer à sa table en pierre au pied du grand chêne, là – je l'appelle la table de l'écrivain – et tenter d'moi aussi écrire mes mémoires.

Il est robuste ce chêne, il est impressionnant. Puis son cèdre, quelle vigeur il déploie » !

Par une baie vitrée j'observais les piétons, tout en bas, un stade, un peu plus loin, et plus loin encore, des toitures, par milliers.

Moi : « Ouais, c'est une vraie antenne.

J'ai eu de la chance qu'il me propose la dépendance attenante à sa maison pour réussir à boucler mon livre. J'étais bien là-haut, au calme du murmure de la Véronique, le ruisseau qui s'écoule à proximité. On dit son eau bénéfique pour la vue.

D'JAK : « On a aussi des cavités osseuses autour des globes oculaires qu'il est bon de presser pour prévenir des maux d'yeux.

Moi : « Oui, il y a un paquet de points sensibles comme ça sur tout le visage. J'ai un petit truc là-dessus.

J'aurais bien aimé qu'il me dessine quelques images pour mon livre. Il a du talent. Je n'arrive pas à concevoir qu'il soit ainsi possible de produire autant de traits, de teintes. De certains pastels on dirait des photos.

D'JAK : « T'as vu ça !

Ha ! C'est un métier. Il faut le don pour çà, Monsieur !

Moi : « J'aurais voulu qu'il me dessine une pierre en forme de crâne que j'avais trouvée dans le jardin de mes grands-parents. Je te l'ai peut-être déjà montrée. Elle est rosée avec quelques incrustations de cristaux. Elle est belle. J'y ai même vu, à méditer devant, la vache et le taureau.

D'JAK : « Rien que cela ? !

Moi : « Ha ! C'est le début du troupeau !

J'avais pensé lui consacrer quelques lignes signifiant les heures passées ensemble à parler de religions, de symboles, qui ne sont points issus de la connaissance humaine, mais ponts célestes, clés préexistantes.

Je crois qu'il a une affinité toute particulière avec Saint Bernard : il va me manquer le gaillard !

J'aimais bien aller le voir. Je ne sais pas combien de fois je lui ai rendu visite. Lui qui aime bien la langue italienne, tu sais, il l'aime bien son p'tit hameau.

Ensemble nous parlions de la vie et il n'hésitait pas à dire combien selon lui la connaissance n'est pas livresque : et il avait en soi raison. Moi mon livre n'apporte rien qui ne soit déjà connu. Il contient peut-être de belles formules, et alors ? Le lecteur quand il l'ouvrira sera déjà dans une tout au moins prédisposition, mon histoire est déjà à l'intérieur de lui. Il ne fera l'achetant que prendre, d'un p'tit bout de matière, un pseudo-savoir qu'il s'appropriera. Tout au plus alors fait-il acte de générosité envers l'auteur ! ?

D'JAK : « Ho, tu philosophes déjà à cette heure-ci ; tu n'es pas de bonne humeur ou quoi ! C'est de ne me l'avoir toujours pas apporté que tu ronchonnes. Ça viendra, va, même si ça fait un moment que tu m'en parles ; ça viendra !

Moi : « J'ai retenu cette belle phrase aussi, ensuite on tourne la page :
Je ne vois pas pourquoi le nombre aurait raison !

D'JAK : « Faisant allusion au scrutin… Démocratique !

C'est sûr, comme tu le signifiais déjà tout à l'heure, il pourrait avoir à y redire car s'il faut être millionnaire pour être candidat à la présidence, on n'est pas tous sur un pied d'Egalité.

Moi : « Ha ! S'il n'y avait pas eu ce calendrier, je ne me serais pas autant pris le chou !

D'JAK : « Tu n'aurais pas eu besoin de revenir : c'est ça ??

Moi : « Ouais !

D'JAK : « Ça c'est le destin ; c'est quand même plutôt honorifique comme mission ! Non ?

Moi : « Bien sûr que si : c'est ma Vie » !

Lui aussi est en forme, et il m'accueille chaleureusement. Ça fait plaisir !

Ses longs cheveux d'antan raccourcis, ayant bien du commencer à grisonner, je le soupçonnais de s'être fait faire une couleur, une teinture pour éviter qu'ils ne trahissent son âge. Il est fringant ! Un de ses fils, comme moi, est de la classe 64 et il m'apprenait être tout jeune arrière-grand-père du côté de sa fille, l'aînée.

Moi : « Non !

D'JAK : « Si !

Moi : « Ta mère nous quitte tout juste et tu es déjà arrière-grand-père ! Quelle époque ! On se croirait immortels » !

Bien que le temps d'un nouveau départ pour les antipodes se précisât – précisais-je – à la demande de mon hôte du moment j'allais me lancer dans la narration de mon précédent voyage dont j'étais revenu pour m'impliquer, moi aussi, quant au réconfort de ma mère.

Je commençai par lui expliquer comment j'avais mis de côté de quoi entreprendre sereinement mon voyage, ma principale préoccupation ces derniers mois, composant en parallèle ma biographie.

Hier soir ayant déjà narré les faits et gestes qui me permettaient enfin de prendre élan pour franchir les vingt millions de yards, de verges, me séparant d'une destination peut-être la finale, en fait je me répétais : je répétais ma leçon.

D'JAK : « T'as bien raison ; quand on sait combien certains coûtent à l'état, t'as bien raison de ne pas continuer à cautionner ces gens ! Ce doit être impressionnant le pognon qu'ils claquent.
Si je le pouvais je ferais comme toi !
Je vais te mettre un album des "Stones", tu vas me dire ce que tu en penses ».

Il avait quelques disques d'anthologie et celui-là m'émut : je le connaissais bien. Ce '33 tours' vinyle avait souvent tourné sur la platine le matin, les week-ends quand mes frères étaient rentrés de pension !

C'était le tout premier album de ce groupe mythique : ils étaient encore cinq en ce temps-là.

La voix pour commencer chantait : « On the matter… »

Moi : « Tu sais, là-bas j'ai rêvé *quelqu'un me demander qui je voudrais voir sur scène. J'ai répondu : "The Rolling Stones" !*

D'JAK : « Bon choix ma foi !

Moi : « Là-bas j'ai vécu plusieurs périodes distinctes et tu sais, j'étais volontairement parti quelques jours avant les fêtes de fin d'année, sûr que quand j'arriverais sur ma terre promise ce serait une période favorable pour rencontrer du monde, des gens d'un peu toutes les tendances. À ce moment de l'année, là-bas aussi les gens sont plus détendus, plus conviviaux et se livrent alors de moindre retenue.

Bien m'en prit puisqu'un un ami avec lequel j'avais joué au hand et installé depuis plusieurs années sur l'île principale, prenait alors ses congés. Il avait été surpris de me voir débarquer sans crier gare. D'emblée j'ai eu de la chance de bien m'entendre avec sa femme, et dès notre première agape au bord du lagon nous sympathisions.Tip top !

Un ancien collègue l'avait invité à venir passer le réveillon sur son île d'origine où il se réinstallait avec l'intention d'y proposer de la petite réparation navale. Je l'étais du même coup : Invité !

J'avais passé mes premières nuitées à l'auberge de jeunesse dominant la ville, et sans diplômes spécifiques ni réserve financière, je savais qu'il me faudrait à tout prix trouver et accepter sans rechigner un premier emploi. J'avais donc passé les premiers jours de ce voyage à m'inscrire dans plusieurs agences d'intérim et fureter de-ci de-là, même si une ou deux soirées déjà j'atterrissais dans un Club ; j'aime danser.

Nous passâmes le réveillon de Noël ensemble, en famille. Coutume et soirée dansante l'agrémentèrent et si depuis longtemps la commémoration de la naissance du petit Jésus n'était plus inscrite à mon calendrier, l'ambiance fut chaleureuse.

Je me souviens encore de ce matin, quand ils arrivèrent pour me chercher, lui et sa femme qui devait nous conduire à l'embarcadère pour prendre la navette maritime. Il faisait hyper beau, le Soleil rayonnant au possible.

Le navire quitta le quai et plus loin, longeant à distance le rivage, nous franchîmes une passe, puis bien vite nous voguions sur le grand bleu où soufflait un petit vent, une petite brise rafraîchissante. La traversée durait plusieurs heures.

Sur le pont arrière du ferry qui nous emportait, nous avons sûrement parlé des uns et des autres :

– Et comment va Un tel ?

– Bien, il…

– Et Une telle ?

– Ha, elle ! Elle est toujours aussi…

– Ici tu sais…

… En fin d'après-midi, après l'accostage, attendus, nous étions dirigés en tribu.

Tous ses membres se réunissaient du matin jusqu'au soir pour partager les ferveurs évangéliques dont j'avais je l'avoue été surpris. Nous fûmes reçus sous les tonnelles édifiées pour la circonstance.

Nous y fîmes la coutume avec le chef de clan du frère qui nous recevait, échange ou don de tissus, numéraires et tabacs, puis après que nous nous soyons délectés de plats auxquels je goûtais pour les premières fois, nous passâmes une première soirée très entourés, de forte intensité. Celle-là avait été organisée dans l'intention de prévenir des maladies sexuellement transmissibles et le débat était mené par les adhérents d'une association qui avaient pour mission de passer de tribu en tribu durant ces premières journées de grandes vacances scolaires. L'assistance avait prêté une oreille attentive.

Je me souviens les jours suivants, lors d'une balade faite à vélo jusque un large trou d'eau dit insondable, qu'au retour on fit une pause pour un recueillement sur le mausolée des 'Dix-neuf', victimes d'un scrutin. Un malheur n'arrivant jamais seul, une année après… Tu connais l'histoire ? Les kanaks connaissent l'histoire !

D'JAK : « Oui bien sûr ; on s'en souvient tous.

Moi : « Cette même fin d'après-midi, rentrant de notre randonnée en longeant une longue, très longue plage bordée de cocotiers, arrivant à la tribu, avec mon pote, nous nous défiâmes dans un sprint que je remportai quand trop tôt il se relevai pour tenter de récupérer sa casquette envolée.

Toujours véloce le gars !

Une petite semaine passa ainsi de jeux de plein air, course en sac, course à l'œuf (au citron) en promenades. Certaines falaises étaient majestueusement imposantes. On avait débroussaillé un terrain à mettre en culture et fait quelques parties de pêche aux blanc-blancs et autres poissons évoluant dans des eaux limpides au possible, où nous prîmes le temps de nous baigner, de nager.

De préparations culinaires à leur dégustation, nous fûmes des hôtes comblés !

Le soir, certains chantaient et dansaient sur le terre-plein illuminé et m'y étant parfois mêlé, j'avais su entraîner nombre d'enfants dans mon sillage.

Lors de l'après-midi du Dimanche, après un tournoi de volley et quelques bières que tout le monde ne vit d'un bon œil, tous les membres de la tribu, nous inclus, fîmes une ronde et chantâmes louanges au Seigneur ! Nous disions espérer tous nous revoir l'année suivante !

Quand arriva le moment du départ, un vieil homme vint me voir et me dit : – Nous, nous n'en sommes encore qu'à découvrir les fondements d'une déjà vieille doctrine et de toi qui portes le nouveau message, nous ne pouvons encore apprécier la sagesse, ni les conseils.

C'étaient là les paroles les plus rassurantes que je pouvais entendre : je lui promis de revenir... Avec un livre !

Ils ont le don !

Avec mon pote soudeur nous prîmes l'avion pour rejoindre l'île voisine d'où est originaire sa femme, qui nous y attendait. Elle portait alors leur premier à venir et nous confia qu'elle venait de rêver qu'ils auraient trois bambins.

Coutume avec le frère aîné et ça y est, je faisais partie de la famille.

Sincèrement je crois que l'on est reçu ailleurs comme l'on reçoit sous son propre toit, aussi je serai toujours reconnaissant à mon père de m'avoir ouvert aux amitiés pluri-sociales, multiraciales, d'avoir su écouter avant de vouloir juger.

Voir c'est savoir.

C'est avec ce grand frère, dès notre première soirée parmi ces nouvelles connaissances, que je découvris le kava, boisson à base d'un tubercule très prisé pour ses vertus un tant soit peu aphrodisiaques. À ne pas confondre avec le kvas issu de la fermentation du seigle ou le caoua, notre café.

Le kava fait partie intégrante de la vie tribale et coutumière de nombreuses ethnies océaniennes et les indigènes que je rencontrais avaient pour certains de lointaines origines communes avec des îliens distants de milliers de kilomètres.

D'JAK : « L'homme voyage depuis bien longtemps.

Quand on est jeune on ne s'en rend pas bien compte, on se croit l'unique découvreur de l'inconnu ; je ne sais pas s'il reste encore à découvrir qui nous émerveillerait.

Moi : « C'est donc dans une pénombre naissante, après une visite de courtoisie à un jeune couple enjoué d'enseigner sur cette île, que sur une plage au sable immaculé l'on m'offrit mon premier 'scell' : c'est ainsi que l'on nomme la demi-coco évidée remplie de cette boisson.

Là aussi s'exercent d'adroits placeurs, d'"îlloyaux" nettoyeurs, et, telles les planètes gravitent autour de l' Astre majeur, l'"one" puis le play-boy, le rond ou l'élancé, s'essayeraient à jouxter la "boulette" ou chasser l'intrus flirtant la bille le symbolant. Pas de pastis ici !

Avec une voiture louée, en famille, une journée nous fîmes le tour de l'île, des plages et des sites les plus caractéristiques, les plus attrayants, les plus paradisiaques. Il y a là-bas quelques belles vraies plages !

D'JAK : « En Bretagne aussi.

Moi : « C'est vrai.
Seulement quand tu foules un sable d'une incroyable finesse, une vase crayeuse d'une douceur extrême et que tu te baignes dans une 'O' tiède et d'une transparence défiant celle qui parfois coule au robinet, tu ne peux qu'être séduit et vouloir vivre pareille nature. Ce même jour, en nageant très près du rivage, mon ami et futur collègue vit une tortue, et moi plusieurs coquillages dont le 'sept doigts', ou lambis si tu préfères.

D'JAK : « Oui, le lambis, c'est mieux !

Moi : « Ces gens m'appréciaient et nous étions successivement les invités de chacun des frères et sœurs de la femme de ce fraternel copain, auquel je dois cet On ne peut Ô plus merveilleux accueil.

Une fois, avec quelques jeunes, nous allâmes au trou d'eau de la tribu. Il fallait gravir quelques escarpements rocheux pour l'atteindre et ma foi cela valait le détour. C'est en fait un gouffre, une grotte à ciel ouvert, un aven en lequel s'écoule une rivière souterraine.

À l'époque je n'avais pas commencé la plongée et quelqu'un me prêtant masque et tuba, à m'y baigner j'aperçus quelques bâtons dans son fond, et tu peux me croire, j'avais dû prendre sur moi pour aller en saisir un. C'est en rejoignant la berge que me vint à l'esprit une phrase de mon Amie médium ; tu sais la femme des Monts d'Arrée ! ?

D'JAK : « Oui, tu m'en as souvent parlé.

Moi : « Cette phrase jusqu'alors énigmatique : – Je saurai bien si tu es allé jusqu'au fond !

Une fois remonté à la surface, tu peux en être sûr, je m'étais senti fier ! Ça oui !

C'est là-bas que j'ai vu mon premier petit requin. Dans l'océan cette fois.

Sans blaguer, en entrant dans l'eau je l'avais aperçu et je crois qu'il était venu me recevoir dans son milieu aqueux. Après qu'il se fut éloigné, il n'était peut-être pas bien loin, j'avais essayé de traquer, courser, filer quelques poissons de genres qui m'étaient inconnus.

De plus, j'en pris plein la vue des coraux, de leurs couleurs.

Trop beau le spectacle !

Quand le squale revint rôder autour de moi j'ai supposé qu'il était là pour me prévenir que le temps imparti à la baignade prenait fin. Je suivis mon intuition.

Ce jour j'avais accompagné l'un des nombreux frangins du grand frère, avec femme et enfants, et nous partageâmes sa pêche cuite d'un bon feu de bois ramassé sur le bord de mer. Il préparait une mixture à base de poulpe pour appâter ses prises. Nous avions bu là le jus de coco et je pris soin de bien regarder la façon dont à l'aide du long couteau, espèce de sabre, les indigènes ouvrent leur noix, avant de m'y essayer moi-même avec succès. Hum ! C'est bon, et le coco germé, quelle douceur !

Quand le soleil venait à décliner, il arrivait que j'aille jouer au volley avec des ados et jeunes gens. Garçons et filles jouant ensemble, certaines mignonnes bien habiles disputaient souvent le point.

Le soir au 'nakamal', quelques 'scells' aidant j'avais le contact facile avec les plus âgées ; je dois avouer que tout était fait pour que je sois en confiance !

À la tribu, la femme d'un neveu insista que je fasse des crêpes : je ne me fis pas prier.

Eau, farine, sel, beurre, œufs, jambon, gruyère râpé et le tour était joué.

Citron miel pour les sucrées. Ma préférée !

– Si l'on peut y rajouter de la chantilly ? Oui bien sûr !

Nous passâmes un dimanche dans l'ambiance qu'impriment la préparation puis la dégustation d'un bougna, les hommes s'occupant alors essentiellement du feu et de l'enfournement.

Lors du rassemblement d'avant repas une longue bande de tissu fut partagée entre les convives et chacun lors de cette réunion de famille, après avoir noué 'manou' à sa taille, fut invité à prendre la parole : c'est ainsi que sont reçus les invités.

Le vieux qui nous recevait, il n'est maintenant plus, me convia à une fête qu'il donnerait pour sa sixième décennie révolue. Je n'ai pas participé à cette fête, tout comme mon père n'aura pas eu le temps de fêter, lui, ses soixante-dix printemps : il partit pour son 'Neñv' quelques jours avant cette échéance.

Ce ne fut peut-être qu'une coïncidence, un vieil homme sous le toit duquel j'avais vécu lors de mon premier séjour sous ces latitudes avait rejoint ses propres ancêtres la même semaine que mon vieux. Celui-là, je ne le revis qu'une fois !

D'JAK : « Ça fait bien longtemps que mon père est parti lui. Il était orfèvre tu sais.

Moi : « Oui, tu m'en avais souvent parlé. Il t'a laissé un livre sur les champignons, non ?

D'JAK : « T'as de la mémoire.

Moi : « Tu ne dois pas t'en servir beaucoup par ici !

D'JAK : « C'est sûr.
Lui aussi avait son petit truc pour appâter le poisson. Il aimait taquiner le goujon. Je tiens de lui à la cuisine, il aimait beaucoup nous préparer des petits plats ».

À c't'instant j'ai senti D'Jak accuser le contre coup du départ de sa mère. Je n'ai rien dit.

D'JAK : « Quand il était sur les bords de Seine, les gens devaient le voir relever sa ligne avec une inhabituelle frénésie puisque l'on voyait les canots s'en approcher. Lui s'éloignait alors d'eux et relançait, puis levait une nouvelle prise : il en ramenait du poisson. On se régalait. C'était une autre époque.

Moi : « En tout cas, moi je t'invite à venir goûter au bougna. On s'était régalé ce jour-là. J'eus même la primeur d'une sieste dans la case familiale et je savais la fille de nos hôtes fureter autour. J'aurais peut-être dû la convier à de taquins ou coquins jeux…

D'JAK : « ... Et satisfaire son appétit ? !

Moi : « J'aurais peut-être dû, ces 'occas' ne se reproduisent pas tous les jours.
Après deux p'tites semaines mon pote et sa femme s'en sont retournés sur la Grande Terre pour reprendre leurs activités et moi je restai trois semaines supplémentaires vivre au cœur de ce clan. Du bonus sans doute ? !
Chaque soir j'avais plaisir dans ma case à penser à ces fantastiques journées, inscrites au plus profond de mon être.

Il m'arrive encore d'y penser : il y a une part de moi là-bas !

J'ai même pénétré la case coutumière de la Grande Chefferie sise au village voisin, espace somptueusement sobre.

D'JAK : « Tu boiras bien quelque chose ?

Moi : « Volontiers. Du thé si tu en as, ou "tchi" comme certains disent là-bas.

D'JAK : « Plus d'apéros ?

Moi : « Pluss ou plus ? C'est pour rire.
J'évite !

D'JAK : « Ce n'est pas plus mal, tu as raison : prends soin de ta santé.

Moi : « Il était prévu que je retourne sur cette île pour repeindre une maison, que j'y fasse un ravalement. C'était un excellent deal financier… Laissé en plan !

D'JAK : « Dommage.

Moi : « Oui, dommage.

En fait à mon retour sur l'île principale j'ai bossé comme gestionnaire magasinier dans le même chantier naval que mon pote. Le patron me mit à l'essai sur sa propre toiture tandis que sa femme me demandait de réaliser le thème astral de leur fille.

Ce n'est pas le boulot qui manquait !

Le matin tandis que le boss était au bureau, je faisais du dépoussiérage, du rangement. Je dressais un inventaire complet tant des matériaux que de l'outillage et l'après-midi, lui en démarchage, je recevais les clients. Je consultais mes collègues sur la possibilité de leur répondre favorablement sur le façonnage et sur les délais. Je m'occupais aussi de la facturation. J'faisais un peu le même boulot que mon père avait fait.

L'ambiance était bonne et mon pote, je lui dois beaucoup, m'avait mis à disposition son petit voilier au mouillage. Si certains ont le pied marin, j'avais moi un pied à terre marin.

Il m'avait proposé de le sortir : je n'ai pas osé !

Je ne sais plus s'il y avait des margouillous à bord. C'est comme cela que là-bas l'on nomme le gecko, ce petit reptile mangeur d'insectes, de moustiques. C'est l'indispensable anti-moustiques.

J'y suis resté logé avec ma petite prame, avant de prendre une chambrette dans un appart en colocation, à cent mètres de là où je bossais.

D'JAK : « Ça c'est bien. On devrait toujours bosser à côté de sa maison ou vraiment à proximité. C'est gage de faire un job qui convient.

Moi : « T'as entièrement raison. Maintenant il y a des professions toutes particulières impliquant des déplacements.

Là, j'aurai turbiné trois mois, bien payé. L'équivalent de huit mille, cent quarante et quelques milles de là-bas ; c'était correct pour un début. En €uro ça fait un peu moins de mille deux cent, en $ollars un peu plus. Il était prévu si je faisais l'affaire que je sois embauché.

Suite à quelques malversations, un gros contrat échappa à l'entreprise, somme toute bien gérée. Il concernait la construction d'un petit ferry marchandises et passagers. Un nouveau contrat de trois mois m'était du coup simplement proposé : je déclinai l'offre pour partir en brousse. J'étais invité à la tribu où j'avais vécu presque 12 ans auparavant.

D'JAK : « Tant qu'ça !

Moi : « Cette deuxième période, six bons mois passés donc en tribu, nous gérâmes entre autre le bon déroulement de la logistique matérielle d'un stage BAFA. Les cours donnés sous le faré, le montage des tentes de chambrée et la pose de palmes de cocotiers sur l'ossature de notre resto nous accupa, organisés.

Je me souviens que nous avions fait 'chauffer l'eau chaude' avant de tuer le cochon comme toujours gamin je l'avais vu faire à la ferme de mon grand-oncle.

Cochon qui, prévu au menu, serait cuisiné à différentes sauces.

Ce fut du taf et tout se passa bien, si bien que je ne répondais plus aux avances d'une jeune mélanésienne rencontrée plus tôt.

Une nouvelle chanson se faisait entendre : "I've been loving youuu, too loong…"

Moi : « C'est une reprise.

Nous allions pêcher et occasionnellement j'accompagnais les chasseurs.

Le notou, une variété de pigeon, le cerf et les cochons sauvages d'un bord, le mulet, les picots, les dawas ou autres poissons de l'autre, la table est toujours garnie et si certains disent l'autochtone un tantinet flemmard, moi je l'aurai connu courageux.

Les jours suivants nous préparions l'arrivée à la tribu d'une course pédestre se courant par-delà la montagne, une course sur deux journées. Une pour l'ascension, puis après une bonne nuit de récupération, le final sur l'autre versant. Certains d'entre nous s'étaient occupés d'en flécher le parcours, de le rendre praticable et pour permettre aux concurrents de franchir les passages un peu humides, un peu boueux sans patauger, nous avions disposé des palmes de cocotiers sur le sol. C'était des sortes de ponts slalomants entre différentes essences parfois bien denses. Un tapis pour les premiers, pour les autres je ne sais pas.

Pour la circonstance nous avions monté des stands et mon créneau avait été les nems que j'avais fait préparer, et en commun avec quelques femmes, la pastèque et les boissons. Notre kermesse eut du succès.

Un bon vieux en avait profité pour ouvrir sa boutique à l'entrée du camping où le ruban, après quelques centaines de mètres courus sur le sable, serait coupé par le vainqueur.

Il arriva par la suite que je sois sollicité pour tenir cette petite épicerie en alternance avec les filles de ce vieux. C'était là alors ma façon de glaner quelques pièces et d'être au contact d'un peu tous les gens de la tribu.

L'une d'elle mignonne, parfois je traînais. J'en ai gardé quelques p'tits dessins qui traduisent sa psyché. Elle les avait posés au dos d'une feuille sur laquelle j'avais écrit quelques psaumes.

Pour l'entretien du site donnant sur une des plus belles baies du pays, il y avait toujours à faire et en soirée j'allais régulièrement voir si quelques touristes y installaient leur bivouac. Avec le doyen de cette petite communauté qui avait été maçon et l'interlocuteur privilégié de cérémonies officielles, mon hôte avait donné de leur sueur qu'y soient installées douches et commodités.

L'endroit a un charme tout particulier de la variété de très hauts cocotiers qui s'y déploient.

À l'époque il y avait un faré à terminer et je me souviens d'une vieille huile brûlée en avoir enduit l'armature. Quelques-uns de ses piliers étaient magnifiquement sculptés. Le ciselage est un art fort apprécié par là.

Plus tard, un extrêmement violent cyclone en aurait raison, comme il viendrait à bout du premier faré dont la paille venait d'être remplacée quand je revins vivre en cette tribu.

Mon hôte était venu jusqu'à la maison quand il vint présenter sa fille bébé nourrisson à sa sœur et son beauf, eux-mêmes alors en métropole pour études. Il avait passé quelques jours à “Pont”, là ou toi aussi tu as eu l'occasion de venir.

D'JAK : « La maison de ta grand-mère ?

Moi : « Oui, et nous avions évoqué le bon vieux temps, nos vingt-cinq ans, quand il me proposa : – Tu sais, j'ai agrandi la maison, si tu le veux il y a de la place pour toi !

J'aurai mis cinq ans avant d'honorer son invitation et sans doute n'imaginait-il pas alors que j'y séjournerais six bons mois.

Il était fréquent que les cousins, les voisins proches et amis de ce frère se retrouvent sur sa terrasse ; et ça tchatchait, tu peux me croire, et le jour de mon arrivée il en fut ainsi ; j'étais ravi de cet accueil.

– C'est toi ? Ça fait longtemps. T'es revenu alors ! Combien de temps tu restes ?

Entre eux ils parlaient souvent langage et là je n'y comprenais couac ! Aussi j'eus vif plaisir quand un des frères, faisant allusion à mon premier séjour, rappela que je leur parlais déjà des étoiles ! J'étais content que l'on se souvienne de moi !

Si je devais retourner vivre par là, ma première intention serait de rendre visite au chef de ces tribus. Je dis ces tribus puisque celle où je résidais était rattachée à sa voisine et ledit chef habitait cette seconde. Le fait est que j'ai toujours été bien reçu dans l'une et l'autre.

Riche en minerais, la presqu'île faisant face au fief de cette collectivité était exploitée, et d'année en année ses crêtes perdaient de leur hauteur, de leur magnificence. Après les pluies abondantes nous ne pouvions que constater les eaux troubles et tintées du fait du ravinement, et, quoique certains en aient pu dire, évidemment les poissons et les coquillages étaient moins abondants qu'avant l'ouverture de la mine de nickel où j'aurais moi-même travaillé au chargement. J'y avais même postulé pour un emploi de comptable.

S'il ne tenait qu'à moi, j'y ferais arrêter l'activité minière.

D'JAK : « Ça fait vivre du monde tout de même !

Moi : « Oui, beaucoup de monde, c'est indiscutable.

Les indigènes pourtant savent qu'ils ont su vivre des millénaires sans extirper à la terre ses filons. Certains y avaient même cherché de l'or.

Nous en sommes venus à évoquer ses amis canadiens ; et moi de saisir l'occasion de trancher d'un : « Je ne comprends pas pourquoi une société canadienne exploite une partie du nickel en Nouvelle-Calédonie. Canada, Kanaky, je sais que phonétiquement ça se ressemble, pourtant j'ai du mal à comprendre, et que l'État français ait pu laisser échapper une si manifeste manne faisant appel à des étrangers pour sonder certains sous-sols et leur en accorder de droit les concessions, et surtout qu'on n'ait pas pris de dispositions pour former des autochtones ou même des 'métros' à l'exploitation de la dite richesse. Il y a pourtant indéniablement un savoir faire. Les techniques d'extraction sont connues. Sont-ce du génie ou des hommes courageux qu'il ou qui manqueraient en France ? J'y serais bien reparti, sûr d'un contrat à la clef.

Ou l'opinion publique pouvant s'insurger qu'on fore encore la terre, quelques représentants nationaux ou locaux préférèrent-ils signer une autorisation d'un bord pour ne pas se sentir responsable de l'autre ! ?

Si je ne suis blanc de rien, la souillure était inévitable.

C'était irresponsable ! Pourtant je n'irai cracher ni sur vos tombes ni sur la soupe.

À moins que chaque peuple n'ait une spécificité qu'il ferait valoir dans ce mondialisme pour l'heure quelque peu anarchique, en attendant, les Canadiens jouissent de l'hégémonie concernant les extractions minières. Sûr qu'ils sont compétents !

Que restera-t-il aux français ? Quel rôle est le nôtre ? La France serait le pays le plus visité au monde, serions-nous généreux ? Oui, le système social élaboré par nos pères le prouverait : Nous sommes solidaires. Et chacun se doit de pouvoir aller tête haute.

Aurions-nous alors quelque suprématie quant à réussir à rapprocher l'homme des hommes ou l'homme des Dieux ?

C'est en bon citoyen que je me mouille en ce sens, et d'autres ailleurs le font j'en suis sûr mieux que moi.

Bah ! À qui encore vont, allaient, iraient les plus belles parts du gâteau ?

C'est un dossier délicat, très chaud, trop délicat et trop chaud pour qu'ici…

… Et puis je ne suis pas suffisamment informé…

… Et puis j'ai 'fait' un p'tit pâtissier pour pouvoir choper la cerise avant qu' le gâteau… »

Je n'ai pas pu m'empêcher de lui raconter le parcours du bonhomme, mon fils presque jeune homme. Il approchait de l'âge que j'avais quand… Quand ben oui ! Quand j'avais honoré sa mère. Je pense facilement à lui.

Je pense que l'avenir de ce territoire passe par ce que je nomme le tourisme de proximité : Vive le tourisme de proximité ! Celui duquel les "métros" se motiveront en découvrant de ces vastes domaines, les convenances s'y prêtant, et ces étendues toujours vierges et sauvages.

Je crois sincèrement qu'une initiation en découle : la vie est une longue initiation.

Là-bas aussi, j'ai participé à une cueillette de letchis. La période de la récolte se précisait et je me souviens mon pote me demander d'aller m'enquérir auprès du vieux colon de la possibilité d'une récolte.

– Tu lui dis que nous cueillons et que nous nous occupons de la vente. Si nécessaire nous louerons un fourgon.

En fait, nous achetions un produit sur pied.

Mon pote connaît très bien l'interlocuteur et pourtant il préfère me confier le rôle d'intermédiaire. Aussi je vais voir le vieux producteur qui à une époque avait expédié jusqu'au Japon. Il fut précurseur d'une production de masse.

Le vieux accepte ; j'en suis tout jouasse !

Je reviens en informer mon pote et les frères qui sont dans le coup. Ravisés, ils trouvent un hic sur le tarif.

Je retourne voir le vieux ; ça colle ! C'est cool !

Dans les jours qui suivent, quand les fruits arrivent à maturité, à trois ou quatre nous sommes perchés à sept ou huit mètres. La machette à la main nous coupons les rameaux de letchis que d'autres au sol se chargent de ramasser et mettre en caisses. Nous devions bien être une petite vingtaine à nous affairer à la besogne.

Nous pesons le fruit de la cueillette en soirée et si les conditions me semblaient convenables, je sais que quelques cageots passèrent à l'as.

D'JAK : « Que veux-tu ? L'homme est difficile à contenter !

Moi : « Pour ma part je serai ravi d'avoir été intermédiaire pour ce deal ; car puisque je me suis investi, je me sens à ma place, intégré dans l'équipe.

L'arbre est dense, chargé de fruits faciles à atteindre tellement les branches sont puissantes. C'était là encore grandiose !

Nous sommes nombreux à connaître l'ambiance de cueillettes, aussi je te laisse imaginer dans quel état d'esprit nous étions. Ce sont des vendanges !

Hum ! Ce goût !

Nous avons la primauté de cueillir les meilleurs – si si – les meilleurs letchis de la province et la foire du village est organisée à cette période. Les clémentines sont elles aussi de la fête.

Nous cueillons jusque la nuit, nous pesons et tout semble Ok. jusqu'au moment où… Un 'ami' au volant de son fourgon partira avec la marchandise à bord. Alors qu'il était prévu que plusieurs d'entre nous soient de la livraison.

Le lascar, un gars d'une tribu voisine, finira par reverser pécules à mes hôtes et moi je ne toucherai pas un kopeck pour cette transaction cueillette.

L'audacieux roublard prétextera me concernant que, puisque je vivais aux dépens de mon ami je pouvais lui concéder ma part !

C'était en partie vrai et puis… Entre-temps j'avais quitté la tribu.

Le gars, je le sais, durant quelques mois passa devant la maison la queue basse, puis comme il savait rendre service et apporta quelques ignames, il réintégra la petite communauté.

JACK : « Tu t'étais fait avoir ? !

Moi : « Ha ! L'enculé ! En beauté.

Tu sais, je me suis assuré que le vieux qui nous avait ouvert ses plantations ait été défrayé comme convenu ! Tout le monde y avait gagné.

Nous, nous avions glané le beurre des épinards, nous avions ramassé plus d'une tonne de letchis dans la journée, peut-être deux. Au magasin aussi ou sur le bord de route nous en vendions, au kilo. Qu'est-ce que je me suis régalé !

Avec mon hôte, à quelques pas de sa maison nous avons bâti une case.

Je l'y avais incité car aux îles d'où je revenais les cases sont fréquentes et j'y avais entendu dire qu'il n'est bon mélanésien celui qui n'a sa case !

Je m'étais engagé à l'épauler dans sa réalisation et nous allâmes ensemble couper les poteaux de niaoulis qui en seraient l'ossature.

Lors de mon premier séjour au sein de cette tribu, je l'avais vu porter une lourde charge, un poteau même je crois, et il m'avait confié avoir absorbé une feuille qui lui donnait un peu plus de force que d'ordinaire.

Si j'en eus cette fois bien besoin, je n'y pensai à temps !

Plusieurs longues journées nous nous occupâmes à la tâche, écorçant de longues perches de je ne sais plus quelle variété d'arbre, tandis que nous devions disposer en spirale de très longues et fines tiges de caféiers sur celles-ci. Le tout supporterait la paille.

Au fil des jours, nous voyant motivés, de plus jeunes participaient aux manœuvres : c'était sympa ! Cette case est encore debout et de temps à autre le soir il doit encore y être fait un bon feu.

Mon ami, au premier temps de mon séjour parmi eux, m'avait confié une 'toutoute', une conque qu'il pensait que je pourrais faire percer d'un vieux quand je retournerais aux îles comme cela était envisagé. Comme la plupart de mes affaires laissées sur place après six mois passés à vivre là, elle fut emportée par d'improbables intenses flots pluviaux débordant des 'creeks' et inondant les parages. Je la lui dois !

Un jour, j'espère, comme de coutume, au sommet de cette case nous installerons une flèche faîtière munie de ce fétiche. Peut-être ne m'ont-ils pas attendu pour célébrer le site ? !

La paille doit en être à renouveler pour maintenant.

J'ai hâte de'm barrer !

Auparavant, pour fermer sa terrasse au vent, avec ce frère un tantinet "matjo", au-dessus du muret qui en fait le tour nous avions installé une petite palissade, un paravent de tiges de bambou que nous étions allé choisir dans un endroit approprié. Cela nous avait pris quelques paisibles jours de labeur. Je ne sais plus qui mesurait, qui coupait, qui posait.

Sa femme et les amis satisfaits du résultat, nous le fûmes tout autant !

Tu sais, j'ai écrit un livre avec toutes ces histoires et j'ai peut-être trouvé un éditeur.

Dans le train, quand je suis venu j'ai rencontré des gens qui peuvent m'aider et purée, j'ai rencontré une mignonne aussi, une actrice. Elle m'héberge !

D'JAK : « Bien joué ! Je la connais ?

Moi : « Oh sûrement !
Ne me demande pas, j'ai promis : trois étoiles » !

D'JAK : « Ha bon !
Tu reveux du thé ?

Moi : « Oui, s'il te plaît, il est bon.

Après les fêtes de fin d'année, un an après mon arrivée sur le territoire je suis retourné en ville, à la seule véritable grande ville du Pays.

Je logeais alors en squat les premiers jours et j'ai vite trouvé à faire dans une entreprise de pose d'huisseries. Cette société venait d'investir ses nouveaux locaux et incroyablement c'était là où j'avais eu ma première piaule. En quelques mois tout y avait changé, le bâtiment avait complètement été redessiné.

J'y ai bossé une semaine. Sur le chantier j'entendais dire que s'il y avait beaucoup de boulot on pouvait aussi devoir bosser le Samedi. Moi j'y crus puisqu'un des associés en chef nous demanda d'accélérer la cadence, de tremper puis manier le rouleau avec un peu plus de prestesse ; on était dans les finitions.

On n'avait pas bossé le Samedi : je n'y retournai pas le Lundi.

Je cherchai donc un autre job et, un soir, tandis que je me rendais au nakamal pour recevoir ma dose de kava, j'aperçus du monde sur la cour d'une société de fabrication de glaces, d'ice-creams.

– Bonsoir, je profite voyant quelqu'un pour demander si une personne supplémentaire serait la bienvenue dans l'équipe ?
– Il y a de la lumière dans le bureau du gérant, lui saura vous dire.
– Merci, bonsoir.

Toc toc
– Oui.

Je n'avais pas encore posé ma question que l'on me répondait.
J'entrai.

– Bonjour, je passe voir si à tout hasard…
– Tu as un CV ?
– Non, j'ai juste un numéro de téléphone à vous donner, je suis disponible.

Je m'étais procuré un portable dont même mon père fut content d'apprendre que j'en avais fait l'achat.

– Je vais prendre votre numéro, on ne sait jamais.

Il le nota et nous nous quittâmes sur deux : = Bonsoir !

Nous étions en milieu ou fin de semaine et suite à ce bref entretien, dès le lendemain il m'appelait pour me proposer de commencer le Lundi suivant : j'acceptai !
Tu vois à quoi il tient de trouver du taf.

Mon salaire n'était pas mirobolant, le minimum pour un max de boulot ; disons que l'on faisait ce qu'il y avait à faire. Je crois que tant que j'y ai bossé il n'y avait pas eu une seule journée sans production. Ils ont embauché après mon départ.

Ha ! J'aurais voulu, quand j'y étais encore, qu'y soit employée la femme dont je te disais avoir refusé les avances : je l'avais retrouvée.

L'histoire n'était pas inscrite ainsi et la même histoire n'a jamais mis ce double féminin dans mon lit. J'aurais bien voulu : elle ne voulait plus !

Connerie !

Travaillant, j'avais à nouveau de quoi m'offrir une chambre dans une maison où la cuisine, le salon et les bains étaient communs. Tu vas te marrer, j'étais le seul locataire. J'avais de l'espace dont je profitais allègrement. C'était vaste et propre.

Pour embaumer cet intérieur de douces senteurs je ramassais des fleurs de tiaré que je disposais sur une coupelle remplie d'eau ; ça fleurait bon l'Océanie !

Chaque soir je faisais des assouplissements, j'allais boire kava et malgré moi je n'arrivais pas à mettre un sou de côté.

Un vieux tahitien m'avait fait savoir que c'était là l'expérience du 'trou noir'.

Tu fais, tu fais et pourtant ça ne sert à rien. Chaque jour tu viens bosser et résultat… Pas de résultat ! L'As de pique ! Flûte !

Soir ou matin je faisais souvent le trajet à pied plutôt qu'en bus ; j'en avais quand même pour une petite demi-heure en longeant le rivage. C'était une belle balade. Je lorgnais sur les potagers de mes voisins, je traversais des terrains parsemés d'une espèce de mimosa où je cultiverais moi-même. Je foulais la récente pelouse du tout prochain terrain de cricket.

À une période de l'année, sur le sentier qui longeait le squat où j'avais séjourné, je trouvais les mandariniers et les pomelos aux fruits mûrs, et en guise d'échange avec la famille qui m'autorisa la cueillette, j'apportais des yaourts quand j'en avais. Y'avait des petiots !

La glace fondait trop vite.

Nous avions ces laitages d'un livreur qui les récupérait un peu avant leur date de péremption dans les bacs de vente. Cela lui était permis.

Le pamplemousse c'est le bonheur, et je remplissais mon p'tit sac à dos à ras bord.

J'adore les agrumes !

Pour te dire l'aspect amical que nous entretenions, juste après mon embauche le patron m'offrit quelques-unes de ses vieilles chemises. Tu peux être sûr que j'avais été ému de ce cadeau, qui m'était fait le jour du bicentenaire de la naissance du poète que tu sais j'idolâtre à ma façon. Celui que j'ai mis en avant dans mes écrits.

D'JAK : « Hugo ! ? C'est toujours ton favori ?

Moi : « Qui pouvait faire le rapprochement ? Personne ! Moi, c'est tout !

Le gérant de cette fabrique de glaces porte le nom d'un illustre auteur français lui aussi porté au Panthéon… À l'encontre de ses dernières volontés !

D'JAK : « Sans commentaires !

Moi : « Je réussissais de temps à autre à faire naître un sourire sur le visage de la grande patronne, la belle-mère du patron, une petite femme très travailleuse dont la fortune était faite. Cette femme aimait me dire avoir de l'or entre les mains.

Elle avait encore une fille à caser : j'aurais peut-être dû creuser de ce côté-là ? !

Parfois en bossant nous chantions. Nous avions – ce petit groupe de travail – réussi à créer une ambiance bon enfant ! Certaines se seraient je crois laissées allé à de petits 'frotti-frottas' si… Toutes des coquines je t'dis !

Nous fabriquions de bons produits, les parfums classiques, de vrais sorbets aux fruits, des p'tit-pôts, le cône 'giga'.

J'y ai bossé sept bons mois et comme je n'étais pas là pour engraisser mes patrons par ailleurs très agréables, je t'l'ai dit, arrivé un moment je n'en ai plus pu de voir les belles journées se suivre et moi… Moi aussi j'irais me baigner, profiter d'la vie » !

Quand un morceau de mon récit semblait lui avoir échapper, D'Jak n'hésitait pas à me reprendre et : « La fille de la patronne ?

Moi : « Oui, elle étudiait en Corée ; je n'ai pas eu la chance de la savoir de passage.
Peut-être aurais-je à mon goût trouvé la korê ? Animée !

– Tu devrais te préparer à aller à l'enterrement de ta mère.

D'JAK : « Quoi ? !

Moi : « Pardon !
C'était une phrase que j'avais plusieurs fois entendue ou plutôt, devrais-je dire, perçue de la 'petite voix' de la patronne. Cette phrase m'était adressée.
Maintenant, ce dont je doute vu son état de santé, si elle doit vivre aussi âgée que la tienne j'ai le temps…

D'JAK : « On ne s'y prépare jamais trop tôt, ça vient toujours trop vite.
J'ai eu de la chance, elle a bien vécu, même si sur la fin ses amnésies pesaient.

Moi : « J'aime dire que l'on a la chance que l'on mérite.
Tu te rends compte que ta mère était plus de deux fois plus âgée que je le suis : ça me laisse encore beaucoup d'espoir de réussir ma vie. J'ai de la marge.

Sans mentir, c'est le lendemain du jour lors duquel je posai ma démission sur le bureau du gérant de la société de glaces que les proprios de la maison où je vivais vinrent s'y réinstaller, sans prévenir.
Eux de me dire : – Il ne nous gêne pas que tu sois là ; tu peux rester.

Moi, avec leurs cinq enfants, tu penses ça me changeait !
Aussi dans la semaine je trouvai une guitoune dans un nakamal.

L'après-midi je broyais les racines de kava et un pro, un vanuatais bien souriant, à les malaxer avec de l'eau préparait le breuvage pour la soirée. Puis j'en vins à le servir moi-même, sur place ou dans un autre nakamal que ma nouvelle patronne reprenait à charge.

C'est là je crois que j'entendis de connaisseurs qu'ils n'acceptaient pas vraiment qu'une femme pût verser, servir la substance. Ils avaient déjà entendu que cet aphrodisiaque tournait, devenait rance au contact d'une libertine indisposée.

J'utilise ce mot: libertine, volontairement puisque les us océaniens ne permettent je crois qu'aux hommes d'absorber cette boisson.

Moi, à cette heure de ma vie j'étais content. Je gagnais à nouveau des pièces, c'est une expression de là-bas, et puis d'exercer au contact d'un public me plaisait bien: je liais facilement conversation. Certains soirs, ce pourrait être incongru aux yeux d'initiés, il y avait même bal dans quelques-uns de ces endroits tamisés. C'était festif!

Puis je trouvai un deuxième emploi, de jour celui-là, dans une petite entreprise installée sur la même la cour que l'endroit où je logeais, et bossais parfois donc en soirée.

Deux gars fort agréables m'embauchaient ou plutôt étaient prêts à me fournir du travail à condition que je prenne une carte de patenté à mon tour; je n'étais pas tenté!

J'avais fait mes preuves avant leur proposition, et, payé à l'heure d'un bord et au pourcentage de l'autre, j'en gagnais des pièces! Ça roulait pour moi!

Pour eux j'ai percé puis installé des planches, lesquelles solidarisent des pontons entre eux dans une marina, j'ai installé des boîtes aux lettres, j'ai changé des serrures et livré quelques présentoirs dans des magasins de coussins, tissus et bibelots.

Par inadvertance j'ai réussi à me faire chourer une superbe paire de chaussures de sécurité qu'ils avaient payée à chacun des gars bossant pour leur compte.

D'JAK: « Sans doute ne la méritais-tu pas?!

Moi: « Je ne sais pas, j'aimais bien porter les claquettes.

Ça, c'était la quatrième période de ce séjour, période qui prendrait fin quand sans coup férir la tenancière ferme boutique et que donc je me retrouve à la rue. Bon, j'avais quand même quelques temps pour me retourner.

Le jour lors duquel j'appris cette déconcertante nouvelle, en fin d'après-midi, tandis que je me dirige vers le domicile d'un hôte potentiel, je donnerai salvateur bonjour.

Un gars d'à peu près mon âge m'invite à venir voir le petit faré qu'il construit au fond de son jardin. La place est bonne : je pourrai m'y installer. Le bonheur !

On s'était rincés au whisky !

Durant les jours que je passerai sous cet abri de fortune je prendrai régulièrement le petit-déjeuner ou d'autres repas en sa compagnie, celle de sa mère, fille d'un des Grand-Chefs de leur île d'origine, et de sa sœur.

De la matrone j'apprendrai comme elle aurait parlé à son fils.

Au jardin, de l'un de ses frères déjà reconnu dans son art, trônait une sculpture représentant un homme tenant un livre ouvert. Magnifique !

D'JAK : « Heureux présage ? !

Moi : « Je le voudrais !

Je continuai à bosser quelques semaines encore pour mes deux associés, je les considérais un peu comme mes deux frangins…

D'JACK : « ... Tiens au fait comment vont-ils ? Bien ?

Moi : « Oui, ils vivent leur train-train, leur paisible vie de famille. L'aîné approche de la retraite. Les enfants, sauf la jeune fille, sont tous plus grands que moi, ça pousse.

Ha ! Remarque, peut-être pas le plus âgé d'entre eux. Par contre il a dégoté une petite merveille. Il l'a sortie lors d'une soirée que l'on avait faite ensemble.

D'JAK : « Ça sert à ça les tontons !

Moi : « Ouais, ouais j'suis content ; au moins j'aurai servi à quelque chose, à quelqu'un.

J'ai hâte de les savoir tous suivre leur vocation. D'un point de vue générationnel je me considère comme leur grand frère ; je grandis avec eux, en parallèle.

J'espère que je leur ouvre une voie digne d'un V victorieux.

D'JAK : « Tu restes manger ! ?

Moi : « Non, non je ne peux pas ! Elle vient me chercher tout à l'heure.

D'JAJ : « Hou ! C'est du sérieux alors ? !

Moi : « Je veux.

Nous devons préparer notre paquetage, nous allons en Normandie… 'By helicopter'.

D'JAK : « Please, by helicopter !

Moi : « Ouais, sur les traces d'Hugo.

D'JAK : « Ha ! Je comprends mieux.

Moi : « Donc, à cette époque je passais mon troisième Noël sur le territoire…

D'JAK : « ... Oui continue, excuse-moi de t'avoir coupé dans ton récit.

Moi : « Si ma mère m'avait vu vivre ainsi, sous un faré, elle n'en aurait pas cru ses yeux.

J'en ai une superbe photo où l'on me voit assis sous mon toit de chaume le matin au réveil ; j'y ai un sourire jusqu'aux oreilles ! Béat !

J'avais bien sûr gardé contact avec l'Ami qui m'avait accueilli à mon arrivée et je me souviens, comme il s'apprêtait à aller présenter son nouveau-né dans notre pays d'origine, je me souviens d'une très belle matinée ensoleillée le voir venir chercher quelques menus cadeaux que je lui confiais pour qu'il les porte à ma famille. Manous, tee-shirts et CD qui ne l'encombreraient pas.

Ces jours-ci sa maison se construit !

Je faisais énormément de rencontres. J'en ai vu du monde là-bas !

Je retrouve alors un gars avec lequel je m'entendais à peu près et celui-là me propose de bosser sur des bateaux, d'abord du ponçage.
L'arnaque !
Les plus pénibles heures de ce magnifique séjour.

Il m'héberge et en contrepartie je procure la nourriture en faisant 'croom' dans le snack épicerie, où j'avais été client régulier quand j'avais bossé aux glaces et avant sur le chantier de soudure, au chantier naval. Comme je ne touche pas une pièce pour ce boulot, là c'est le 'bad trip' : j'entends mensonges sur mensonges !

Une petite femme dont je fais l'éloge au tout début de mon livre ne peut plus rien pour moi. Ses employeurs, qui lui louaient une minuscule maisonnette, me déclare je ne sais pourquoi : Persona non grata.

Je ne sais plus combien de Dimanches nous passerons malgré tout ensemble, presque nous cachant derrière les haies, à déguster du bon poulet rôti.
Prier, sourire et bosser semble pour beaucoup incompatible !
Heureusement les membres de sa famille nous soutiennent dans notre rebelle attitude.

La solution est alors pour moi d'intégrer un foyer, et là je fais la connaissance d'un vieil indigène qui prête la main à un vieux blanc pour assainir un bâtiment à louer ou à vendre : ce serait selon les propositions.
J'ai à nouveau de quoi vivre !

Je rembourserai mes dettes quelques mois plus tard en économisant sur le presque rien qui me serait alloué pour le gardiennage d'une maison. Comme le dit le proverbe : Qui paye ses dettes s'enrichit !

J'ai tenu parole et le cuistot, le patron du snack, m'en a su gré.

C'est dans son boui-boui que j'avais entendu qu'il est de bon goût de cuisiner les lentilles quand le premier du mois tombe un Lundi ; c'est de bon augure pour avoir le 'porteuf' rempli de 'biftons'.

Alors tu penses bien que je vais les cuisiner, moi, les lentilles… Dans mon calendrier le Premier est toujours un Lundi !

D'JAK : « Rappelle-moi comment il fonctionne.

Moi : « Ha ! Tu le voudrais bien.

C'est le même qu'avant. Ha ! On m'écoute, ça fait plaisir. C'est le fil rouge de mon bouquin ou tout au moins c'en est la raison implicite.

Hé ben tiens ! Si t'es d'accord je te le réexplique à condition que tu me laisses illustrer mon livre par quelques-unes de tes peintures. Ça marche ?

Ce serait extra pour mes lecteurs d'avoir quelques images du décor dans lequel nous nous trouvons. Puis ça pourrait te faire une bonne pub ; ça sert à ça les copains !

D'JAK : « Tu sais bien que ça fait longtemps que je suis d'accord !

Moi : « Ça fait du bien de l'entendre. D'le réentendre, je te l'accorde » !

Alors, ne faisant ni une ni deux, nous y prêtant de bon cœur, D'Jak s'est fait un plaisir de me faire parcourir de visu les ébauches qu'il avait disponibles. Ébauches, car selon lui aucune, ou rares sont celles qui seraient abouties, achevées ; j'en découvrais.

J'ai ma bague de buis en poche : je m'la passe au doigt.

Moi : « Je t'ai exposé et je n'ai même pas une toile de toi : c'est incroyable.

Driiing Driiiing

Moi : « C'est peut-être mon fils ? J'l'ai eu tout à l'heure et je lui ai dit d'appeler ici pour qu'il se rende bien compte que je ne suis pas encore parti ».

Driin

D'JAK : « Allô !
C'est lui ».

Ils ont conversé quelques instants, et opiniâtrement – je m'occupais – je mis la main sur, puis dans un carton à dessins. Surpris – je n'y pensais plus – je reconnaissais là la réplique d'une photo représentant une cascade et sa piscine. Dans le dévalement de l'eau sur les roches j'avais entrevu un ermite, bâton à la main et comme assis, au-dessus, et d'une torsion dorsale semblant porter son regard sur le promeneur ou sur le baigneur, un ange siégeant.

Superbe !

C'est mon frère aîné, marin engagé ayant reçu une affectation sur ce territoire et y ayant généreusement invité nos parents, qui avait ainsi fixé la pellicule lors de l'une de leurs excursions. Vive le tourisme de proximité !

Quand, après mon premier retour, je reconnus l'endroit, je m'en appropriai l'image jusqu'à demander à D'Jak de la reproduire, lui conférant si possible quelqu'ambiance magique, et je ne pensais pas si bien dire. Plus sombre que l'original, sur la feuille il avait réussi à donner à la surface de l'eau un éclat, un reflet miroitant. Étonnant !

Ce joyau de la nature est sis à quelques petits kilomètres de la tribu de mon fidèle ami et je connais quelques membres de celle où se trouve ce bassin d'environ trente mètres de diamètre, où je me suis baigné à plusieurs reprises. Comme un enfant j'y ai barboté !

D'JAK : « Ha ! Tu l'as trouvée !
Viens » !

Pour que le fiston soit sûr de ma présence j'ai pris le combiné. Il n'en a pas cru ses oreilles !

Il s'est permis de demander à son patron s'il pourrait avoir une permission – il m'avait donc quand même cru – Celui-ci réserve sa réponse.

J'ai fait une brève allusion à la peinture que je venais de trouver,

Je lui ai dit que j'avais hâte de rejoindre ma réalité !

On s'est dit à ce week-end… Peut-être. À la revoyure.

Moi : « Il était temps qu'il appelle ».

D'Jak se souvenait bien de lui. On était allés ensemble au jardin des plantes. On avait partagé de bons moments, nos soirées.

D'JAK : « Alors, elle te plaît ? Je te l'avais mise de côté, tu as bien fait de regarder là-dedans, je ne savais plus qu'elle y était.

Moi : « Tu sais à quoi elle me fait penser ?

D'JAK : « Non. À une cascade ?

Moi : « Oui, ta main est sûre.

En fait, il y a quelques années, en 93 peut-être, j'ai fait un rêve lors duquel *je me baigne en présence de quelques Dieux, et nous patientons, flottant, espérant celui majeur que nous supposons irradiant la couleur verte. Quand il apparaît, auréolé d'une aura violette, instantanément, suffocant je meurs !*

C'est exactement cette atmosphère, cette pesanteur qui transparaît dans ta toile : elle est magnifique !

D'JAK : « Elle est un peu plus sombre que ta photo et qu'elle te plaise j'en suis satisfait. J'avais bien vu quelqu'un en haut, au-dessus du mage. Là !

Moi : « Oui, et ce n'est pas un homme, il est interdit aux hommes de se poster au sommet d'une chute d'eau ; c'est un Ange, ou un Dieu ?!

D'JAK : « Oui, ben pour l'instant c'est une peinture.

Moi : « Tu sais que je me suis baigné dans cette piscine princière : c'était royal !

D'JAK : « Peut-être, mais ne va pas te prendre pour un Dieu !

Moi : « Non Papi, sois sans crainte, mon rêve était explicite !
J'attendrai un carton d'invitation pour m'y baigner à nouveau. Toi, il te ferait peut-être du bien d'aller y prendre un bon bain de jouvence : tu devrais y penser.

D'JAK : « Merci pour le conseil !

Moi : « N'empêche que depuis ce bain céleste je sais que la solution pour le bonheur de l'humanité n'est pas qu'écologique. Nous avons l'obligation d'une solution empreinte de spiritualité.
C'est en cherchant cette solution que j'avais suivi mes parents de corps comme mes parents d'esprit, et c'est avec une indescriptible émotion que je devais découvrir cet endroit où leurs chemins s'étaient croisés ! Ha ! Je ne te l'avais pas dit ? Si ! Mon ami druide et sa femme avaient environ vécu une décennie par là.

Connais-toi toi-même et tu connaîtras tes semblables, dit le proverbe : tous ceux qui découvrent leur propre voie en sont joyeux au possible !
Maintenant si j'ai vraiment trouvé ma solution, après vous l'avoir transmise, peut-être pourrais-je rejoindre mon Paradis ?

En réalité c'est un endroit très éclairé – disais-je, mon image dans les mains – aux alentours de midi radieux soleil y trône presque toute l'année.

Tu penses qu'exposée, la patine pourra s'en éclaircir ?

D'JAK : « C'est pas certain. Je peux la refaire si tu veux ?

Moi : « Non non, elle est inestimable ; je l'emporte telle quelle, et si mon livre se vend bien je t'offre le voyage.

D'JAK : « Ha ! Là tu me fais plaisir : sers-toi !

Moi : « Elle ira bien avec une carte postale que j'ai reçue d'Inde. Elle représente Mon Majeur.

D'JAK : « Celui au Trident ? !

Moi : « Yes "Ï" !
Même si l'astrologue que je prétends être doit naturellement être un peu plus porté sur les Divinités Gréco-romaines.

D'JAK : « C'est une belle lutte, la Gréco-romaine.

Moi : « Tu sais, quand on a fêté les 'vingt-Trébalay' j'ai réussi à jouer un peu de ton harmonica. On avait fait une belle fête pour l'Ami Jacq ; y'avait quatre guitaristes à bord.
Même qu'*avec mon père on s'est fait une sacrée accolade* par la suite ; Je le vois régulièrement en rêve.

D'JAK : « Ça m'arrive aussi… Le mien !

Moi : « Maintenant c'est de mon grand-père dont il faut que je m'occupe, et lui il est à l'autre bout du monde : je dois vraiment y retourner » !

Il me désignait un détail de sa peinture : « Tiens, regarde, on y distingue un hibou.

Moi : « Ha oui, un grand-duc peut-être. Bien vu. J'ai entendu dire que ces rapaces se réimplanteraient en Bretagne ».

Tout en lorgnant sur d'autres 'iconochromes' je repris cependant la narration de mon périple, de la énième période lors de laquelle je continuais à régulièrement aller voir mes amis en tribu :

« Une fois quand j'y arrivai, celui qui sut me recevoir sous son toit, sous sa protection même, était au camping y érigeant un abri, une tonnelle de bonne dimension, sous laquelle les enfants qui lors de vacances seraient reçus pourraient s'abriter de la vive et chaude lumière, selon l'heure.

J'appris ce jour qu'il venait d'y avoir une naissance à la tribu, un petit. Mon Ami était père à nouveau. Je le félicitai promptement et avec enthousiasme.

Son propre père était revenu ; il en était sûr. Nous le fêterions !

Lui et sa femme ont eu deux petites depuis. Rien que du bonheur !

Naturellement, ce jour je lui avais donné la main et en fin d'après-midi nous nous remettions de cette corvée – je suis contemplatif devant le travail accompli – quand une ravissante jeune femme du pays se présenta. Je ne la connaissais pas. Mon ami, lui, si !

Elle s'était assise sous une arche formée de cocotiers et je me souviens de sa robe drapée bleu clair. Je ne sais plus du tout de quoi nous avions parlé, et depuis, quand j'y repense, je me demande si elle avait vraiment existé, si sa présence fut réelle.

Je crois qu'une nouvelle dimension m'était tout à coup devenue accessible, qu'une porte menant aux vérités de la Grande Nature s'était ouverte à moi ce jour :

Elle est belle la vérité !

D'JAK : « Toi, il suffit de te mettre en présence d'une jolie femme et hop là ! Tu ne sais plus comment tu t'appelles !

Moi : « Ho ! Je crois que je suis servi.

Toujours utile, c'est là que débutait la dernière période de ce voyage, période n'ayant rien à voir directement avec cette femme ; je tiens à le préciser.

Celle-là je ne te la raconte pas, j'ai vécu au bout du monde du monde avec un premier voisin à trois cents mètres d'un bord et à un kilomètre de l'autre.

Au pied de la montagne, au bord de l'Océan, en un Éden où pousse une flopée de gingembre sauvage et comestible, il m'était alors demandé de laisser supposer autour de moi que j'avais passé l'arme à gauche. Là je séjournai des mois durant à écouter…

Je te ferai parvenir mon livre pour que tu comprennes : t'en es actionnaire maintenant !

D'JAK : « Ça c'est du résumé ; ce devait être génial » !

On continuait à mater ses huiles. Je sélectionnai quelques tableaux. Il ne bronchait pas, voire même il acquiesçait. Alors il me fournit les clichés qu'il avait tirés de mes options ; je promis d'en prendre soin.

*La nuit du chaman*

Puis comme cela faisait partie de notre contrat, en un temps record je lui signifiais une nouvelle fois la simplicité avec laquelle je comprime le temps : c'est enfantin !

Il en convint !

D'JAK : « Tu veux bien poser un œil sur mon thème » ?

Ce que je fis. Depuis des années, quand on se voyait on s'accordait toujours un p'tit moment pour s'inviter dans d'astrales sphères temporelles.

Cette fois j'y vis du tout début de l'année 2011, correspondant à peu près à mon année 19, à… tiens ! jusqu'à ses 74 ans, juste, surcroît d'intensité jovienne.

« À n'en point douter – lui disais-je – t'en seras transcendé ! »

Sans doute y voyais-je là le fruit de notre Amitié.

Moi : « Oh ! Déjà cette heure-là ; je dois y aller. Ma nouvelle fiancée ne va pas tarder à arriver et il n'est pas question que je la fasse attendre. Je dois la bichonner si je veux la garder. Elle doit passer me prendre.

Je voudrais qu'elle vienne avec moi cette fois.

D'JAK : « Tu repars alors ?

Moi : « Oui, il y a de fortes chances et s'il te dit de venir faire un tour… Toi au moins tu m'avais écrit quelques bafouilles, envoyé quelques courriers.

D'JAK : « J'expose la semaine prochaine, faites-moi une visite.

Moi : « Si on est encore là. On pourrait partir du jour au lendemain.

Maintenant je te l'ai dit, je vois de juteuses rentrées d'argent très bientôt.

D'JAK : « Il en est temps !

Tu sais, j'ai toujours eu quelques dilemmes avec le fric, parfois je me suis dit que c'était peut-être du fait que l'argent de tout temps n'avait jamais servi qu'à lever des armées. Je ne sais pas si l'on verra un jour une Terre peuplée de sages hommes ; ce serait pourtant bien agréable.

Moi : « J'y crois encore, c'est quelque chose que d'y croire encore, crois-moi !

Tiens, si tu avais un titre à donner à un ouvrage, lequel de ces deux-là tu choisirais : La Dame Blanche ou Ma Dame Blanche ?

D'JAK : « La Dame Blanche bien sûr ! Madame Blanche ferait un peu trop 'aristo', puis l'on ne sait si tu ne ferais pas alors allusion à la Reine mère, la mère de Saint-Louis.

La Dame Blanche est un peu plus poétique ; ça fait légende.

Moi : « Bon, sur un ton aussi sûr.

Je vois que tu connais l'histoire sur le bout des doigts.

Tiens, en parlant de Saint-Louis… Non rien.

D'JAK : « Quoi ?

Moi : « Non, rien. Ce n'est pas important !

D'Jak : « Bon, si tu le dis.

"Are you in satisfaction" ?

Moi : « Yes I am !

En fait j'ai l'intention de produire mon histoire en trois tomes : ce serait le titre du deuxième. Avant je dois vérifier qu'il n'a pas déjà été choisi.

D'JAK : « Je crois que c'est un titre qui me dit quelque chose.

Moi : « Je verrai bien. Sans doute.

Diip Diip

Moi : « Bon je dois filer, elles sont en bas.

Je vais te laisser à tes huiles, moi je vais en avoir d'autres à mater. On sera au Sénat fin de semaine.

D'JAK : « Elles ? Au Sénat ?

Moi : « Oui, elle a deux filles. Pour l'instant je n'en connais qu'une, l'aînée.

D'JAK : « Félicitations !

Moi : « Puis dans le train on a fait la connaissance de Quelqu'un, un Sénateur : je t'expliquerai ».

Sentant mon frémissant empressement, que je puisse l'emmener, mon Ami alla chercher un rouleau pour que j'y glisse son, mon œuvre. Elle est sur épais papier.

Je dactylographiai un rapide texto : J'arrive ma puce !

Alors, tel un aficionado éperdument épris, bombant le torse et sachant mon timbre traverser les murs j'entonnai un : « J'ARRIVE Ta Da Dam, J'ARRIVE » Façon Maître Grand Jacques !

Puis j'filai aux toilettes.

D'JAK : « Tu ne vas tout de même pas lui offrir des chrysanthèmes ? !

Moi : « Pourquoi tu dis ça ?

D'JAK : « Tu réécouteras la chanson.
Achète plutôt de belles roses rouges : aucune femme n'y résiste !

Moi : « Je suivrai ton conseil ».

J'allai me laver les mains, c'est quasi systématique,
Puis roulée, je plongeai soigneusement mon icône dans son étui.

Moi : « Dis-moi, tu avais trouvé le livre que je t'avais laissé la dernière fois que je suis passé par là » ?

D'JAK : « Celui que j'avais trouvé sur le paillasson, oui, j'ai eu le temps de l'éplucher.

Moi : « Le prochain sera de ma propre plume, je te le ferai porter.

D'JAK : « Comme ça, je pourrai le plumer !
Je t'accompagne jusqu'à l'ascenseur ».

Il s'assura qu'il avait bien sa clé sur lui – précaution – nous franchimes le seuil, il laissa sa porte entrouverte et dit : « Je te jure, je suis vraiment gêné de n'avoir pas su t'ouvrir ce jour-là. La prochaine fois, frappe plus fort.

Moi : « Ce n'est pas grave, l'affront est lavé, et puis, tu sais, s'ils avaient voulu là-haut que tu m'ouvres, ils t'y auraient conduit ».

Des effluves de cuisines exotiques embaumaient le couloir : nécessairement quelques voisins touillaient leur tambouille. Sur un même pallier il peut y avoir ici des gens de chaque continent.

Mon cartouche sous le bras, mes p'tites images bien au chaud rangées, quelques pas en avant, quelques pas sur le côté, nous nous présentions devant l'ascenseur ; je l'appelai.

Docile, l'engin s'arrêtait au bon étage. Le son que fit la porte s'ouvrant libérait mon impatience.

Salut D'Jak, salut mon Ami : Anjali

Une page, une mémorable page était tournée !

J'avais chaud. Je ressentais une de ces bouffées de chaleur qui vous envahissent quand le cœur crie sa joie au monde entier.
Elle m'attend. Dans moins de huit étages et quelques minutes, dans quelques secondes je la retrouverai, je serai à nouveau en face d'elle, avec

elle. J'ai bien fait d'y croire, même si quarante-cinq ans de facéties m'auront coûté… Rien, ne m'auront rien coûté en comparaison du bonheur auquel je nous destine. Elle aussi m'a espéré ; je ne veux plus en douter !

Nos regards vont se croiser; que vont-ils se dire ? Depuis ce matin serons-nous pareils aux souvenirs préservés l'un de l'autre ? Quel suc nourrira notre consortium ?

Une espèce d'apesanteur provoque en moi une sensation de lâcher prise, m'inflige une petite angoisse passagère : je ne m'appartiens plus à ce moment-là.

J'imagine un tube faisant jonction peut-être avec une autre galaxie, et traversant les mondes je côtoierais moult myriades de novæ – certaines supers – j'apercevrais quelques planètes, les dépasserais. Sur mon carnet de route il serait bien noté : Terre.

Là je devrais franchir les exo, méso et autres sphères.

Ça y est, l'homme faisait son premier pas sur…

… Elle est là, garée juste devant. J'avance, elle sourit, je suis rassuré. J'approche, je grimpe dans l'auto ; mes lèvres se posent sur les siennes. Elle m'enlève : c'est un rapt consenti !

## Discrète Péroraison

'Ita diis placuit'

À un vieil homme que je connus en tribu, qui, quand je l'informai de mon intention d'écrire un livre, me demanda d'y adjoindre un lexique pour en faciliter la compréhension. Il sera inutile pour certains, incomplet pour d'autres.

Il tenait son prénom de l'homme de foi qui produisit : "L'institution de la religion chrétienne" et en était très fier : je l'entends encore le déclamer lors de certaines fêtes.

Je viens d'apprendre son départ et celui d'autres Frères ; ils font partis de mon histoire. Qu'ils aident de là-haut leur progéniture à me suivre.

Un jour, confondu au Neñv de mon père, si j'y suis admis, je les rejoindrai au Paradis Kanak.

Pourtant envisageant cette petite mort, à l'instar de mon imagination, parfois je souhaite qu'une blonde, ou brune, Princesse scandinave me reçoive en son Walhalla et retienne mon navire dans sa baie ; il m'appartiendrait alors de la décider à reprendre à son compte la suite de nos littérales aventures afin de formuler une légende : notre Légende.

Maintenant, à toute fin utile, avant une pause, ici je note avoir fait coïncider l'initialisation de mon calendrier au lundi 12 décembre (12) 1992 du calendrier grégorien : autrement dit, vingt ans jour pour jour avant la mise en veille de celui des Mayas, de celui dit Maya.

Un jour, ce premier, peut-être l'appellera-t-on le Calendrier AR̈AḦON ?

## Locutions latines et
## Petit lexique de mots et verbes compliqués ou arrangés

Ita diis placuit : Ainsi il a plu aux Dieux
Mea-culpa (faire ou dire son…) : Avouer ses fautes
Odi profanum vulgus : Je hais le vulgaire profane
Persona non grata : Personne indésirable, à l'inverse de Persona grata
Pretium Doloris : Le prix de la douleur, dommages et intérêts
Sine qua non (condition) : L'unique condition
Sublata causa, tollitur effectus : La cause supprimée, l'effet disparaît

Les définitions suivantes sont données dans le sens d'usage des mots dans le texte et parfois, rarement, peuvent être une adaptation personnelle : j'ai essayé de leur garder leur raison véritable. Maintenant certains d'entre eux pouvant en avoir plusieurs, comme s'ils pouvaient rayonner de différentes nuances, ce lexique est comme si donc j'annonçais la couleur. De plus je me suis permis quelques nouveautés ou novations.

Ablater (s') : S'enlever, se séparer de… (Moi, je garde tout, surtout mes amours)
Abside : Dans une église, à l'arrière du chœur
Académique : Suivant les règles conventionnelles
Acolyte : Ami, allié
Acquitter (s') : Payer, et se libérer : ce peut-être d'une dette morale
Adjoindre : Ajouter
Agio : Ici, intérêts
Aïkidoka : Qui pratique aïkido, art martial japonais (unir l'esprit à la voie)
Allégeance : Fidélité
Altière : Haute

A.M : Abréviation anglaise pour 'Ante meridiem', stipulant les heures avant midi. P.M. (Post méridiem) pour l'après midi
Ampoule (Sainte) : Fiole contenant l'huile bénite, consacrée, le chrême servant à l'onction royale ; ça ne se trouve pas auprès du 'magiste' du coin : Sapristi !
Anachroniquement : D'un temps mouvant, à plusieurs dimensions
Anjali : Position de mains, jointes devant le cœur
Anti-clérical : Contre le clergé
Anthologie : En poétique, morceaux choisis
Apatride : Individu sans nationalité. L'heimatlos serait celui qui a perdu sa nationalité, tandis qu'il est possible de demander le statut d'apatride : c'est un long et délicat débat
Aphrodisiaque : Qui excite le désir et facilite l'acte sexuel ; d'Aphrodite
Apologie : Défendre d'un discours, Éloge pourrait dans ce cas en être synonyme
Apparat : Ornement, éclat pompeux ou solennel
Approbateur : Qui approuve, affirmatif
Arborer : Montrer, ici suggère un drapeau flottant. La forme pronominale (s') est didactique (voir quelques lignes plus après)
Aria : Ennuis, tracas. C'est aussi un air de musique, une mélodie
Armoirie : Ensemble de blasons, écus, couleurs, armes et autres symboles
Arrêt : Résultat d'un jugement, sentence, verdict
Arrogance : Orgueil, insolence
Assiduité : Présence régulière
Assignation : Convocation
Assujetti : Avec le sens de : exclusivement exploitable sur…
Assujettir : Soumettre, imposer
Astreindre (s') : S'obliger
Atours : D'ordinaire, ce qui sert à la parure des femmes
Auguste : Qui inspire le respect
Autodafé : Acte de foi visant au rachat de l'âme
Avènement : Naissance
Avérer (s') : S'imposer ; un fait avéré est reconnu réel
Avilir : Diminuer, rabaisser parlant alors de dignité
Aviver (s') : S'activer
BAFA : Brevet d'aptitude à la fonction d'animateur
Bagadou : Mot breton, pluriel de bagad : Ensemble instrumental tradi-

tionnel
Baguenauder : Se promener en flânant
Bardage : Protection de planches autour… d'une maison
Baroud : Combat
Bath : Baignoire anglaise. Agréable, cool, tip top cool, sympa quoi !
Baume : Plantes odoriférantes, odeur
Bélière : C'est ici l'anneau fixé à un médaillon, à un bijou, dans lequel on passe une chaîne de parure
Berlue : Vision
Bévue : Grossière méprise, gaffe
Billion : Le billion américain équivaut au milliard français, tandis que notre billion vaut le million de millions : C'est beau l'harmonie ! "Billion dollard's baby" est le titre d'une chanson et d'un album d'un groupe de rock
Bivouac : Campement
Blâmer : Reprocher
Blême : Utilisé ici pour : un problème
Bouillon : Dans le sens de bide, désillusion
Caduc : Périmé, annulé… Ha ! M'Sieur le Duc, j'ai besoin de vos lumières
Caraque : Navire de fort tonnage
Carthagène : Apéritif de l'Est pyrénéen
Cas Royal : Cas réservé… à la haute, et prévue par la loi… Après le ca'Duc
Cathare : XIe XIVe, membre d'un groupe sectaire du Sud de la France, prônant la pureté de mœurs
Cathodique : Ici, petite allusion au tube cathodique, le téléviseur
Chaire : Siège d'un pontife, haut dignitaire du culte catholique, ou d'un enseignant de grade élevé qui enseignerait aux futurs professeurs par exemple. Recevoir une… C'est aussi une tribune d'où l'on s'exprime
Chambellan : Gentilhomme chargé du service de la chambre du souverain
Charitable : Fraternel, altruiste
Charte : Contrat
Cheval de bataille : Priorité
Chlamyde : Manteau court agrafé à l'épaule
Chrême : Huile consacrée ; le saint chrême est composé d'huile d'olive et de baume : à mettre sur son p'tit cœur
Cicéro : 12

Commis : De commettre ; en droit : désigné
Commodité : Cabinet de toilette, lieux d'aisance
Consortium : Association
Contemporainement : De nos jours
Contentieux : Discussion visant à résoudre un différend au tribunal
Convenance : Avec le sens d'usage, des usages
Couac : Rien
Coupon : Bout d'étoffe
Créalisation : Improvisation, créer et réaliser en même temps
Croisée : Lieu quasi-central d'un temple
Crucial : Extrêmement important, capital
Cylindrique : Ces tissus formaient une sorte de tunnel, ils étaient sans couture
Deal : British, transaction
Déblatérer : Parler longtemps et avec arrogance
Déclamer : Exprimer
Déférence : Pudeur, respect
Défrayer : Payer
Délecter (se) : Se régaler
Démobilisation : Ici, retraite
Démystifier : Ôter du mystère
Département : Désigne ici une administration
Désarroi : Trouble, confusion
Diatribe : Critique injurieuse. Ici avec son sens propre : discussions d'école
Didactique : Visant à instruire. Terme didactique a pour sens : terme inusité dans le langage courant
Diligent : Attentif
Dissout : De dissoudre, qui n'existe plus
Doctrine : Ensemble de connaissances, de dogmes, desquels il est prétendu bien interpréter des faits pour conduire à l'action juste, à rapprocher de : karma
Dogme : Point fondamental et incontestable d'une doctrine
Doublis (bande de…) : Longueur métallique à poser sous les raccords de gouttières afin d'éviter toute fuite
Dragée haute (tenir la…) : Réussir à contenir les assauts verbaux ; ici, discuter allègrement, sans se démunir, tout en restant digne

Dressing : Penderie
Driver : Verbe anglais : conduire
Ecclésiaste : Homme, une ? Ou femme d'Église
Échauffourée : Rixe, empoignade
Élixir : Potion médicinale ou… magique
Éloge : Discours allant en faveur de… Pour plus de détails, relire l'ensemble de l'œuvre : j'espère que cela vous a plu !
Émanciper (s') : Se libérer
Emboîter (le pas) : Suivre
Emmaillotage : Paquet, dans mon histoire entouré de feuilles de bananier
Enamourer (s') : S'éprendre, tomber amoureux
Enjoindre : Ordonner
Enquérir (s') : Chercher à savoir
Enrayer : Entraver, freiner, bloquer
Entendement (Grand) : À comprendre comme : Réconciliation des Peuples
Épancher (s') : Se diffuser
Épiloguer : Résumer en concluant
Epistémè : Ensemble de connaissances
Éradiquer : Anéantir
Érailler (s') : Rendre rauque une voix
Ériger : Construire
ÉROS : Serait avant tout l'Énergie Primordiale ayant conduit Gaia et Ouranos (La Terre et le Ciel) à s'unir, engendrant les Dieux. Connu pour son sens inné de l'Amour, de l'érotisme ; Nom d'un de mes anciens patrons : Eh oui ! J'ai été initié ; enfin… J'crois !
Erre : Errant, dont le sens premier fait allusion au voyageur
Esclandre : Scandale, chahut
Exo : En dehors ; pour exosphère
Esplanade : Terrain aménagé, place
Estocade : À l'épée, coup fatal
Étioler (s') : S'estomper, diminuer
Étymologique : Le sens authentique d'un mot, son origine
Euphémisme : Expression dite à la place d'un mot pouvant être dur à entendre. Exemple : Disparu pour Mort. Ici pour remplacer procès, cas royal. Ma Chère !
Évanescence : Disparition graduelle

Évangélique : Ici catholique et protestant confondus
Évhémérisme : Doctrine selon laquelle les Dieux avant de l'être, avaient été hommes
Exaction : Malversation
Exégète : Celui qui cherche le sens profond et réel, particulièrement d'un texte
Faré : Construction en bois, abri couvert de paille, ouvert ou clos, plus ou moins grand
Ferveur : Bouillante ardeur religieuse
Feu : Qui a accompli son destin, décédé. Victor Hugo avait écrit : "Ne dites pas mourir, dites naître"
Feudataire : Qui détient un fief. Vassal de la couronne
Fi (faire fi) : Dédaigner, mépriser
Fibule : Broche pour retenir un vêtement
Firmament : Voûte céleste
Flagornerie : Flatterie grossière et basse
Flopée : Beaucoup
Forfanterie : Impudente vantardise
Forniquer : Avoir une relation charnelle hors mariage
Fourvoyeur : Mauvais guide
Frasque : Écart de conduite, déboire
Fredaine : Frasque sans conséquence
Frénésie : Violente exaltation, délire, à entendre ici comme : souvent, avec excitation
Gamberger : Essayer de comprendre le sens de…, penser
Gargouille : Souvent ayant forme de petit monstre, sculpture servant à évacuer les eaux recueillies dans les gouttières d'édifices religieux
Gast : Juron breton simplement traduit par : Non de sacré de toi va !
God : Dieu, en anglais
Good luck my friend : Mots anglais signifiant : Bonne chance mon ami
Gonflé à bloc : Motivé
Graal : Coupe sacrée, calice. Ici allusion à une forme double du, des Graals sur la voûte céleste
Greffier : Au tribunal, celui qui prend note : plumitif
Glute : Gorgeon, bolée, tasse ; boire un coup, quoi !
Grief : Dommage subi

Guitoune : Ici, chambrette
Hakama : Sorte de jupe-culotte portée par les pratiquants de quelques arts martiaux pour masquer leurs déplacements ou intentions de déplacements
Heures : Avec une majuscule, les Trois Divinités Gardiennes des portes du Ciel. Sans l'e final est synonyme de chance
Highlander : Allusion à une race d'hommes… Immortels
Huisseries : Portes et fenêtres
Humanitude : Demande donc à ma Marie ce que cela signifie !
Hurluberlu : Drôle de personnage
Iconochrome : Image colorée, toile peinte
Iconoclaste : Qui proscrit les images saintes. L'inverse est iconolâtre
Iconovoïde : Dont l'image, dans ce cas composée d'étoiles, rappelle la forme de l'œuf
Idylle : Aventure amoureuse… Pour histoire d'Amour
Illoyaux : (incorrect) Pour : Iliens vivant aux Loyautés. Et loyaux, ils le sont
Illuminé : Homme éclairé, de bon sens
Impérieux : Irrésistible, impératif ; s'il existe raison d'État, il pourrait bien y avoir raison d'Empire
Implicite : Sous-entendu
Impudent : Voir Licencieux
Incongru : Non convenable
Incrédule : Qui ne croit pas
Indéfectible : sans défaut éternel
Indicible : Inexprimable, indescriptible
Indigent : Éprouvé, avec le sens de malheureux
Indubitablement : Certainement
Indûment : À tort, illégitimement, malheureusement
Ineptie : Sottise, aberration
Inextinguible : Que l'on ne peut éteindre ; la foi est une flamme inextinguible
Initiatif : Relatif à l'initiation (nouveau) Initiatique m'a semblé inadapté
Insolite : Qui étonne
Instar (à l'instar de) : À l'exemple de…, comme. Depuis le temps que je sais l'étoile masculin. Tout le monde disait une star, maintenant tous savent que l'on dit : un star
Insubordination : Désobéissance

Intra-temporel : À l'intérieur, lié au Temps
Intrépidité : Courage, hardiesse
Intrinsèque : Intérieur, initial, vrai
Intronisation : Placer sur le trône, investiture
Invectiver : Crier, injurier ; là, me relancer
Jacasser : Bavarder, comme la pie, ou les pies
Jaspe : Pierre siliceuse rubanée à base de calcédoine
Jouasse : Content, ravi
Joute : Combat, âpre discussion
Jouxter : Être près de
Jovialité : Enjoué, joyeux
Kanak : Indigène de Nouvelle-Calédonie Kanaky ; signifie : homme
Keepsake : Mot anglais que l'on pourrait traduire par : journal intime
Kénavo : En breton : Au revoir
Kopeck (Ne pas toucher un…) : Monnaie russe. Expression signifiant : ne pas toucher un rond, d'argent
Korê : Statue représentant une belle jeune fille
Lancette : Faisant allusion ici à la Sainte Chapelle, vitraux peu larges par rapport à leur hauteur
Lapsus : Emploi involontaire d'un mot pour un autre
Légiférer : Dicter, voter des lois
Leitmotiv : Ici objectif de motivation. Phrase, formule répétées
Libertin : Qui ne suit pas les lois religieuses et s'adonne aux plaisirs faciles
Licencieux : Qui abuse de liberté. Impudent et cynique qui sont dans la même phrase du texte ont sens d'incorrect, d'immoral
Lichouserie : Friandise
Limbe : Extérieur d'un disque
Lyrisme : Style élevé et hardi d'un auteur inspiré
Macoö : Exercices d'assouplissement
Magistrat : Membre de l'ordre judiciaire
Maille à partir (Avoir du…) : Avoir un différend, un problème à régler avec quelqu'un
Magiste : Mon mage, le magicien, mon maître à moi ! Innovation
Magnétiser : Donner de l'énergie grâce aux mains
Mandala : Œuvre magique très colorée souvent vouée à l'éphémère
Manou : Étoffe nouée à la taille, paréo

Marais (le) : Quartier Parisien
Marina : Port de plaisance
Marine : Peinture relative à la mer, aux océans
Mas : Bâtisse du sud
Mécréant : Qui ne professe pas la foi considérée vraie. Ha oui ! Faut que je vous dise : – Y'a la vraie et la pas vraie
Mensis : Mois
Méritoire : De grand mérite, digne d'éloge
Méso : Au milieu ; pour mésosphère
Métro : Abréviation de métropolitain, habitant d'une métropole, d'une très grande ville ; se dit aussi du 'blanc' originaire de l'hexagone
Missi Diminici : Envoyés du maître, émissaires royaux
Moinesse : Ma moinesse à moi c'est Elle !
Moinillon : Jeune moine
Monolithe : Pierre d'un seul bloc
Mousse : Dans ce cas, jeune araignée de mer couverte d'algues
Mutisme : Sans droit de parole
Myriade : Beaucoup beaucoup, par milliers
Myrrhe : Résine de balsamier, symbole royal
Nanti : Homme riche
Neñv : Les cieux bretons
Niguedouille : Tartempion, idiot, corniaud, iconoclaste, bachi-bousouk…
No man's land : Expression anglaise signifiant : terre sans homme, et que j'utilise pour : homme sans terre, faisant hypothèse de quelque errance
Nomenclature : Ensemble de termes liés à un même thème, et méthodiquement classés
Numéraire : Espèce, pièces et billets
Obélisque : Vieil ami breton un peu enveloppé vivant au sein d'une tribu d'insoumis (boutade). Très effilée et haute sculpture égyptienne ; à Paris : Place de l'…
Objecteur (de conscience) : Plus obligatoire en France, certains aînés avaient refusé le service militaire, ou même de prendre part à quelque guerre et avait sollicité ce statut
Omit (d'omettre) : Oublier
Onction : Rite, ou rit consistant à oindre (enduire) de chrême (huile consacrée) pour aller à la Grâce ou l'Illumination

Œil-de-tigre : Pierre semi-précieuse
Oint : Frotté d'huile. Avec une majuscule, allusion au Messie ou Christ
Olfactif : Lié à l'odorat
Olympe : Séjour des Dieux grecs
Opiniâtrement : Obstinément
Opulence : Abondance de biens
Oriflamme : Bannière, étendard royal
Ouïr : Entendre, rarement usité. On entend plus souvent : Je jouis, que j'ouï – Oh Oui !
Paisibilité : Évidemment, état paisible
PAN : Dieu grec des bergers et des troupeaux ; sa présence souvent surprend. Sûrement un oncle à Peter
Paranormal : Hors normalité, entre possible et impossible… Il y a ET ! Pouf pouf !
Parisis : Anciens fondateurs de Paris. Probablement de : Par Isis ; Allusion à une divinité majeure égyptienne
Parousie : Second avènement attendu du Christ glorieux
Parquet : Ensemble de magistrats exerçant les fonctions du Ministère public
Passer (sous le coude) : Au black
Pathos : Maladie
Penaud : Embarrassé
Perplexe : Inquiet, hésitant
Pertinent : Judicieux, digne de sens
Pharmakon : Vieux, remède
Phénomène : Surprenant individu ou fait exceptionnel
Philatélique : Relatif aux timbres
Piaffer (d'impatience) : Espérer avec conviction
Piètre : Avec un sens de : peu assidu
Pitance : Ration de nourriture
Plaidoirie : De plaider, développer de façon orale une affaire devant un tribunal
Plaidoyer : Discours dit quant à se défendre lors d'une audience
Plaignant : Celui qui porte plainte au tribunal
Pléonasme : Doubler le sens de ce qui vient d'être énoncé : Si le bélier comme le chameau blatère, un sénateur déblatère ; c'est bien connu.

Exemple : Prévoir à l'avance
Polack : Polonais
Pourceau : Porc ; Qui s'adonne aux plaisirs des sens : épicurien
Prélassement : Moment tranquille
Prestesse : Preste, promptitude, rapidité
Prétoire : Tribunal
Preux : Brave
Priapée : Chant quelque peu coquin
Prolepse : Figure de rhétorique par laquelle on prévient une objection, en la réfutant d'avance (dico). Voir : rhétorique
Prôner : Proposer avec insistance
Proscrire : Bannir, rejeter
Protagoniste : Acteur, intervenant
Protocolaire : Suivant des indications écrites
Psaume : Poème
Psyché : Âme
Quémander : Mendier, demander en faisant des courbettes
Quérir : Chercher
Quester : Quêter
Ratifier : Entériner, valider, enregistrer… Bref ! Elle est à nous cette licence
Ravigoter : Remettre en forme, reprendre de la vigueur
Recouvrement : Recouvrer, retrouver
Rédemption : Rachat, pardon, salut
Redingote : Vêtement pour monter à cheval
Régénérer (se) : Renaître
Rejeton : Ici, façon méprisante de parler de quelques individus. Couramment, enfant
Relaxé : Libéré ; je doute qu'il ait eu droit au massage
Réminiscence : Souvenir que l'on aurait voulu qu'il ne soit
Répartie : Avoir réponse… À tout
Requérant : Qui réclame en justice
Réquisitoire : Exposé oral de l'accusation lors d'un procès
Résigner (se) : Accepter
Ressortissant : Citoyen
Rhétorique : Art de bien parler
Ris : Ancienne façon d'écrire la graminacée la plus consommée au monde

Roturier : Qui n'est pas noble
Rouade : Roulade, ruade, exercice libre
Śâkiamuni : Le sage Gautama Sidhârtha Bouddha
Samaritain : Celui qui porte assistance
Scrupule : Hésitation morale
Sentence : Jugement
Serein : Pur et calme ; vient de : soir
Sermon : Paroles de prêcheur
Shodan : 1er grade de ceinture noire, dit : du débutant
Sobriquet : Surnom familier
Solennel : D'importance
Soudoyer : Corrompre par de l'argent
Spolier : Voler, dérober
Stère : Volume d'un mètre cube : Trois stères font une corde
Stochastique : Au moins en partie fruit du hasard
Stoïque : Inébranlable, fier, impassible, imperturbable
Subodorer : Pressentir
Subrepticement : Discrètement
Substance : Allusion ici à une boisson. Traduit aussi la 'force de vie', le 'qi' asiatique ou 'ki' japonais
Suffisance : Prétention, vanité
Surcomblé : Trop abondamment comblé
Surprenamment : De façon surprenante pardi, étonnamment !
Symbiose : Étroite union, concernant ici la vie sur Terre
Syncrétique : Mélangé de façon peu cohérente, à l'inverse de l'éclectisme
Syndrome : À pour sens : réunion. On peut le prendre au sens de peur, même si c'est d'un point de vue médical l'association de plusieurs symptômes.
Tchatcher : Causer et causer encore
Tergiversation : Hésitation, supposition
Théocratique : Lié à la puissance de Dieu, ou des Dieux
Thérapie : Soin
Thèse : Proposition ou théorie tenue pour vraie et défendue
Tomette : Pavé de pierre cuite pour sol
Tonnelle : Abri de jardin aéré
Tourment : Problème, tracasserie

Tout n'dud : Expression bretonne : Tout le monde, à tous
Transaction : Se dit surtout d'opération commerciale ; ici échange amical
Trépidante : Agité, ici d'excitation
Trésor : Ici le trésor public
Trocadéro : Esplanade du musée de l'homme, à Paris, proche de la Tour Eiffel
Trois Etoiles : Locution employée au titre d'une personne dont on souhaite garder l'anonymat.
Tronçon : Partie d'une voie, d'un chemin, d'une distance
Tuileries (les) : Ancien Palais à Paris ; aujourd'hui Jardins
Vacation : Soit : temps consacré à l'examen d'une affaire de justice, d'expertise, soit : vente aux enchères, ou vacances dans le monde judiciaire, congés des gens des tribunaux
Vacuité : Vide total
Vanuatais : Homme né sur l'archipel des Vanuatu, les anciennes Nouvelles-hébrides
Véhiculer : Dans le sens de : dire
Vélib, Vélov : Expressions choisies pour nommer les locations de vélos dans certaines villes
Velum : Grande pièce d'étoffe servant à couvrir un toit sans couverture
Verve : Inspiration, abondance, liberté
Walhalla : paradis en langage scandinave
Why not : Disent les anglais, pour : Pourquoi pas ? !
Yard : Équivalent de la verge (0,914 m) Holà ! Plus que bien membré, un vrai phacochère, tel un éléphant même
Yec' hed mat : Expression bretonne dite quand on trinque et transcrite littéralement par : 'Santé bonne'.
À votre bonne santé donc !

## Sommaire

### Volume Ier LUNDI



### Volume II MARDI



### Volume III VENDREDI (A.M)

Imprimé en France
ISBN 978-2-7563-1466-2
Dépôt légal : 2e trimestre 2010